声の法社会学

Ethnography of Vocal/Physical
Resistance to Law as Story

西田英一 著
Hidekazu Nishida

北大路書房

■声の法社会学　目次

序章　声に現れる法，法からはみ出る声 …… 003

- **1▶** 気づいていない当事者＝気づかせる専門家　003
- **2▶** 経験をカウントする法　006
- **3▶** インタビューの敗北　008
- **4▶** 声のしわざ　010
  - *4.1* 本人性　*4.2* 声の手触り（メタメッセージ）　*4.3* 声と言葉
  - *4.4* 声と物語　*4.5* 意味から離れた声　*4.6* 声から身体へ
- **5▶** 本書の構成　014

第Ⅰ部　交通する主体

第1章　新たな法主体の可能性　コールバーグ／ギリガン論争を出発点に …… 021

はじめに …… 021

第一節　コールバーグ／ギリガンモデルの位相 …… 025
- **1▶** Kモデルの「理想的役割取得」　025
- **2▶** 生態学的視点からのKモデル批判　029
- **3▶** Gモデルの含意　031

第二節　新たな主体イメージの可能性　035
- **1▶** 四つの主体イメージ　035
- **2▶** 「関係に生きる」主体から「交通する」主体へ　039

第三節　「交通する」主体と法秩序　042
- **1▶** 三つの法秩序の主体イメージ　042
  - *1.1* 全体的正義　*1.2* 個人的正義　*1.3* 共同体的正義
- **2▶** 「交通する」主体の法秩序イメージ　049
  - *2.1* 「接触の共同体」あるいは「点滅共同体」　*2.2* 秩序化の契機
- **3▶** 交通を支援する法制度　057
  - *3.1* 対面の直接性　*3.2* 状況に開かれた発声空間

おわりに ………………………………………………………… 061

第2章　日常的実践としての紛争＝処理 ……………………… 063

　1▶ 紛争の法社会学　063
　　　1.1　制度志向の紛争研究　*1.2*　紛争の生成研究へ
　2▶ 日常的実践の凝視　066
　　　2.1　日常的実践　*2.2*　状況的認知研究　*2.3*　声という実践——接触から生まれる声
　3▶ 実践研究から紛争処理実践へ　072
　　　3.1　視角としての実践研究　*3.2*　処理機構から接触媒介へ
　　　3.3　媒介者としての弁護士

第3章　日常的交渉場面に現れる法 ……………………………… 076

　1▶ はじめに　076
　2▶ しぐさの中の法　076
　3▶ 対面的了解のテスト　080
　　　3.1　現場交渉　*3.2*　テストとしての了解活動
　4▶ おわりに　084

第4章　理由をめぐる生活実践と法 ……………………………… 086

　1▶ 問題関心　086
　2▶ 離職理由のジレンマ　087
　　　2.1　解雇による人格の否定視　*2.2*　「自己都合」扱いによる二重の自己否定
　　　2.3　「自己都合」扱いによる自己の保持　*2.4*　理由問題の外観
　3▶ 理由問題のスパイラル　091
　　　3.1　解雇扱いによる自己の回復——「辞めさせられたと大手を振って」
　　　3.2　理由問題からの脱却——問いをずらす
　4▶ 若干の展望　098

第5章　葛藤乗り越え過程における"人びとのやり方"　その語り口分析から …… 100

　1▶ 問題意識——「顧客満足」経営という視点　100
　2▶ ヒアリング・データの分析　104
　　　2.1　調査概要　*2.2*　ケース分析
　3▶ 考察と仮説——"経験"に踏みとどまる話法　113
　　　3.1　語りの四つのモード　*3.2*　"経験"話法による乗り越え

- **4▶ まとめと今後の課題** 123
  - *4.1* "人びとのやり方"から得られる示唆　*4.2* 今後の研究課題

第Ⅱ部　領有からはみ出す声とからだ

第6章　身構えとしての声　　交渉秩序の反照的生成 …………………… 129
- **1▶ 声に現れる日常と法** 129
- **2▶ 記述される事実** 130
  - *2.1* 法の記述様式　*2.2* 語る資格　*2.3* 要件事実に乗らない事実
- **3▶ 出来事を出来事以外で語ること** 136
  - *3.1* 証人尋問　*3.2* 出来事の陳腐化への抵抗
- **4▶ 交渉秩序の反照的生成** 140

第7章　紛争過程における当事者の声　　自主的解決支援の罠と可能性 …… 143
- **1▶ はじめに** 143
- **2▶ 事例** 145
  - *2.1* 夫との面接経過　*2.2* 妻との面接経過　*2.3* 土壇場で即決
- **3▶ 望まれる声** 148
  - *3.1* カウンセリングの「成果」？　*3.2* プロットの導入──非自律的パーソナリティの構築　*3.3* 転移のエスカレーション
  - *3.4* さぐり＝当たり
- **4▶ 転移と支援──関与者とのあいだに生まれる特別な関係** 154
  - *4.1* 転移的関係の広がり──引っ張り込みの力と傾聴
  - *4.2* 当事者の位置取り
- **5▶ おわりに** 157

第8章　ナラティヴとメディエーション　　反物語の声 ……………… 160
- **1▶ はじめに** 160
- **2▶ 〈問題〉の解決から〈物語〉の改訂へ** 161
- **3▶ 混沌の語り** 162
- **4▶ 声の復唱** 166
- **5▶ 声に立ち会うこと──声を物語に回収しない** 168

　　　　　　5.1　さし出される声　　5.2　証人の証人
　6▶　おわりに　169

第9章　痛みと償い　　震えの声の前で……171

　1▶　はじめに　171
　2▶　問題の所在　171
　3▶　意味づけプロセスとしての喪失　173
　　　　　3.1　喪失は〈終わったこと〉ではない　　3.2　プロセスとしての償い
　4▶　理解から攪乱へ　177
　　　　　4.1　報告が詩に変わるとき　　4.2　意味取り回路の切断
　5▶　おわりに――振舞いの即興性　181

第10章　痛みと紛争解決　　混沌の声に立ち会う……184

　1▶　問題の所在　184
　　　　　1.1　痛みの損害化とその余剰　　1.2　痛みの〈と〉紛争解決モデル
　2▶　痛みは語れるか？　186
　　　　　2.1　不定で多面的な痛み　　2.2　物語の不能――痛みを語る困難
　3▶　声に立ち会う――徹底的な受動性の中で　188
　　　　　3.1　物語的救出の無効　　3.2　痛みの個別性　　3.3　ただ聴くという責任
　　　　　3.4　召喚――徹底的な受動性
　4▶　痛みの声と紛争解決　193
　　　　　4.1　対面性の契機――個別性において出会うこと
　　　　　4.2　しるし――世界の再所有
　5▶　おわりに　197

第11章　身体的関わりと了解……198

　1▶　問題の所在　198
　2▶　からだで確かめる事実　201
　　　　　2.1　身体的軌跡のなぞり　　2.2　問いの焦点化
　3▶　保護者説明会　204
　　　　　3.1　言い繕い，廃棄，逃げ腰　　3.2　メモ廃棄の意味
　4▶　検証委員会――物語の自己成就　209
　　　　　4.1　身体から離れた提言　　4.2　背景を探らない背景
　5▶　了解基盤としての身体的関わり　214

5.1 しぐさによる自己暴露──無様で雄弁なからだ
5.2 「70の156です。」

6 ▶ 訴訟──「誰でもない／体のない」化け物：NO-BODY 217
　　6.1 黒い魔物　**6.2** 「現実」をカウントする法

7 ▶ 求められる関わりの形 222
　　7.1 身体的手がかりと了解──からだが生み出す了解の芽
　　7.2 了解を生む身体配置──共同注意の構図

8 ▶ おわりに──了解活動は終わらない 226

あとがき　229
文献一覧　233
初出一覧　243

Ethnography of Vocal/Physical Resistance to Law as Story

声の法社会学

序章　声に現れる法，法からはみ出る声

1 ▶　気づいていない当事者＝気づかせる専門家

　被災者の法的ニーズに関する調査研究（日本司法支援センター2014）において，興味深い事実がいくつも確認された。たとえば，アンケート調査冒頭の問3では，「震災後これまでの間に，あなたやご家族は，どなたかとの間で，以下のような問題を経験したことはありますか。」として，土地の売買，相続，解雇等の具体的「問題」を24個提示し，その他も含めて当てはまるものを複数回答形式で訊ねている[*1)]。

　この質問に対し，40.1％がいずれかの問題を経験しているとの結果が出た。報告書は，提示した問題を「法律問題」と呼び，「今回のアンケート調査によれば，回答者の約4割が震災後に法律問題を経験している」と述べている（同前: 309）。さらに，同時に実施したインタビュー調査との付き合わせから，「法律問題を経験しているにもかかわらず当事者がそれを認知していない層が少なからず存在していることが判明した」として，「被災者の法律問題経験率は実際にはもっと高い可能性がある」とも述べている。

　続いて，（法律）問題を経験したと回答した者に，弁護士や司法書士に相談したかを訊ねたところ，法律専門家への相談率は「28.0％にとどまっている」とのこと。残り7割の相談していない人たちに対してその理由を聞いた質問では，「費用がかかりそうだから」（26.3％），「時間や手間がかかりそうだから」

---

*1) 提示された24の具体的選択肢は，以下の通り。商品やサービスの欠陥や返品，解約／借金／貸金／土地・建物の賃貸借／土地建物の売買，建築など／住宅ローン／土地の境界／現在のお住まいでの近隣関係／交通事故の損害賠償／それ以外の損害賠償／離婚／相続，遺言／家庭内暴力（DV）／賃金・退職金／解雇・雇い止め／労働災害・安全衛生に関する問題／子どものいじめ等学校に関する問題／地震保険の保険金請求／それ以外の民間の保険金請求／税金に関する問題／年金・福祉に関する問題／義援金・災害支援金等の給付に関する問題／自治体による土地の買い上げに関する問題。

(26.3%)といったコスト要因を上回り,「相談しても無駄だと思うから」(28.2%)がトップに挙げられた。この他にも,「弁護士・司法書士に相談するほどの問題でないから」(15.9%),「分野が違うと思うから」(12.1%),「自分で解決したいから」(11.0%)といった理由が挙げられている。

報告書は,これらの調査結果を踏まえ,「法律問題をかかえながらそれを法律問題と思っていなかったり,相談をしても無駄だと思ったり,法律専門家に相談するほどの問題ではないと思っている層が相当程度存在することが明らかになった」とし,「これの掘り起こしには,一般的な情報提供サービスだけでなく,当事者にニーズを気づかせるような積極的な働きかけを含む活動が必要である」と問題提起している(同前: 307)。

アンケート調査では問題を経験していないと回答した対象者が,インタビュー調査では何らかの法律問題を経験していたという「事実」につき,佐藤岩夫(2014: 90)は,「被災地では多くの法的ニーズが潜在化している」とした上で,「インタビュー調査の結果は,インタビューを通じて法律問題が『発見』されている」ことを示唆するものとの解釈を示している。その上で,「法律相談に来てもらい,法律専門家がそれに適切に対応するならば,当事者自身も気づかなかった法的ニーズが掘り起こされ,適切な解決につながっていく可能性」があると指摘する。

この提言が,さまざまな接触を通して当事者の問題知覚が変化する可能性について法社会学的な観点から述べたものだとするなら,当事者が気づかなかった法的ニーズが掘り起こされる可能性だけでなく,日常のさまざまな関わりのなかで,法の世界が気づいていない生活実践上の無数のニーズが生成・葛藤するダイナミックな過程があることも併記しておかなければならない。[*2]

法的支援拡充に向けた活動が重要であることはいうまでもない。しかし,法と社会の関わりを研究する法社会学の関心から見たとき,「法的ニーズ」の存在や現れ方については多様な解釈がありうる。もしかしたら,「法的」解決や「法

[*2] たとえば,弁護士への相談過程において依頼者の法援用の目的が被構成的であることの指摘(棚瀬2002: 142-3)は,弁護士が一方的に何かを気づかせるのでも当事者が自己完結的に目的追求するのでもない,相談過程自体が相互構成的なものであることを示唆している。

専門家」に対する何か見切りのような経験や直感があって，その限りでむしろ「気づいて」回答した結果だった可能性はないのか。あるいは，法専門家に「相談しても無駄」や「弁護士・司法書士に相談するほどの問題でない」に付けられた〇印は，法専門家に対する×印すなわち「有効性感覚の欠如」（日本司法支援センター2014: 305）というよりも，"自分で解決したい"あるいはその先の"最後は自分で解決するしかない"という腹決めや生き方のようなものからきている可能性はないのか等々。

　こう考えていくと，「法律問題を経験している」のに「自覚していない」という「事実」は，〈気づいていない当事者と気づかせる専門家〉といった構図だけでは捉えきれない，もっと複雑でダイナミックな過程があることを示唆しているように思えてくる。調査者の目に矛盾とも映る光景の背後で動いているのは，当事者による問題知覚や多様な関わり活動の分厚い過程であろう。フェルスティナーらの紛争展開モデルが提起したものも，状況を〈侵害〉として経験する認知変容（Naming）から始まる出来事解釈プロセスが，人や紛争を駆動するという重大な指摘であったはずだ（Felstiner, et al. 1981）。家族，知り合い，JAの人，役場の職員，東電担当者をはじめ多くの人・組織との関わりや衝突，ネットで見かけた情報や避難所・仮設で聞いたいろんな話が交錯するなかで，何が問題なのか，何の問題なのか，その状況解釈自体に被災者は苦しんでいるのではないか。

　D・エンゲルはInjuryの知覚が社会文化的な環境のなかで起こることを強調するが（Engel 2012, 2016），たとえば勤めや商売で発電所と長く関わってきた人たちにとって，侵害されたのか否かの知覚は，共同体的なしがらみをはじめとした葛藤のなかで起こるものであろう。さらに，ベネディクト・アンダーソンのキーワード "Imagined Community" を受けて，和田仁孝（2017）が提示する「認知された共同体」概念をここに重ねるなら，人びとは，これまで関わってきた共同体内の関係テンションだけでなく，大都市に一方的に奉仕してきた「供給地住民」という共同体，あるいは子どもたちに負の遺産を残さない「責任ある大人」といった，心に湧いた新たな共同体も加えた多次元葛藤のなかに置かれていると見ないわけにはいかない。

　だとすると，法と人びとの関わりを知ろうとするわれわれが注目しなければ

ならないのは，当事者が対処しようとしているこの"わからなさ"のプロセス，わかるものにしようと動き回る現場ということになるだろう。そのとき，法的問題経験の自覚や認識は，静かな相談室での作業を超えた，凪と突風が不規則に繰り返される知的身体的嵐のなかで起こるものと見る視点が必要になってくる。あるいは，傷の〈キュア〉というよりも，何に苦しんでいるかまで含めた〈ケア〉的なまなざしや身構えが必要になってくるだろう。

2 ▶ 経験をカウントする法

　本書が取り組もうとしているのは，こうした人びとの日常的実践に近づいたときに見えてくる〈法と社会との関わり〉の記述と考察である。
　まずは接近すること。生きられる過程として当事者の活動を位置づけ，当事者が経験し関わっている〈現実〉の一端を知ることが出発点となる[*3)]。この当事者の経験過程を理解すること抜きで，法の働きや限界を知ることはできそうにない[*4)]。
　そのとき法はどこにいるのか。仮に法が知識や技術や装置として人びとの外側に「ある」ものだとしても，人びとや当事者にとっての法は，日常のさまざまな実践場面に微分されさまざまな形をとって「現れる」ものであろう。保険会社の営業の人，東京電力の相談窓口，あるいは町民約 1 万 5 千人による ADR 集団申立をリードした浪江町賠償支援係等々，さまざまな手立てや機会との接触のそこここで，法が目に止められ（acknowledge），揺さぶって効用が推し測られ，利用されたり棄てられたりする。このとき法は，知ったり使ったりする

[*3)] 法的ニーズの掘り起こしも，法が当事者の問題対処過程に気づいていないことの認識とセットになってはじめて可能になる。この点については，クライアントを前に専門家が己の無知（not-knowing）を前提に関わる必要を説くグーリシャンらの議論（Anderson & Goolishian 1992）を参照。

[*4)] 同報告書は，原発事故被害者が「東京電力から送付される書類にそのまま記入し賠償を受け取る手続は，ことさらに『問題』とは認識されていない」ことは予想外の結果だったとして，「原発事故被害者が『問題』をどのようにとらえているのかについて別途慎重な検討の必要性」に言及している（日本司法支援センター 2014: 73）。原発に限らず，被害者・当事者の問題知覚にたち降りることは，法的ニーズの掘り起こしにとっても必要な作業だと思われる。

人びとの活動のなかにそのつど出現するものとして存在している。

　そのとき，法は何をするのか。じつは，先の"気づかれない法的問題経験"のなかに，法が人びとを掴むときの手つきがすでに見え隠れしていた。経験をカウントし集計しようとするのは，何も社会調査（定量であれ定性であれ）だけではない。法的問題という正解や仮説でもって人々の経験をすくい取る手つきは，たとえば損害としてカウントできるものしか取り扱おうとしない法の手つきや所作と相同である。法は，それが予定する被害と救済の物語に適合するように経験を規格化し生を「奪う」，というよりも標準化された経験を「与える」ことで何かを奪っていく。

　この法との出会いの場で，人びとがどう振る舞うのか。法律専門家の適切な対応で適切な解決につながっていく場合も多くあるだろう。しかし，本書に登場する実在の当事者や主体モデルは，法が求める物語に盛り込めない苦痛を，[*5)]法廷や職場や話し合いの場に持ち込み，あちこち動き回りながら出口を見つけようと多次元交通する。家はあるか？定職は？家族は？と裁判官から畳み掛けられてどれもないと答え，もつべきとの言葉にどれも要らぬときっぱりと否定する13歳の浮浪者ベアス。この不従順な身体は，2年の施設入所の宣言もさばさばと受け入れながら規律化圧力を無効化していく（フーコー 1977: 287-289）。この少年ほど劇的ではないが，本書の交通する主体たちも，道具や制度に依りつつも定型からはみ出す声を発し続けるという点で，決して従順ではない身体をもつ人びとである。

　もちろん，純粋無垢な経験があってそれが法やその他制度等によって曲げられていくといったようなナイーブな絵から出発することはできない。当然，すでにして言語をはじめさまざまな文化や制度のもとで初めてわれわれは出来事を経験する。ベイトソンなら，この経験と制度の関係を両側から見るよう（ベイトソン1982）勧めてくるだろう。おそらく，すでに相互入れ子になっているものたちがどうエスカレートしていくのか，どんなときに動きが止まるのかといった，〈関わりの運動〉を見続けることが必要なのだろう。

---

*5) この法の物語，とくに事実認定における法の手つきについては，（棚瀬2002: 155-166）の分析を参照。

たとえば，加害者として責任追及される者からの「やるべきことはやりましたが，力及ばず，大変申し訳なく思っています」の声に対し，「じゃあ，過失だと認めますね，過失があったんですよね」と被害者が迫るとき，そこに法が意識され使われていることになる。そして，法の一瞬の出現は，加害者の側に過失の一言だけは絶対に口にしないという意固地さを生み出し，その後の展開を規定する一つの磁力になっていく。このように，生活の平場に法的なものが現れエスカレーションが引き起こされる。

言うまでもなく，法が働くのは決して弁護士等に相談し法的問題解決をする場面だけではない[*6]。逆に，訴訟を選択したからといって，当事者が問題を法的に解決しているとは限らない。準備書面は無理でも証人尋問の場面などでは，本来法が予定していない道徳的非難や感情発露が開封されることがある。これが判決に直接影響を及ぼすことがどれくらいあるかはわからないが[*7]，法廷外・裁判後を含めた当事者の意味づけ活動の展開に大きな影響を与えることは間違いない。

3 ▶ インタビューの敗北

ここまでのところで，本書のアプローチが解釈主義的な流れの一部にあることはすでに明らかであろう。あるいは，ローカルな生活実践における人びとにとっての意味や文脈をめぐる「厚い記述」（ギアーツ1973），関わりのあいだから生まれる意味（Gergen 1999; McNamee & Gergen 1992），あるいは当事者の意味づけ活動を尊重しながらそこに働きかけるナラティヴ・セラピー（White & Epston 1990; White 2011）等々，それぞれフィールドやアプローチに違いはあるものの，人びとにとっての意味とその生成プロセスを理解しようと努める姿勢

---

*6) （Swain & Rice 2009）は，ソーシャルワークの実践に法が微妙な形で作用する様を詳細に分析している。また，ナラティヴ・アプローチを一つの実践領域に応用しモデルをつくることに成功している例として（Connolly & Harms 2012）参照。

*7) 東名高速事故での定期金賠償を認めた判決は，例外それも重要な例外の一つであろう（和田仁孝2017: 22）。本書第6章で取り上げる医療過誤をめぐる本人訴訟の事例も，数量化して示すことはできないものの，母親による証人尋問等が判決に相当の影響を与えたことは推察できる。

は，本書の基本的身構えとなっている。

　さらに，棚瀬孝雄の法の言説分析（棚瀬1995, 2001等），エンゲルらの解釈主義法社会学（Engel 1993, 1996等），同じく解釈主義的視点をベースにした，和田仁孝による法理論・紛争処理論・ADR論・医療コミュニケーション実践等々から刺激を受けている（和田仁孝1996c, 2001, 2005等）。「法の臨床としての解釈法社会学」（和田仁孝2016）の名で構想・展開されるその研究実践隊商の連なりに，本書は〈声〉をキーワードに参画しているといえるかもしれない。

　もっとも，声への着目や，人びとの意味づけ活動への関心は，必ずしも理論上の必然性や必要から生まれたわけではなく，インタビューの敗北という個人的経験から生まれた。キャロル・ギリガンの"In a Different Voice"の〈声〉という切り口に触発されたことは確かだが，それ以前から取り組んでいたマーケティング・リサーチの実務，それも成功ではなく失敗がきっかけであった。

　連日の質問票づくり，集計計画，データ分析・図表化，提案作業は，常に不安の中での模索である。本当に売れるのか，こんな提案で大丈夫か心配になると，とにかく消費者の声を聞いてみる。もっとも，聞けば何かがわかるといった単純なものでもない。20万円以上で取引されるヴィンテージもののジーンズを買った男子高校生に，そのブランドを好きな理由をあれこれインタビューしていたとき，「うーん，ちょっと間違っちゃったかなぁ……って感じ？」といって窓の外にぷいと目を向けられ，インタビューが終わってしまった。いきさつを好きなように話してもらうだけでよかったのだろうが，とにかく思い込みは鼻で笑われ挫かれた。

　同じことは，質問紙法調査でも起こる。成人男性がなぜアイスクリームを食べないのかを調べる仕事では，クライアントの強い要望で，「あなたがアイスクリームを食べないのはどんな理由からですか」という質問を入れることになった。通常こういうことは，関連する生活行動や認識に関する質問とクロス分析しながら分析者が〈解釈〉することであって，直接〈聞く〉ことではない。返ってきた個票の一つに，「あんまり無茶言わんでください」と欄外に書いてあった。その文字が丁寧な分，恐怖も増した。何を好き勝手なことを言っているのか，なんでアイス食わなきゃいけないんだよというお叱り。返す言葉はない。

序章　声に現れる法、法からはみ出る声

今も法社会学研究で同じ失敗を続けている。津波で児童74人が犠牲になった事故で，23人の児童の保護者が訴訟を決断した。訴訟に参加していない遺族にその理由を尋ねた返答は，「そういう問題でもない気がします。」であった。訴訟に参加している保護者とは毎日のように連絡を取り合い，訴訟を含めてさまざまな活動に一緒に取り組んでいるとのこと。「裁判するかどうかは，端で見ているより差はありません。そういう問題でもない気がします。前例や他の裁判とは違います。」と教えてくれた。われわれの経験を形づくる"物語"が効かないという現実，そして物語的な理解を捨てることを求める当事者の言葉は重い。

　物語の装備をはずして語りを聴く姿勢とは，まさにアンダーソン／グーリシャンらのいう「無知」の姿勢であろう（Anderson & Goolishian 1992）。ただ，当事者の知覚や活動を知ろうと近づくとき，どんなに無知であろうとしても，何らかの仮説，想定，思い込みなしでは聞くことはできない。叱られるのは辛いが，間違ってるよと教えてもらえるのは良いことなのだろう。それがなければ，聞きたいことを聞きたいように聞いて終わる。もっとも，聞いて違うと教えられたら賢くなれるのかといえばその保証もない。対象者本人が話してくれたことが正解かどうかは，本人も含めて誰も知らない。そもそも正解のないところでの，協働的達成過程としてのインタビュー（石川2014; 桜井・石川2015）。結局同じことを繰り返しているだけのようにも思う。不安にかられて頼るのにもっと不安になる麻薬的なところが，声を聞く活動にはあるのかもしれない。

　この聞くこと・話すことの厄介さや怖さは，いうまでもなく，調査という営みにおける困難である以上に，人びとの日常的な声活動の困難であり可能性でもある。いったい〈声〉は，問題や解決とどう関わるのか。

4 ▶ 声のしわざ

　問題解決や乗り越えの過程で声がどんな働きをするかについては，本書各章でそれぞれの文脈に沿って示されている。ここでそれを1枚の絵にすることは到底できないため，その代わりに，素朴な実感からする〈声〉の部位別断層写真のようなものを以下に呈示する。

4.1 ▶ 本人性

　まず，本書が着目する声の原形態は，声帯から音として出て聞かれる，いつものなんてことのない声たちである。しかし，あまりに慣れすぎて自然化されている分，その意義の大きさを切実に感得することは少ない。誰かが病気で気管切開し声を失う。透明のアクリル板に整列した黒いひらがなのどれを見ているのかを一字ずつ確かめ，頷いてもらう。頷きがまばたきになる場合もある。

　熟練の医療者になると信じられないスピードで読み取っていくが，それでもこの方法ではコミュニケーション効率が悪いことはいうまでもない。元気がある人の場合は，胸を通る空気を使って声に変換する方法もあるが，声の癖は平板化され，その人の声には聞こえない。切開前に保存した声データを，パソコンで打った文字に反映させる方法（マイボイス）もあるが，こうした取り組みや需要に示されているのは，声のかけがえのなさ，取り替え不可能な本人性である。本書第5章では，上司や総務部との直接の話し合いが組合マターになり文書化されることで本人性が希薄化していく過程が記述されている。

4.2 ▶ 声の手触り（メタメッセージ）

　声の喪失で気づかされるもう一つのことは，声がニュアンスを運んでいるという既知で根源的な性質である。「もういい」といったときの意味は，文字盤方式では，顔やからだの筋肉等の限られた動き・表情から推し量ることになる。もちろん，それ以外に前後関係（コンテクスト）も重要な手がかりになるが，声なら一言でニュアンスも伝えられる。つまり，声はメッセージとメタメッセージ（コンテクスト）を同時に伝えることができる。

　さらに，この声の即時性は話し手と聞き手に独特の運動をさせる。話し手の声に聞き手の口の動きがシンクロして起こる現象を，コンドンはコミュニケーション・ダンス（Condon 1976）と呼んだが，この同期性は聞き手の身体の動きがまた話し手に知覚されることで話し手の語り行為を制御する循環をつくり出していく。

　声に比べると，文字の「もういい」や「申し訳なく」の意味合いは，それだけでは量りにくい。もちろん，だからといって文字や文書が声に劣るということでは全くない。文や字には，長い歴史の中でつくりあげられた独自の知恵と

技術があることはいうまでもない。文自体の構成・配列等はもちろん，文字についてもそれが手書きであれば，そのテクスチャーがコンテクスト推測の手がかりとなる。本書第11章では，手書き文字がもつ身体性・本人性とその紛争解決における意義について考察している。

4.3 ▶ 声と言葉

　紛争場面における話し合いといったとき，そのほとんどは声を使った言葉のやり取りである。そのとき，声は言葉とともに使われるが，声と言葉とはまったく別物である。声は自分のものであるが，言葉は自分のものではない。私が話している声は私のものだが，言葉は私以前から私以外のところにあったもので，私のものではない。

　すると，私の声が言葉を借りているのか，言葉が私の声を借りているのか。後者だとすれば，言葉の乗り物として言葉のしもべとなった声＝私は，ときどき言葉＝意味世界への従属から離れ小さな反乱を起こす。反抗方法の一つは，言葉から完全に離脱することである。たとえば唸り，ため息，叫び，笑い声等々，言葉を伴わない声の態様はさまざまあり，独自の迫力や真実味をもって現れる。[*8] 他方，少し混み入った方法として，映画『二十四時間の情事』における岡田英次の丸暗記されたフランス語のセリフや尾崎豊の歌唱法のように，言葉を使い「ながら」言語の意味システムを脱臼させ，声とその主の存在感を浮き上がらせる抵抗方法もある（本書第9章参照）。

　標準語で話すよう何度も注意する裁判官に対し，「わしゃ，どげえしてんが，この裁判は方言でしゃべらしちもらいます。」（望月2001: 234）と原告鍋井氏が一歩も引かないとき，方言でしか伝えられない何かがあることが訴えられていることは言うまでもない。と同時に，相手が方言を理解しないことを知ってなお方言をやめないことは，言葉を使い「ながら」言葉から離れた声の迫力によって，言うことを聞かないのはあなた（裁判官，そして法）の方だと転覆させる

---

*8) 作曲家・武満徹は，「人間の発音行為が全身によってなされずに，観念の嘴によってひょいとなされるようになってからは，音楽も詩も，みなつまらぬもの」になったとして，「生の挙動」としての「ため息，さけびなど」がもつ「初源的な力を回復しなければならない」と主張する（武満徹2000: 70-71）。

効果をもつ。ここに働いているのは、言葉ではなく声である。

4.4▶ 声と物語

　同じような関係図が、声と物語にも妥当する。私が物語る声は私のものだが、物語は私以前・私以外のところにあったもので、私のものではない。私の声が物語を借りて語っているのではなく、物語が私の声を借りているとすれば、物語を運ぶ声＝私もまた、ときに物語に反乱を起こす。

　物語は、始まりと終わりのあるストーリーでできた意味のまとまりであり、経験を生み出す母型＝マトリクスとなる。しかし、出来事のすべてが、凹みの鋳型で鋳造されるわけではない。それが、本書第8章・第10章で検討する「痛みの声」「混沌の声」である。痛みの只中にあるとき、人は物語を語ることができない。あるいは、物語として了解されようとするとき痛みはそれを拒絶する。物語的な自己完結、予定調和、陳腐化こそ、痛みの個別性を掘り崩す罠となる。そのとき声は、別の物語で対抗するのではなく（痛みは物語れない）、物語という了解形式自体を否定する反物語の声となる。「なにもかもが、ちがう」「ナニモカモガ、チガウ」（本書第9章参照）。

4.5▶ 意味から離れた声

　こうして言語や物語の運び屋としての裏方仕事に我慢ならなくなって、ときどき声は意味化のマトリクスに反抗するのである。

　では、言葉や物語への奉仕から逃れ出た声は、どこに居場所を求めようとするのか。この点に関しては、イタロ・カルヴィーノの短編「耳をすます王」(Calvino 1988)についての和田忠彦の『声、意味ではなく』における解釈論が大きなヒントを提供してくれている（和田忠彦2004: 218-229）。王宮の奥の玉座にすわり、声に謀反のしるしを聞き分けることにしか興味のなかった王は、あるとき女の歌声と出会い、声＝存在の唯一性を知るようになる。「女の声に出会い、〈声＝存在〉から意味を切り離すことで〈声＝肉体〉を獲得した王は、こうして〈声〉を肉体とことばをつなぐものとして、両者の関係性のなかに意味の在処を見出したと考えればよいのだろうか。」（同前: 229）と暗示する。

　再解釈すれば、言葉に羽交い締めにされたかに見えた声は、その縛りから解

き放され肉体に宿借りする。しかし，声は肉体と同一化してしまうわけでもない。声は，肉体と言葉の接面に音を立てて出現する。ただ，このとき意味が声とどう関わるのかは明示されていない。痛むからだが言葉と接触し損ねて呻きや叫びとなるとき，たぶんその声は意味化の流れを中断させ，一瞬のめまいと恐慌をもたらすだろう。本書第10章では，この中断の前で立ち止まり，意味ではなくただ声を聞くという「圧倒的な受動性」の意義について検討している。

4.6 ▶ 声から身体へ

　ここまで，声が身体的基礎の上にあること，そして意味が声＝身体を経由して確かめられるさまを部分静止画で素描してみた。本書第11章では，遺族と教育委員会との直接のぶつかり合いのなかで試みられた真実解明の作業が難航した後，検証委員会に移管され身体的関わりが迂回されるなかで声がコトバ（身体的根拠を失った言葉）になって応答の力動性は痩せていき，誰の肉体に根を置いているのかわからない教訓に変態していくさまが記述されている。カルヴィーノが描いたように，あるいは演出家・竹内敏晴がからだで示したように[9]，身体的契機をもったとき初めて言葉が強い意味を帯びること，そしてそこに問題解決の芽があることが示されている。

5 ▶ 本書の構成

　以上，本書が行おうとしている法社会学研究の基本的な問題関心，視点，方法論について，正しい理論的な方法ではなく，経験的・ストーリー的なやり方で述べてきた。以下の11の章は，問題解決場面における〈声〉についての報告と考察であり，声の働きをあっちからこっちからつかまえようともがいた跡で

---

[9] 竹内敏晴が全国の学校や団体等で取り組んだことばのレッスンは，徹底してからだの側から声とことばを捉えなおす実践である（竹内1975, 2001, 2010）。たとえば（竹内1975）には，声は出るがことばとして話せない小学生チョコちゃんが，竹内の助言や影響を受けた教師や家族らとの関わりのなかで徐々にことばを獲得していく過程が描かれている。竹内の活動は，生きた声はからだとことばの接触面に生まれることを説得的に示している。

ある。

　第1章「新たな法主体の可能性」は，道徳性に関するコールバーグ／ギリガン論争を出発点に，法制度や法秩序イメージの背後にある人間像を複数析出し，それらの批判的検討を通して"交通する主体"という新しい法主体像を描く。

　第2章「日常的実践としての紛争＝処理」は，ジェームズ・ギブソンをはじめとする生態学的アプローチを紛争プロセス分析に応用する可能性と意義について論じる。

　第3章から5章までは，法が日常の生活実践場面にどのように現れてくるのか，そこで人びとのあいだにどんな声が生まれ問題状況が変化していくのかを，具体的な紛争事例に沿って分析している。紛争トピックとしては，第3章「日常的交渉場面に現れる法」は近隣関係，第4章「理由をめぐる生活実践と法」は解雇，第5章「葛藤乗り越え過程における"人びとのやり方"」は女性労働の問題を取り扱っている。

　これら5つの章からなる第Ⅰ部では，声を発する主体の〈主体〉ぶりに重きを置き，声を手がかりにして人びとのあいだで問題がどう処理されていくのかについて考察している。

　これに対し第Ⅱ部では，主体は脱ぎ捨てられ〈身体〉としての声の働きに焦点が当てられる。この移行は，「人ではなく，パフォーマンスに注目せよ」というアンデルセンらのカウンセリング思想やスタイルとも何となく呼応している（Malinen 2011: Ⅸ）。

　第6章「身構えとしての声――交渉秩序の反照的生成」は，『SHOAHショアー』を撮ったクロード・ランズマンの〈方法〉をめぐる議論，とくに（高木1996a）の鋭い洞察を手がかりに，弁護士なしで医療過誤訴訟を闘い抜いた母親が法廷で発した声の意味，そして法の限界について考察する。

　第7章「紛争過程における当事者の声――自主的解決支援の罠」は，離婚調停事例についての家裁調査官・カウンセラーらの議論をもとに，当事者の自立を支援し解決に向かわせようとする第三者の「善意」の関わりが，皮肉にも当事者に転移を引き起こし，問題解決の道行きが曲がっていくさまを追いながら，「自主的」解決を促す第三者が陥りやすい罠について考察する。

　第8章「ナラティヴとメディエーション――反物語の声」は，アーサー・フ

ランクの〈声〉論のなかの「混沌の声」に着目し，声と物語の根源的対立，あるいは物語が声を奪っていく機序を踏まえたときの問題解決への示唆について検討している。

このフランクの痛む者の語り（Story-Telling）論を足場に，〈痛み〉の観点から問題解決の困難と可能性を論じたのが，9章と10章である。**第9章**「痛みと償い——震えの声の前で」は原発事故被害者の声を聞いたときに自分に起こった一瞬のめまいと混乱の経験も織り込み，償いとはどういうものなのかについて検討する。**第10章**「痛みと紛争解決——混沌の声に立ち会う」は，第8章の続編である。〈損害〉という法の物語には居場所が用意されていない痛みの声が聞かれるために何が必要かについて考察する。

最後の**第11章**「身体的関わりと了解」は，東日本大震災で，津波到達直前まで校庭に留まったまま避難をせず，74人の児童と10人の教職員が犠牲になった大川小学校事故を取り上げる。とくに，事故から7年にわたる遺族の苦痛を追いながら，市教委との直接の話し合い，第三者検証委員会，訴訟という3つの解決プロセスそれぞれの問題点と意義について検討する。訴訟では遺族は一・二審とも勝訴し，助かるはずの命が学校・市教委の過失で助けてもらえなかったことが認められた。しかし，これがゴールではなくここから本当の問題解決が始まるという遺族らの声を聞く。遺族説明会や検証委員会で受けた苦痛，訴訟で認められなかった主張等の背後にあるものは何なのかについて，〈身体的関わり〉の欠落という視点から考察する。

すでに，主体から声へと重心移動した関心は，さらに身体へと向かう。声はからだの動きの一つであり，言葉や物語による意味生成への奉仕から離れたときに荒々しい力が発揮されることは上で触れた通りである。問題解決場面における〈身体〉を，法社会学研究のステージの正当な位置に置く必要も感じる。[10]

[10) 社会的相互作用を身体的な動きとともに分析する研究としては，生態学的心理学等やエスノメソドロジー等の長い伝統がある。後者の一例の（西阪2008）は，バイオリンのレッスンや医療場面等の観察から，言葉と複数の身体やモノの関わりのなかでどのように行為が生み出されていくのかを分析し興味深い。法的秩序達成という相互作用のなかで，眼差しや指差しといった身体的行為がどんな働きをするのかについては，（樫村1997; 北村2018: 210）参照。

序章と11章以外はすべて既発表論文で、できるだけ手を加えずそのまま掲載している（第5章は1割ほど減量した）。章のあいだで一部事例等が重複する部分もあるが、削除すると糸が全部ほどけてしまうため、やむを得ずそのままにしてある。事情ご了解いただければ幸いである。

第Ⅰ部

交通する主体

第1章 新たな法主体の可能性
コールバーグ／ギリガン論争を出発点に

はじめに

　人びとの価値観が多様化し社会変動が常態となった今日の都市化社会では，人びとの紛争解決へのニーズはますます多様で多面的なものになってきている。こうした動きに応じて，裁判をはじめとする諸紛争処理制度の機能と位置づけに関しても，現在さまざまなモデルが交錯している。
　たとえば，普遍的に妥当する「法」によって「正しい」解決を目指そうとする「法による」裁判モデルは，現在の裁判制度の最も中心的なイメージであろう。そこでは，紛争当事者の利害関係は，「法的な」意味次元に整序され一義的に確定される。そして，解決の妥当性は，予め確定しているはずの実体規範および手続の「法的な」正しさによって導かれるものと想定される。
　しかし，今日こうした伝統的な裁判イメージも，いくつかの方向に拡散しているように思われる。一方では，同じように紛争を「法的」な枠組みの中で処理しつつも，一連の手続の中に当事者の合意の契機を盛り込もうとする「合意形成」型裁判モデルがある[1]。「法による」裁判モデルが，法的権威によって紛争をいわば垂直的に裁断するのに対し，「合意形成」型裁判モデルでは，当事者同士による水平的な討議空間を拡大しようとする。
　他方では，伝統的な裁判イメージの中にある，解決の意味の一義的確定性をより徹底化したものとして，「行政・サービス型」裁判モデルがある。これは，たとえば交通事故等のような日常化・共通化する紛争に対応して，裁判が定型

---

*1）たとえば，（田中成明1993）における合意・議論・手続を基本概念とする「対話的合理性基準」モデル参照。

化・定額化する傾向として現れるものであり，機能的には保険や社会保障制度への接近として理解されるものである（棚瀬1991a）。

さらに，現代の裁判モデルとして，「交渉型」裁判モデルを挙げることができる（和田仁孝1991, 1994b）。紛争解決過程において当事者同士のコミュニケーションの契機を重視する点で，このモデルは「合意形成」型裁判モデルと重なる部分がある。しかし，「合意形成」型裁判モデルが「法的」な枠組みの中に当事者間コミュニケーションの契機を盛り込むのに対して，「交渉型」裁判モデルでは，逆に当事者間コミュニケーションを前提とし，その中に「法的」な機制と機能を位置づけるという点で大きな違いがある。

これらの，いわば多次元尺度上に位置する諸裁判モデルも，その背景にはそれぞれが志向する法秩序観ないし正義観がある[2]。

「法による」裁判モデルと「合意形成」型裁判モデルは，紛争解決過程における個人の自由を最大限に保障しようとする点で，いずれも個人的正義観あるいはリベラリズムに立ったものということができる。もちろん，それぞれのモデルに含意されている「個人」や「自由」には，いくつかの相違点はあるものの，より広い観点から捉えたとき，いずれも個人的自由を基点とした法秩序を志向したものと見てよいだろう。「行政・サービス型」裁判モデルは，個別の紛争の解決よりも集合的に発生する被害をいかに補償あるいは分散させるかに重点が置かれる。つまり，「行政・サービス型」裁判モデルは，個人ではなく全体社会に照準して秩序化を図るものであり，全体的正義観あるいは社会契約論に立脚している。「交渉型」裁判モデルは，当事者間の自主的な交渉過程を中心に据え，当事者間の関係を梃子に秩序化を図るものであり，関係性に根ざした共同体的法秩序観に立っている。しかしここでの共同体が，伝統的共同体ないしコミュニタリアニズムのいう共同体なのか，あるいはこれらとは全く異なった共同体なのかは，極めて微妙かつ重要な問題である。この点については後の節で詳しく論じることになるが，ここでは「交渉型」裁判モデルの背景にある法秩序観を，ひとまず関係論的法秩序観と呼んでおく。

以上，現在の裁判モデルとそれぞれの背景にある法秩序観・正義観について

---

[2] 本章における三つの法秩序観ないし正義観は，（棚瀬1991a）に依っている。

簡単に整理してみた。今後のあるべき紛争処理制度を考えていくとき，まずどのような法秩序モデルの上に立つかが重要な論点となることは言うまでもないが，では，ここに挙げた三つの法秩序モデルは現代社会においてどの程度の妥当性・有効性をもつであろうか。特に，多様化と変動の現代都市化社会に生きる人びとの視点から見たとき，これらの法秩序モデルはどこまで適切であろうか。

たとえば，全体的正義では，紛争解決の意味は画一的なものとなるが，こうした規格化された解決の意味は多様な価値観をもった現代の人びとにとってそのまま受容されるものだろうか。個人的正義では，紛争当事者間の多面的な社会関係は法的議論に適合するレベルに一元化され一義的に確定されるが，こうした関係の一元化と固定化は，絶えざる変動の中に生きる現代の人びとの関係形成活動と矛盾しないだろうか。あるいは，共同体的正義における共同体が，何らかの実体的な集団を意味するとすれば，特定の組織や集団への帰属意識が希薄化した今日，どのような共同体を前提に法秩序を構想することができるのだろうか。

こうした疑問に答えていくためには，これら裁判＝法秩序モデルの相違を生み出している根源的要因であり，かつ各モデルの現代的有効性を規定する要因でもある，それぞれが前提とする「主体概念」を検討する必要がある[3]。紛争処理に限らず，一般に制度の設計にはそれを利用する人びとについての一定のイメージが含まれており，そこで自覚的もしくは暗黙に前提とされている主体イメージの違いが制度の設計に投影される。したがって，制度の有効性はそこに前提とされている主体イメージの適切性によって大きく規定されることになる。

実際，紛争処理制度の設計に関する見解や提案の差異は，そこに半ば暗黙に前提とされている人間像の差に由来している。たとえば，民事紛争解決において当事者自身による交渉空間を積極的に認めようとする主張の背景には，解決過程に「主体的」に関わっていこうとする主体像がある[4]。逆に，紛争解決にお

---

[3] 現代法が前提とする人間像を憲法の分野から分析したものとして，（佐藤幸治1983; 高井裕之1990-1993）等参照。

[4] こうした主体像は，第三期派（第三の波派）の訴訟手続論の中に見ることができる。たとえば，（井上治典1993）参照。

ける当事者間交渉の場の拡大に消極的な立場では，紛争当事者の主体性が低く見積もられている。すなわち，裁判過程を当事者間交渉に開いていくとき，当事者がどこまで「主体的」に関わり得るのか，当事者だけでフェアなやりとりが可能なのか等に対しての懸念がある（吉野正三郎1990；小林秀之1984）。

　もちろん，制度論的な立場の違いをすべて主体イメージの違いに還元することはできないが，制度設計の差が主体イメージの差によって規定されていることは間違いない。ここで問題になるのは，こうした主体イメージに関する議論がどこまで実質的な内容を伴ったものか，であろう。たとえば「主体的」「合理的」といった切り口で捉えられる主体イメージはどのような意味合いにおいて主体的，合理的なのか等は，必ずしも明らかではないように思われる。主体性にせよ合理性にせよ，その実質は，つねに人びとの紛争解決の仕方において定まるものであろう。したがって，実質的な主体イメージ論では，人びとがどんな解決ニーズと力量をもち，どんなやり方で解決を図ろうとするのかといった点が明らかにされなければならない。すなわち，紛争解決における「人びとのやり方」を分析するためのモデルがいま求められているように思われる。

　本章では，こうした問題意識から，特に現代都市化社会に生きる普通の人びとが日常どのようなやり方で葛藤を乗り越えようとするのかという，紛争解決過程における人びとのやり方，いわば「エスノ・メソッド」[*5]に注目しながら，現代的法主体のイメージを明らかにしていきたい。

　まず第一節では，道徳性の発達心理学におけるコールバーグとギリガンの論争を再解釈する。そこから葛藤の乗り越え過程における人びとのやり方を探るための重要次元を抽出し，主体イメージを分析するための枠組を得る。第二節では，この分析枠組からいくつかの主体イメージを析出し，そこから，新たな法主体イメージとしての「交通する主体」仮説を提示する。第三節では，三つの法秩序モデルが前提にしている主体イメージとその現代的妥当性を批判的に

[*5] エスノメソドロジーとは本来，「社会のメンバーがもつ，日常的な出来事やメンバー自身の組織的な企図に関する知識の体系的な研究」のことである（ガーフィンケル1987: 9-18）。本章は，エスノメソドロジーの分析手法そのものを使うものではないが，市井一般の人びとが日常とるやり方をエスノ・メソッドと呼び，こうした観点から現代都市化社会における主体の有りようを検討していく。

検討しながら，「交通する」主体を前提とした法秩序のイメージについて明らかにしていきたい。

第一節　コールバーグ／ギリガンモデルの位相

　本節では，主体イメージを考察するための出発点として，心理学における道徳性の発達研究を取り上げてみたい。この研究には，人びとが道徳的葛藤を乗り越えるときのやり方とその心理学的背景とを明らかにするモデルが提起されているが，その中でも特にコールバーグとギリガンの間で展開された論争には，紛争解決の仕方から主体イメージを分析するときに不可欠の重要次元が含まれている。
　以下では，コールバーグ・モデル（以下，Kモデルと略記）とギリガン・モデル（同，Gモデル）の概要に触れた後，両モデルの本質的な差異であり，人びとの葛藤の乗り越え方を根底から規定する要因が何なのかを明らかにしていく。

1 ▶　Kモデルの「理想的役割取得」

　コールバーグの基本的な問題意識は，価値相対化の克服，つまり異なる価値観をもつ人びとの間で，いかにして利害を調整し葛藤を解決し得るのかにある。彼は，ピアジェの認知発達理論に依拠し，葛藤の乗り越え方は，3レベル・6段階を経て発達すると定式化した[*6]。人びとが道徳的判断をする際に取る観点[*7]

---

*6) ピアジェの認知発達理論については，（ピアジェ1957, 1968, 1989）等を参照。なお，このアプローチの発達心理学における意義と位置については，たとえば，（Mussen 1974; 斉藤耕二・菊地章夫1990; 村田孝次1992）を参照。
*7) コールバーグの道徳性発達モデルは，次の3レベル・6ステージから構成される（Kohlberg 1984: 174-176）。
　　Ⅰ：前慣習レベル　　ステージ1………他律的道徳
　　　　　　　　　　　　ステージ2………個人主義，道具主義的道徳
　　Ⅱ：慣習レベル　　　ステージ3………対人的期待への同調
　　　　　　　　　　　　ステージ4………社会システムの維持
　　Ⅲ：脱慣習レベル　　ステージ5………社会契約と個人の権利

は，最初の利己的で自己中心的な前慣習的なレベルから，社会的役割への同調や秩序の維持という慣習的なレベルへ，そして普遍的な道徳原理へと移行する。到達段階である第6段階の主体が選択した普遍的な道徳原理とは，すべての人間を一個の個人として等しく尊重するという「正義」原理である。この正義原理は，道徳判断の内容やそこに含まれる価値を超えて普遍的なものである，とする。[*8)]

　この普遍的な道徳原理に基づく葛藤の乗り越え方は，「理想的役割取得」という手続によって導き出される。葛藤状況にある当事者は，自己の要求の正しさを主張する前に，想像上，他者の立場に立ち，その立場から行うであろう要求を考慮する。他者の立場に立っていない当事者の要求は，他者の観点を認識していないという理由から，受け入れられない。他者の観点を取るという思考実験は，最も均衡のとれた解決が見つかるまで繰り返され，特殊な立場からではなく誰からみても正しい解決が導かれる，とする（Kohlberg 1981: 199）。コールバーグは，この段階発達モデルがいかなる社会や文化においても妥当する普遍モデルであると主張する。[*9)]

　Kモデルに対しては，その理論的・経験的レベルにおける妥当性に関し，さまざまな角度からの批判があるが，[*10)] その中でも特に重大な批判と対抗モデルを提起しているのがギリガンである（Gilligan 1982）。ギリガンによれば，コールバーグのモデルは男性の道徳発達を記述したものであり，決して普遍的なもの

　　　　　　　　　　　ステージ6………普遍的な道徳原理

*8) コールバーグは，道徳判断における「形式」と「内容」を区別し，道徳性の発達はこの「形式」において普遍的であると主張する。「形式」と「内容」の区別については，（Kohlberg 1984: 250-252）参照。

*9) コールバーグは，自己のモデルが経験的な検証に先行する哲学的前提を伴う理論モデルと位置づける。もちろんこの理論もつねに実証レベルの批判に開かれてはいるが，哲学的前提に対する実証的批判からは守られると主張する（Kohlberg 1984: 217-224）。

*10) Kモデルの道徳発達仮説は，西欧近代のリベラリズム思想を記述したものであり，普遍的に妥当するものではないと批判するものに（Sullivan 1977; Schweder 1982）等がある。また，カントに始まりピアジェ，コールバーグ，ハーバーマスと続く合理的思考の系譜を，実質性を失い形式化と手続化に向かうものと位置づけて批判するものに（Kanjirathinkal 1990）がある。なお，コールバーグ理論の現代社会における意義と問題点については（Modgil & Modgil 1986）参照。

ではない。女性は，人間関係，すなわち葛藤の中にある人と人のつながりをいかに保つか，自己と他者の関係をどう構成するかに志向して葛藤を乗り越えようとする。それは，普遍的な正しさを志向する「正義」の道徳性ではなく，他者への「配慮と責任」に志向した道徳性であると主張する。すなわち，Gモデルにおける葛藤の乗り越えでは，個別の状況を超えた普遍的・客観的に正しい解決ではなく，いかに他者を傷つけないようにするかの観点から，具体的な文脈に沿って，より善い解決が探られる[*11)]。まず，自己と他者が今どんな状況にあるのか，ある解決をとることによって将来どんな影響を受けるのかが，抽象的な原理からではなく具体的な文脈に沿って「配慮」される。そして，この乗り越えに具体的な人格として関わりを持ち，自他の要求に答えることによって「責任」を果たす。

Gモデルにおける発達の道筋は，自己と他者，配慮と責任とが統合される過程として描かれる。そこでの発達は，もっぱら自己の生存に志向する利己的なレベル1から，他者への配慮と責任に志向する自己犠牲的なレベル2を経て，自己への配慮と責任をも考慮し，自己と他者が最も傷つかない解決を目指すレベル3に到る（Gilligan 1982: 74）。

こうしたいくつかの対照を見せる二つのモデルは，一般に「男性」対「女性」，あるいは「正義」対「配慮と責任」という構図で捉えられている（Gilligan & Attanucci 1988; Flanagan & Jackson 1987; Puka 1991）。しかし，二つのモデルの間の決定的な相違は，「正義」対「配慮と責任」といった価値志向のレベルにではなく，葛藤の乗り越え方の根底を成す次元，すなわち自己＝他者関係に関わる次元にあるように思われる。

じつは，Kモデルの核心部分は，解決の正しさを導くための「理想的役割取得」という手続にある。コールバーグが「道徳的椅子取りゲーム」と呼ぶ，こ

---

*11)（Murphy & Gilligan 1980: 83）は，コールバーグの段階評定法では，文脈に沿った道徳判断が脱慣習レベルの判断よりも低次のものと評定されてしまうことに問題があるとする。そして，「文脈を離れて客観的に正しい答えはないとしても，他よりも相対的に適切な答えや考え方はある」とのスタンスからなされる文脈的な判断は，相対主義にどう対処するかに関するペリーの尺度から見てむしろ成熟したものであると主張する。なお，相対主義への対処を9つの態度に分けるペリーの尺度については，（Perry 1968）参照。

うした思考実験によって、各当事者は他者の要求を認識し、合意し得る正しい解決が可能になる、というのがKモデルの葛藤の乗り越え方である。

　たしかに、Kモデルは、異なる価値観をもつ主体の間で合意点を探るときの一つの理論上の方法を示していると思われる。しかし、葛藤を乗り越えるときの人びとのやり方を知るというわれわれの問題関心からみたとき、その理論的妥当性あるいはモデルの前提となっている認識論には疑問をもたざるを得ない。すなわち、「自己の立場から離れて、想像上、他者の立場に立ってその要求を考慮する」というやり方は、葛藤を乗り越えようとする普通の人びとが、実際に日常的にとる方略だろうか。

　Kモデルの葛藤の乗り越えが成り立つためには、まずその前提として、理想的役割取得によって他者の立場に立ち、その要求を「知る」ことができなければならないが、はたして第6段階にある主体は、他者の要求をどこまで「知り」得るだろうか。

　実際コールバーグ自身、他者の立場と要求を「想像上」考慮することでは現実の他者の立場・要求を知ることができないことを認め、理想的役割取得を現実の対話への「準備状態」と位置づける（Kohlberg 1984: 303; Kohlberg, Boyd, & Levine 1990; Boyd 1980: 203）。これによって、「モノローグ・モデル」として批判されてきたKモデルは、現実の対話としてのダイアローグに接続するものとして再定式化されることになった。

　しかし、理想的役割取得を、現実の対話における内的な過程と位置づけ、現実の対話に開いたとして、はたして他者の立場と要求を知ることができるだろうか。あるいは、他者の何を「知る」ことになるのだろうか。この問題は、紛争解決において日常しばしば言われるところの「お互い、相手の立場に立って話し合う」という方略が、一体どんな認知過程によって可能となるのかを問うことでもある。

　こうした疑問を解くためには、そもそも何かを「知る」とはどんな活動なのかについて考えてみる必要がある。次節では、近年の心理学・社会学において注目されている「生態学的アプローチ」の認識論を手がかりに、コールバーグモデルの核心である理想的役割取得の意義と限界について検討してみたい。

2 ▶ 生態学的視点からのKモデル批判

　生態学的アプローチはまず，われわれの認知過程は決して個体の単独行為ではなく，個体と外界との相互作用であることを強調する[*12]。個体と環境との相互作用を重視する点では，コールバーグはじめピアジェ派と共通する。しかし，ピアジェ理論では，外界から独立した認知過程が個体に内在するという前提に立った上で，環境との相互作用は個体の認知構造の形成要因として位置づけられる[*13]。生態学的アプローチが批判するのは，この「環境から独立し，個体に内在する認知構造」という前提である。

　つまり，日常の知覚・思考・判断は，つねに個体と外界との「関係」（生態学的連関）において行われるものであり，外界との具体的な関係から切れて単独に成立する思考や判断などあり得ない，というのが生態学的アプローチの基本的な考え方である。

　個体と環境との「関係」とは，たとえば解決すべき課題が置かれている文脈やメタ情報を含んだ個別・具体的な状況の中に現れる。ピアジェの有名な「保存課題」[*14]に，幼い子どもが「失敗」するのは，質問者の意図つまり課題の置か

---

*12) ここで生態学的アプローチと呼ぶものの基礎となっているのは，ギブソンの生態学的知覚論（Gibson 1979）とベイトソンの生態学的コミュニケーション論（Bateson 1972, 1979）である。ギブソンとベイトソンはいずれも，主体や対象が関係を離れて何かの性質や属性や能力をもつとする考え方を否定し，すべての事象をつねに関係，それも「相互関係」において捉えようとする。つまり，「害虫」や「子どもにものを教える」といった，関係を片側からしか見ない偏狭な思想を徹底的に批判するのである。本稿における生態学的アプローチの基本的な理解は，ギブソンとベイトソンの前掲書の他，（Reed 1988; Lombardo 1987; 佐々木正人1994; 佐伯胖1986; 佐伯胖・佐々木正人1990; 上野直樹1991）等の文献に助けられている。

*13) ジョプリンは，デカルト以来の伝統的な認知主義が，もっぱら個体の内的過程にのみ意を払い，環境や社会の影響についてはリップサービス的にしか取り上げてこなかったと批判している（Jopling 1993）。

*14) ピアジェは，子供の思考の発達段階を大きく「感覚運動期」「前操作期」「具体的操作期」「形式的操作期」の四つに分ける（ピアジェ1968, 1989）。「具体的操作期」の子どもは，事象の外観にとらわれることなくものごとを考えることができる。その一つのテストが「保存課題」である（たとえば，シリンダーに入った水を広口で背の低い別のシリンダーに移すと，前操作期の子どもなら水が減ったと考えてしまうが，具体的操作期の子どもは，同じ水であり増やしも減らしもしていないことから，量は一定であるという判断をする）。

れている文脈あるいは課題のメタ情報を子どもが様々に解釈することに因る (Siegal 1991)。適切なメタ情報が与えられれば，具体的操作期の子どもも「正解」することが明らかにされている (Gibson & Walker 1984)。これは，個体が置かれている生きた状況，言い換えるならば個体と環境との「関係」抜きに，いかなる認知活動もあり得ないことを意味している。大人も含めて，現実の認知活動では文脈やメタ情報なしで課題を解くことはできないのである。

　生態学的視点から独自の知覚理論を提唱するギブソンは，主体が対象に働きかけることによって対象からある性質が抜き出されるとし，そこで抜き出される性質をアフォーダンス（affordance，造語）と呼ぶ（ギブソン1986: 137-157）。つまり，対象の意味は，その「属性」によって確定されるのではなく，主体の働きかけの仕方によって対象のパフォーマンスは変わり得るのである。対象の意味は，そこに内在する「客観的」性質だけからも主体の「主観」によっても決まらない。それは，主体と対象との具体的な関わりの中でそのつど「間主観的に」決まるものである[*15]。

　以上のように，われわれにとって「知る」とは，実際に対象を動かしたり使ったりしながら「働きかけ」ることと常にセットになった活動であり，純粋に個体内で行われる精神活動ではない。こうした生態学的アプローチからわれわれは，「他者の要求を知る」ということに関して，次のような仮説を抜き出すことができる。

① 他者の要求を知るとは，主体の働きかけによって他者のパフォーマンスを抜き出す活動である。
② 他者の要求だけでなく自己の要求も，具体的な他者との接触を通して発見され，流動的に形成されるものである。
③ 働きかけに先行して，単独で自己が成立しているのではなく，他者との関わりのたびに自己が立ち現れる[*16]。

---

*15) たとえば酢の「酸っぱさ」は，ヒトとの関係において発現する性質であるにすぎず，バクテリアをはじめとする他の生体にとっては必ずしも共通のものではない。さらにいえば，同じ個体でも酢をどのように利用しようとするかによって酢の意味も変わってくる。「酸っぱさ」の例示については（佐伯胖・佐々木正人1990: 11）参照。
*16) ベイトソンは，「一個の人間を取り出して，その人間の"依存性"だとか"攻撃性"だ

これらの仮説から見たとき，Kモデルの主体がどこまで他者の要求を知りうるのかは極めて怪しいものになってくる。Kモデルの葛藤の乗り越え方が，現実の対話に開かれたものだとしても，対話という関わりの中で自己と他者の要求が変化し得ることまでは見通されていない。むしろK型主体の現実の対話は，予め定まっている他者の要求を知る（あるいは予見を修正する）ための手段と位置づけられている。そして何よりも，Kモデルの主体は，自己の要求を予め知っている人である。

　当事者間の関わり以前に単独で成立する自己を前提とし，関わり以前に各人の要求が確定しているとするコールバーグモデルにおいては，主体は他者の要求を知ることはできない。つまり，コールバーグの葛藤乗り越えモデルは，予め確定した要求を持った主体同士が，変わることのない他者の要求を対話の中で確認し，合意点を探る過程を示したモデルであると言い換えることができる。

　こうしてコールバーグは，コミュニケーションを手段と捉えるのであるが，われわれの日常の相互作用過程においては，何ら他者（そして自己）に影響を与えることなくコミュニケートすることはむしろ不可能であり，相互の働きかけを通して自己と他者の要求が現れ，何がしか変容していくものではないだろうか。そして，このことは紛争解決過程においても例外ではないと思われる。

3 ▶ Gモデルの含意

　ギリガンの葛藤乗り越えモデルに含意されているのも，じつはこのコミュニケーションのもつ影響性であり，語ることによって状況に働きかけ，そこに自他の真の要求を発見していこうとする主体イメージである。
　妻の命を救うために薬を盗むべきかどうかを問う「ハインツのジレンマ」[*17]の

　　とか"プライド"だとかを云々してみても，何の意味もない。これらの語はみな人間同士の間で起こることに根差しているのであって，何か個人が内にもっているものに根差しているのではない。」と論じ，「はじめに関係がある」ことを強調する（ベイトソン1982: 181）。

*17）コールバーグの「ハインツのジレンマ」課題を使った調査では，まず被験者に次のような仮説的状況が説明される。ハインツの妻がガンで死にかけている。同じ町には，妻の命を救うことができる薬を開発した薬屋が住んでいて，その薬を4000ドルで販売し

解決の方法を質問された11歳の少女エイミーが，妻の命を救えるかも知れない薬を「事情を話して，薬を買うお金をつくるなにか別の方法を見つけるべきだと思う」(Gilligan 1982: 28) と答えたのは，何を意味しているのか。ここに現れているのは，他者の厚意への信頼ではなく，関わりによって人も状況も変わりうるという交渉可能性への信頼ではないだろうか。葛藤解決の方法を質問されたエイミーが「状況次第 (It depends.)」と語るとき，そこには，状況変数や文脈に身を任せるというのではなく，こちら側の「出方次第」で良くも悪くも状況が変わり得るということが含意されている (Gilligan 1982: 35)。

従来，K／G論争の争点は，「正義」対「配慮」という《価値志向》，あるいは「固い原理の適用」対「状況重視主義」という《状況の取扱い方》にあると見られてきた。これらは結果として現れる特徴ではあるが，必ずしも両モデルの本質的な差ではない。

じっさい「正義」対「配慮」という二つの価値志向に関してコールバーグは，Kモデルが「配慮」という道徳的価値を見落としているというギリガンからの批判を受け入れて，道徳的志向には「正義」と並んで「配慮」的なものも含まれるとモデル修正をしている[*18]。また，個別・具体的な状況をどう扱うのかについては，G型の乗り越えでは状況の特殊性が無視されるとする批判に対して，原理的な思考は状況の考慮と矛盾しないことを強調する。原理的思考とは，決して固定的な規則ではなく，具体的な状況を考察するための一般的な方法であるとも説明する (Kohlberg 1984: 296-300)。

むしろ，両モデルの本質的な違いは，葛藤の乗り越え活動の基底次元である自己＝他者関係のあり方，とりわけコミュニケーションの仕方の差異にあると

いる。ハインツはお金を借りるなどしたが，2000ドルしか用意できなかった。そこでハインツは薬屋に，もっと安く売るか後払いにできないかと頼んだ。薬屋は，自分が発見したこの薬でこれからお金儲けをするつもりだといって，申し出を拒否した。思いあぐねたハインツは，薬屋に押し入ってその薬を盗み出そうと考えた。

　この状況説明を受けた後，被験者はハインツが薬を盗むべきかどうかの判断とその理由を尋ねられる (Kohlberg 1984: 640)。この調査手続きと被験者の道徳発達段階の評定法の詳細については (Colby 1987) 参照。

*18) ただし，「正義」と「配慮」の両方を含む道徳領域においてもなお，「正義」原理が優越するとの立場は堅持されている (Kohlberg 1984: 224-236)。

見なければならない。

　葛藤の乗り越え方は，まず，人びとが日常生活の中のどんな出来事（そしてその経験）を社会的葛藤と見るかにかかっている。そして，何が社会的葛藤かは，自己と他者をどう位置づけるかによって決まってくる。つまり，葛藤の乗り越え方は，（Ⅰ）自己＝他者関係の基本認識→（Ⅱ）社会的葛藤の知覚→（Ⅲ）その葛藤の乗り越え方という流れで生み出される。そして，コールバーグとギリガンの二つの道徳性モデルの差は，まさにこのレベル（Ⅰ）の差に由来している。

　Kモデルにおける自己は，他者との関係に先立ってそれ単独で成り立つ自己である。彼・彼女は，自己の信念と目標とによって自己を定義づける。Kモデルの他者とは，自己にとって何のつながりももたない，いわば顔や名前のない他者でしかない。そして世界とは，抽象化された人格としての個人の集合とみなされる。ギリガンはこの意味で，Kモデルにおける主体を世界から分離した自己，そして常により高い地位を目指そうとする競争者とみている。こうした自己＝他者理解のもとでの葛藤は，相互に独立した個人間の要求の対立として知覚される。Kモデルの主体は，他者との関係以前に成立する単独の主体であり，他者とのコミュニケーション場面には相手への干渉を避けるというスタンスで臨むことになる。調和することのない要求対立は，結局そこに普遍的原理という第三項を持ち込まない限り，永遠の二項対立に留まることになる。

　これに対し，G型主体における自己と世界の基本認識は，二重の意味でKモデルと異なっている。Kモデルでは，自己→他者→世界という具合に自己を出発点として認識がなされるところ，Gモデルでは順序が逆になっており，まず世界は自己と他者との関わり，それも具体的な関わりとして知覚される。そして，この関係の両端に顔と名前をもつ具体的な自己と他者が置かれ，自己は具体的な出来事を通した関係に定位される。関係に先立って自己が単独に存在し，その自己が他者とつながろうとするのではない。かといって，他者なしでは存立し得ないといった希薄な自己でもない。むしろ，具体的な他者との接触や関わりという出来事によって現われてくる，もしくは出来事に出会う限りで現われる自己，である。

　G型主体における葛藤は，要求の対立ではなく，主体間の関係の崩れやもつ

れとして知覚される。たとえば，医学を続けようとする私と家庭の良き妻に専念することを求める夫との間の葛藤を，相互に独立した個人の要求対立とみるのはK型の知覚であり，G型の主体では，両者の関係の崩れとして知覚されるのである。

こうしたG型主体の葛藤の乗り越え方では，既存の関係のたんなる回復や維持ではなく，関係の組み直しとそれによる再活性化が目指される。自己と他者の置かれている状況を考慮し，「いま・ここ」における最善の解を見つけていこうとする。G型主体の要求は，他者との関わりの中で発見されるものであり，要求もまた関係，正確にいえば絶えざる関係づけの試みの中で変容し得るものなのである。こうして，乗り越えは関わりをもつ当事者によってのみ投企される。

このように，自己＝他者関係，言い換えれば他者との出会い方の差異が，葛藤の乗り越え方の差異を規定しているのである[19]。K型主体における自己＝他者は，関係に先行し，かつ関係から自立した存在である。といっても，K型主体は他者と全く断絶した主体ではなく，関係から独立した存在として関係を取り結ぶ。ただし，相互に確定した存在のまま，関係づけの中で変容することがない。一方，G型主体にとっての自己＝他者は，いわば生き物としての主体であり，関係づけ活動の中で自己と他者を発見し，かつ関係の中で変化する。

以上，コールバーグとギリガンの二つの道徳性発達モデルの背後に，葛藤の乗り越え方を根底から規定している自己＝他者関係の違いがあることが明らかにされた。この次元は主体イメージを分析する上での重要次元となるものであ

---

[19] ベンハビブも，KモデルとGモデルの本質的な違いが，性差や価値志向よりも，まず葛藤場面での他者との出会い方にあると見ている。ベンハビブによれば，道徳性の基底をなす自己＝他者関係の見方には二つの異なる観点，すなわちすべての個人を同等の権利と義務を有する存在と見る「一般化された他者」の観点と，具体的な歴史，アイデンティティ，感情をもった存在と見る「具体的な他者」の観点があり，Kモデルは「一般化された他者」の観点を，Gモデルは「具体的な他者」の観点を取るものと位置づけ，Kモデルを始めとする普遍主義的道徳理論は，具体的な存在としての他者を抽象化し自己と同じであるかのように扱う点で決して普遍的たり得ないと指摘する（Benhabib 1987）。

またミノウは，Gモデルの本質を，関係に先行して存在する自律的な個人ではなく，具体的な関係にコミットし状況の文脈や特殊性を顧慮する主体としての人びとの在りようを示すものと捉え，ギリガンの貢献をその一貫した関係論的視点にあると評価している（Minow 1990: 195-198）。

る。次節では、この次元をもとに、K／Gモデルの各段階の違いにも立ち入って、主体イメージ分析の枠組みを抽出していきたい。

第二節　新たな主体イメージの可能性

1 ▶ 四つの主体イメージ

　前節では、コールバーグとギリガンのモデルの背景には、自己＝他者関係あるいは他者への関わり方という点で重大な違い、すなわち「あらかじめ固定された自己＝他者」対「関わりの中で変容する自己＝他者」があり、それが両者の葛藤の乗り越え方の差を根底から規定していることが明らかになった。しかしその一方で、二つの道徳発達モデルは、段階ないしレベルが上がるごとに主体の能動性（外界への働きかけ）が高まるとする点では共通している。

　そこで、主体特性すなわち主体が能動的であるか受動的であるかをタテ軸に、

図表1.1　各道徳性の布置

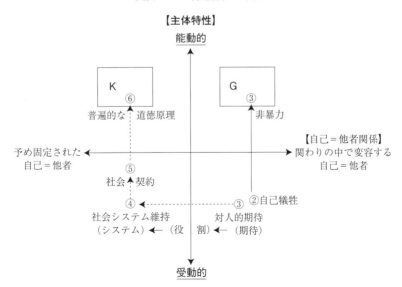

そして自己＝他者関係，すなわち「あらかじめ固定された自己＝他者」か「関わりの中で変容する自己＝他者」かをヨコ軸にとると，二つのモデルの各段階の道徳性は次のような位置関係にあることが明らかになる（図表1.1参照）。

Kモデルのステージ3「対人的期待への同調」は，自分の身近な人びとから期待されることに従って生きる段階である（Kohlberg 1984: 174-176）。ここでの主体は，具体的な他者と関わりながら，その他者からの期待に沿うように自己を方向づける「良い子」志向をもつ。つまり，他者からの期待に拘束されるという点で主体は受動的な存在でしかない。

やがて，この対人的期待はより一般化され，具体的な他者を超えた社会的役割へと抽象化される。そして，ステージ4では社会組織をこうした役割の統合されたものとして理解するようになり，既存の社会秩序を維持し法を守ることを志向する。この段階における他者はミードのいう「一般化された」[20]他者でもあり，具体的な人格を離れた社会システムが尊重される。ただし，ここでの社会システムとは固定的なもの，絶対的なものであり，主体は既存秩序に対する批判性を持たず，ステージ4における主体もいまだ受動的な性格のままである。

ステージ5では，個人が社会に先行するという視点をもつようになる。社会は，自由で平等な諸個人の契約によって成立する。価値や規則はそれが合意や契約にもとづくものであるという理由から守られるべきものとなる。つまり，主体が社会を構成していくという点ではステージ4よりも高い能動性をもつが，いったん成立した法は変更できないとする点でその能動性は中途半端なレベルにある。

最終ステージ6では，道徳的な観点が法的な観点に優越する。すなわち，法や社会的合意は，自らが選択した道徳原理にもとづくものである限り妥当なものと考える。この原理とは，正義すなわち人間の権利の平等および人格の尊重という普遍的な原理である。結局，ひとたび合意によって成立した法も，道徳的観点から変更可能となる。そこで相互に尊重される個人は，「いま，ここ」にある具体的な人間ではなく，抽象化された人格であることはいうまでもない。すなわち，Kモデルの到達点の道徳性は，主体が高い能動性をもつと同時に，

---

[20] ミードの「一般化された他者」については（ミード 1973: 98, 269）参照。

そこで想定される他者は抽象化され予め固定された他者であるという点で，第Ⅱ象限に位置づけられる。

一方，Gモデルの各道徳性はどこに位置づけられるか（Gilligan 1982: 74）。Gモデルのレベル2とは「自己犠牲としての善良さ」を志向する段階である。すなわち，ステレオタイプの善良さで世界を構成し，自己を犠牲にすることで葛藤を乗り越えようとする。夫や恋人という具体的な他者との関係を維持しようとする結果，主体は関係に押し潰される。いわば，対人的期待への過剰適応であり，Kモデルのステージ3と同じ第Ⅳ象限に布置される道徳性である。

こうした，もっぱら他者への配慮と責任に志向するレベルから，自己への配慮と責任をも組み入れようとするのがレベル3の「非暴力」の道徳性である。すなわち，自己が真に要求するものに応える責任と，ある解決案が自己に与える影響への配慮も考えるようになる。そして，自己と他者への配慮と責任を調整しながら状況の中での最善の解を見つけていこうとするのがGモデルの到達点である。ここに，他者からの拘束から脱し，何とか自他の統合を図ろうとするという意味での能動性を認めることができる。

いずれのモデルも，段階が上がるにつれ能動性が高まる方向へと発達するが，Kモデルでは座標の左側すなわち抽象化された関係性の側を，Gモデルでは具体的な関係性の側をそれぞれ辿ることになる。

では，この同じ座標平面に，葛藤の乗り越え方という観点からどんな主体イメージを描くことができるだろうか（図表1.2参照）。

図表1.2　4つの主体イメージ

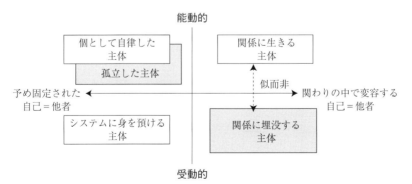

第Ⅰ象限にある主体とは，具体的な他者との関係の上に自己を定位しながら，状況の中で新しい関係のあり方を能動的に構成していこうとする主体である。これを「関係に生きる」主体と呼ぶことができよう[*21]。第Ⅱ象限の主体は，他者との関係によってではなく，自己の信念──自らが選択した道徳原理──によって自己を定義づける。そして，自己を社会から独立し単独で成り立つ者と考える。これを「個として自律した主体」と呼ぶ。第Ⅲ象限では，自己は確立された社会システムの上に初めて成立する。個人の欲求はこのシステムを経由して充足され，ときに創出されさえする。これを「システムに身を預ける」主体と呼んでおこう。第Ⅳ象限にあるのは，身の回りにいる具体的な他者からの期待に縛られる主体であり「関係に埋没する」主体と呼んでおきたい。

　ギリガンは，Kモデルに描かれた「個として自律した」主体を，世界との関係を断ち切り対人関係に無関心な主体と捉えた。つまりギリガンから見た「個として自律した」主体とは，そのネガティヴな像としてのいわば「孤立した」主体に他ならない。しかし，先にみたように，K型主体は必ずしも他者と断絶しているわけではない。むしろ，K型主体も他者との関わりをもつが，乗り越えに当たって自己と他者を変化しないものと想定する点に最大の特徴がある，というべきであろう。

　一方，「関係に生きる」主体の陰画としての性格をもつのが「関係に埋没する」主体である。「関係に埋没する」主体は，二つの意味でコミュニケーションの契機を欠いた主体である。第一は，この主体が生きる共同体世界の内部での拘束である。主体は，たとえば「良き妻・良き母」や「うちの社員」といった役割によって縛られる。第二に，この主体は，世界を「内と外」に分けて「内」においてのみ生きるものであり，外部と交渉する術を持たない。「関係に生きる」主体は，関係を能動的に構成する点で「関係に埋没する」主体とは区別されるが，両者の関係は微妙であり，「関係に生きる主体」にはつねに「関係に埋没

[*21] ギブソン派の認知心理学者ナイサーは，環境との接触に生き，環境に働きかけながら環境と共変していく主体を「生態学的自己（ecological self）」と呼び，さまざまな相貌を示す自己の中で最も根源的なものと捉える。変化に開かれ関係に能動的に働きかけていくという点で，この「生態学的自己」は「関係に生きる」主体と重なる（Neisser 1993, 1988）。

する主体」に転落する危険が潜んでいる。

　さて，ここに析出した四つの主体イメージの中で，現代において唯一可能性を持つと思われるのが「関係に生きる」主体である。各主体イメージの現代的妥当性については次節で詳しく分析するが，変化に開かれ関係に能動的に働きかけようとする「関係に生きる」主体の中に，価値が多様化し変動が常態となった現代都市化社会における主体の可能性を認めることができる。少なくとも，現代においては，硬いアイデンティティ[*22]をもち，固定化された自己＝他者関係を前提に活動することは困難であろうし，「関係に埋没する」主体に「可能性」を見出すことはできないであろう。

　しかし，「関係に生きる」主体は，まだその可能性が認められるにすぎない。この主体イメージは，現代社会においてどのような存立根拠をもつのか。あるいは，その可能性が顕在化する条件，逆に言えば「関係に埋没する」主体への転落の危険はどこにあるのか。可能性としての「関係に生きる」主体については，こうした視点から今少し検討しなければならない。

2 ▶ 「関係に生きる」主体から「交通する」主体へ

　Gモデルに描かれている主体は，他者と能動的に関わろうとする「関係に生きる」主体としての可能性をもっている。そして，その可能性の中心にあるのは，「声」によって状況に働きかけることである。しかし，Gモデルでは，まだその潜在的な可能性が含意されているにすぎない。

　問題は，実践においてG型主体がどこまで発声し得るか，にある。G型主体は，発声によって初めて関係に「生きる」ことができるのであり，もしその声が主体の内部に閉ざされてしまうならば，「関係に埋没する」主体へと転落し

[*22] たとえばリースマンの「内部志向型」パーソナリティーから「他人志向型」パーソナリティーへという仮説は，変動社会が，内的に一貫したアイデンティティをもった自己から流動的な自己への変容を促すことを示唆している（リースマン1964）。もっとも，変動が常態化した今日の主体の在りようを捉えるには，「他人志向型」主体は変動社会においてなおアイデンティティへの希求を捨て切れなかったのに対し，現代の人びとはもはや統合された自己にさえこだわらなくなっていると論じるトムソンの議論の方がより適切だと思われる（Thomson 1985）。

てしまう。ギリガンは，関係に生きようとする女性の中に，これまでネグレクトされてきた新たな可能性があることを示すと同時に，女性が発声を抑えられてしまう矛盾にも目を向けさせる（Gilligan 1982: ch.V）。

では，G型主体はなぜ，発声の可能性をもちながら発声の困難に直面せざるを得ないのか。たしかに，ギリガンが主張するように，こうした発声を社会的な声として認めない政治空間があることは確かだが，その一方で，Gモデルに内在する道徳性自体にも発声を押さえ込む機制がありはしないだろうか。すなわち「配慮と責任」と「発声」の緊張関係を，ここでもう一度検討してみる必要があるように思われる。

まずGモデルにおける葛藤は，欲求の対立ではなく他者との関係のもつれとして知覚される。そして葛藤の乗り越えとは，たんに既存の関係を復元することではなく，関係を組み換え創出することで相互の活性化を図ることである（Gilligan 1982: 29-31）。とすれば，G型の葛藤の乗り越えにおいて重要なのは，たとえば親子，夫婦，上司＝部下，大家＝店子といったカテゴリーとしての「関係（relation）」ではなく，活動としての「関係づけ（relating）」でなければならない。[23][24]

この「関係づけ」という視点からもう一度「配慮と責任」を捉え直すと，「責任」とはまず自己と他者の欲求に応答すること（responsibility）であり，発声による

---

[23] コールバーグは，「配慮と責任への志向が用いられるのは，主に家族や友人，帰属集団のメンバーといった特別の責務を伴う人間関係」（Kohlberg 1984: 349）においてであると主張する。また，ヌナー＝ウィンクラーは，Gモデルの配慮志向の判断は善き生や自己実現といったものに関連したものであり，道徳的判断というよりも個人的な判断であると論じる（Nunner-Winkler 1984）。つまり，Gモデルの道徳性は，個人的な問題あるいはせいぜい顔見知りの間での葛藤しか扱えないと批判する。しかし，いずれもGモデルの関係概念をカテゴリーとしての「関係」と捉えたときにのみ可能な批判のように思われる。

[24] 活動としての「関係づけ」は，他者を身内とよそ者，あるいは親密かどうかによって分ける社会観を否定する。実際，私化が進む現代では「特別の関係」とされる親子，夫婦等においてさえ親密な間柄だと想定できなくなってきているという事実があり，あらゆる間柄がストレンジャー化し，既知の他者とも，接触のたびに関係のあり方が問い直されているのではないか。その意味で，現代都市化社会における他者とは，自己が帰属する集団や共同体の外部の人間としての「よそ者」ではなく，そうした共同体が存在しない空間で出会う「未知の者」のことである。「よそ者」と「未知の者」の区別については，（セネット1991）参照。

関係づけの必要条件であると同時に「配慮」の必要条件ともなるものである。Gモデルにおける配慮とは，自己と他者の要求を知覚することであるが，生態学的アプローチが強調するように自他の要求の知覚は決して純粋に個体内的な認知活動ではない。したがって，葛藤の中にある自己と他者の要求も，声によって働きかけることによってしか知り得ない。つまり，配慮は，他者そして自己への「呼びかけと応答」という交通の上になされるものであろう。「ある解決によって自己と他者が受けるであろう傷を最小にする」という配慮が，モノローグとして主体の中に閉じられてしまうならば，主体はそこで「関係に埋没する」主体へと転落してしまう。

　このことから，G型主体が発声によって「関係に生きる」主体となるための主体レベルの条件は，「配慮と責任」にではなく「呼びかけと応答」という交通性に求めなければならない。他者への「呼びかけと応答」によって初めて，K型主体は関係に押しつぶされるのでなく関係に生きることが可能になる。つまり，Gモデルの中に可能態として含意されている「関係に生きる」主体のイメージは，個体に閉じられた配慮と責任という価値志向にではなく具体的な他者との関係づけ活動に基礎を置く主体，すなわち「交通する」主体へと再構成されなければならない[25]。

　以上，葛藤の乗り越え方という視角からわれわれは，「関係に埋没する」主体，「システムに身を預ける」主体，「個として自律した」主体，そして現代的妥当性が最も高いと思われる「交通する」主体の四つの主体イメージを導き出してきた。

　では，「交通する」主体はどんな仕方で紛争解決を図ろうとするのか，そしてこの「交通する」主体仮説を前提としたとき，そこにどんな法秩序をイメージすることができるのか。次節では，「はじめに」で触れた三つの法秩序モデルが前提とする主体イメージとその現代的妥当性を批判的に検討しながら，「交通する」主体による紛争解決の仕方とその法秩序イメージについて明らかにしてみたい。

---

[25] 本章における「交通」の概念とニュアンスについては，（立川健二1991）から大きな示唆を得ている。

第三節　「交通する」主体と法秩序

　前節では，コールバーグ／ギリガン論争の捉え直しを通じて，現代的な人間像を示すものとして「交通する」主体というイメージを抽き出してきた。現代的主体とは，いわば交通への強い衝動をもって具体的な他者と接触する人びとであり，そうした出会いに生きまたそこにしか生きられないのが，多様化と変動の現代都市化社会におけるわれわれの姿ではないだろうか。

　では，こうした「交通する」主体を前提としたとき，そこにどのような法秩序モデルを描くことができるだろうか。そして，そこにはどのような秩序化の機制があるのだろうか。

　以下では，まず「はじめに」で取り上げた棚瀬孝雄の三つの法秩序観・正義観（棚瀬1991a）に依りながら，それぞれが前提とする主体像について現代的妥当性の観点から検討する。次いで，これらの批判的検討の中から，三つの法秩序に代わる新たな法秩序イメージとその秩序化の機制について明らかにする。最後に，「交通する」主体による法秩序イメージから見た法制度の方向性について考察を行う。

1 ▶ 三つの法秩序の主体イメージ

1.1 ▶ 全体的正義

　全体的正義（Total Justice）とは，大量的・集合的に発生する紛争をマクロな視点から処理しようとするものである。その制度上の展開は「司法の行政化」ないし裁判の定型化・定額化として現れるが，全体的正義の最も典型的な制度形態は，むしろ各種の保険制度に見ることができる。そこでは「紛争」「当事者」「解決」という概念は後景に退き，日常的・不可避的に発生する「損害」を「社会全体」の観点から「補償」することが目指される。

　紛争処理制度としての保険については，しばしばそこでの解決の中身が金銭賠償に縮減されることの是非が論じられるが，保険を一つの典型とする全体的

正義の本質は，むしろ個別の紛争における解決の「意味」が，当事者自身による意味づけの前に予め確定されている（と信じられている）点にこそある。そして人びとは，この確定された意味のパッケージを「買う」あるいは「予約する」のである。[*26] このことは，紛争当事者からいえば，解決の意味を問い直す機会を失う，あるいは省くことを意味する。

　全体的正義が前提とする主体は，「交通する」主体のように，解決の意味を自ら問いかけ，その活動の中から意味を発見しようとする人びとではない。そして，彼らは，現実に被害者または加害者となったそのときも，決して生身の人間として出会うことがない。固有の名前と顔をもった目の前の具体的な相手とさえ，不可視のシステムを媒介としてしか連絡することができない。結局，彼らは具体的な他者と直接対面することなく，システムだけを媒介に葛藤を乗り切ることになる。

　彼らこそまさに，確定された意味を安定的に供給する「システム」に依存し，そのシステムを経由して自己の要求の充足を，ときに要求の創造さえも図ろうとする「システムに身を預ける」主体に他ならない。

　もちろん，被害がますます日常化，同時多発化，不可避化し，誰もが潜在的な被害者であり加害者でもある今日の社会状況を考えたとき，保険が一定の現実的な要請に基づいたものであることは間違いない。しかし，だからといって保険によってあらかじめ確定された解決の意味が，そのまま人びとの求める「解決」だと見做すことはできない。多様な生活価値観をもった現代の人びとは，もはやこうした出来合いの意味をそのまま受け取ることをしない。むしろ彼らは，個別・具体的なものとして発生した紛争を，具体的な他者と対面し，具体的な他者と交通しながら乗り越え，解決の意味を発見しようとする。

　ここでの問題は，金銭による解決それ自体の是非ではない。問題は，解決の

[*26] ここでの主体イメージは，大衆消費社会における伝統的な消費者イメージでもある。しかし，全国同一「規格」同一「価格」の画一化された商品を無批判に購入し，一義的に確定された商品の意味をそのまま受け入れるという消費者像は，わが国でいえば高度成長期のものであり，今日こうしたマス・コンシューマーを想定してマーケティング活動を展開している企業はほとんどない。むしろ，現代の消費者は，さまざまな生活文脈の中で，知恵豊かに自ら商品の意味づけを行っている。こうした新しい消費者観に立った消費社会論として（Hirschman 1983; McCracken 1989）等参照。

仕方が当事者自身による解決の意味づけ作業以前に定まっている点にある。そもそも，人びとが求めているのは何らかのアウトプットそれ自体であろうか。むしろ，当事者にとっての解決とは，相手との間の一つひとつの交通の出来事に微分されたものであって，こうした一連の出来事を抜きに解決はあり得ない。人びとが，紛争の相手方との対面を求めるのも，この交通過程にこそ解が宿ると考えているからではないだろうか。[*27][*28]

規格化された解決の意味を購入し，相手方と対面することなくシステムだけを経由して紛争を乗り切ろうとする「システムに身を預ける」主体は，現代においては妥当しない。そして，この主体モデルを前提とする全体的正義は，主体根拠の弱い法秩序モデルだといわざるを得ない。

1.2 ▶ 個人的正義

全体的正義が秩序を「社会全体」の観点から捉えるのに対し，個人的正義は，個別の紛争を単位とし，解決過程における個人的自由を最大限に尊重しようとする「個人」の観点に立った法秩序観である。個人的正義においては，誰が，誰に，どこまでの権利・義務・責任等を持つのかを一義的に確定することが目指される。個人的正義における紛争の解決とは，こうした意味の確定を通して個人と個人との境界を画定することであり，これによってはじめて個人は自由な活動空間を確保することが可能となる。

個人的正義における主体は，一義的に確定した解決の意味を求めるという点では，「システムに身を預ける」主体と共通する。しかし，個人的正義における主体は，この一義的に確定された解決の意味を受動的にそのまま買うのではなく，自ら要求・主張することで獲得しようとする。つまり個人的正義において前提とされる主体とは,確定した意味を自力で求めようとする人びとであり，先に析出した「個として自律した」主体と重なることは明らかであろう。

[*27]) たとえば，（和田仁孝1994a: 104）は，不法行為制度における賠償の問題点は，金銭というメディアにではなく，金銭による賠償を「アプリオリに前提する法制度側の一方的問題定義の強行性にある」ことを強調する。

[*28]) こうした当事者同士の対面の不可欠性を強調するものとして，（棚瀬1991a: 68-74; 河合幹雄1991: 92-97）等参照。

「個として自律した」主体にとっての自己は，他者との関わり以前に単独で成立する存在であり，他者とは紛争の限りで現れる存在もしくは対象であった。彼らは，自他の自由を最大限尊重するが，このことは潜在的には相互不干渉という態度をも含意している。もっとも，「個として自律した」主体は他者から全く「孤立した」主体ではない。むしろ，個人の自由を確保しようとするがゆえに，自己の自由な活動領域が他者の自由な活動領域と抵触するとき，その限りで積極的に他者と関わろうとする。

　この「個として自律した」主体の他者との関わり方には，人びとの日常的なコミュニケーションという観点から見たとき，いくつかの問題点がある。われわれは，コールバーグ型の主体が，モノローグからダイアローグへと展開してきたのをみたが，そこで行われる（はずの）コミュニケーションは合意に到達するための「手段」としての性格をもつものであり，各当事者はその初期状態としてあらかじめ自己の要求を「知って」いなければならない。言い換えれば，「個として自律した」主体の要求は，ダイアローグ以前に確定したものでなければならない。さらに，各自の要求は，ダイアローグ過程で変更されることがない。各当事者はあらかじめ確定した要求を与件として合意を目指すのであり，そのための手続過程で要求を変えることはできない[*29]。

　はたして日常を生きる普通の人びとは，実際こうした「不自由な」やり方で紛争解決を図ろうとするであろうか。いま何が問題なのか，自分が誰に何を要求しようとしているのかは，具体的な他者との接触を通して初めて明らかになっていくものであり，それ以前にあらかじめ定まっているものではない。むしろ人びとは，自他の要求が何なのかが分からないがゆえに，他者に語りかけようとするのではないか。そして，探索活動としての「呼びかけ」と「応答」を繰り返す中で，各主体は葛藤に関する知覚を変化させていく。

[*29] この点で，いかなる主体も参加でき，いかなる内容も討議の対象としうるとするハーバーマスの「理想的発話状況」は，主体同士のやりとりに開かれたもののように見える（ハーバマス1991）。しかしながら，この「理想的発話」も，一定の手続原理によって規制される側面をもっており，どこまで開かれた討議が展開されるのかは疑問に思われる。そもそも手続のための手続という無限後退の中で，実質的な討議はいつ誰によって切り出されるのであろうか。理想的発話を展開しようとする主体が始まりの合意を見出せないでいる間に，「交通する」主体はとっくに声をかけてしまっているであろう。

つまり，葛藤を乗り越えようとする主体間のコミュニケーションとは，各人が知っている自己の要求を開示し，相手の要求を知ることで合意に到るための手段などではなく，相互が自己と他者の葛藤知覚を誘発し探索していく活動そのものなのである。

　もっとも，こうした合意形成手段としてのダイアローグだけが，「個として自律した」主体にとっての唯一のコミュニケーション様式というわけではない。たとえば井上達夫は，合意形成のための手段的性格に彩られたコミュニケーションのあり方を批判し，個人的正義観に立ったコミュニケーション様式として「会話」論を提唱する（井上達夫1986）。

　コミュニケーションには主体の意図や目的性を超えてそれ自体の遂行性があることを強調する点で，「会話」は交通とも共通する面をもっている。しかし，葛藤の乗り越え過程でのやりとりという次元に置いてみたとき，「会話」は次の点で交通と大きく異なる。すなわち，「会話」は，本来的に合意も了解もできない他者同士が，それにもかかわらず共生を可能にする営みであり，「異質な諸個人が異質性を保持しながら結合する基本的な形式」であるとされる（同前: 254）。とすると，この会話によっても主体の異質性は保持されたままであって，変化する可能性を持たないということになる。しかし，いったい相互に影響し変化していくことなしに他者と関わることができるのだろうか。むしろ，主体間で取り交わされるものがたとえ「挨拶」や「楽しむことのできる」差異のようなものだとしても，それがこと葛藤を乗り越えようとする主体の間でやりとりされるとき，そこには「図らずも」影響を与え変化を促してしまう機制があるのではないか。

　「会話」論は，目的や手続きに拘束されたコミュニケーションを否定し日常的なコミュニケーションのもつ意義に光を当てる興味深い議論であるが，やはりそこにあるのは主体同士の関わりの前に確定し，関わりの中で変化しない単独に成立する主体という前提である[30]。

　しかし，すでに生態学的アプローチが暴露したように，他者との関係以前に

---

*30)（井上達夫1986: 247）では，「会話」する主体は，「厚い個性を備えた実体的人格」であり，「自分が何者であるかを知っている」存在と規定されている。

単独に成立する主体などない。そして，他者との接触を抜きに自己があり得ないだけでなく，その接触の中ではたえず自己を変えていかざるを得ない。紛争解決過程における主体は，いわば独立変数ではなく，交通の中で相互に異化されていく共変数であり，これによって主体は活性化（animate）される。「会話」には，この相互異化作用とそれによる活性化の契機は除外されている。[*31]

以上の検討から明らかなように，「個として自律した」主体は必ずしも「孤立した」主体ではなく他者とも一定の関係性をもつ。しかし，その関係の仕方は，合意点を見つけるための手段的性格の強いものであるか，さもなければ関わりの中で相互に異化されることのないものであり，いずれも人びとの日常的な葛藤の乗り越え場面でのやりとりという観点から見て，現実性を欠いているように思われる。両者に共通するのは，主体同士の現実の関わり以前に確定した自己，そして関わりの中で変化することのない主体の固有性という前提である。こうした架空の主体イメージを前提とする限り，個人的正義もまた現代的根拠の弱い法秩序モデルといわざるを得ない。

1.3 ▶ 共同体的正義

全体的正義，個人的正義のいずれにおいても，紛争当事者間の関係の仕方は，一面的で固定的なものであった。全体的正義においては，そもそも，当事者の間には「関係」と呼びうるものはない。個人的正義では，当事者間で一定の関係づけが行われるが，そこでの関係づけは，本来多面的で相互変容性をもつコミュニケーション過程を敢えて一面化し固定的なものとする。

二つの法秩序観に共通して欠けているのは，現実のわれわれの社会関係が極めて多面的で相互変容の可能性に満ちたものであるという視点である。現代都市社会に生きる人びとは，こうしたコミュニケーション活動を通して紛争の解

[*31] 多様化と変動の現代に求められているのは，共生というよりもむしろ共変の思想，あるいは自己を変化にさらし他者との交通の中で変化していく自己に耐える逞しさではないだろうか。この点で，（桂木隆夫1994）には，コミュニケーションを通じて相互の自己が変化する可能性が示唆されている。もっとも，そこで変化し得るとされているものは，心の中にあるものの見方や価値観としての「心の座標軸」（同前: 108）であり，頭の中に構造化された座標軸をもたず具体的な他者との接触のたびに現れ変化する「交通する」主体のコミュニケーションとは根本的に異なっている。

決を図ろうとするのであり，共同体的正義は，まさに人びとの間にあるこうした関係性を梃子に紛争解決を目指そうとする秩序観に他ならない。

　もっとも，ここでいう共同体が何を意味するものなのかは微妙な問題である。少なくとも，伝統的共同体を現代において想定することはもはやできないであろう。もちろん，伝統的共同体が全く無くなったわけではない。今なお，「男じゃないか」「良き妻，良き母」「うちの社員として」といった役割圧力によって，共同体は人びとをそこに埋没させる潜在力を持っていることは事実である。このことは，伝統的共同体だけでなく，任意に創設されている各種の団体，組織，ネットワークという現代の共同体にもあてはまる。つまり，いずれの共同体も，その構成メンバーを共同体に帰属させ，関係に絡め取る危険性をつねに持っている。

　もし，こうした共同体を以て現代の共同体とするならば，共同体的正義が前提とする主体は，関係に閉ざされてコミュニケーションの可能性を奪われた「関係に埋没する」主体となってしまう。「個として自律した」主体が忌避し恐れるのも，こうした閉ざされた関係性に他ならない。

　しかし，今日こうした主体を前提にすることができるであろうか。すでに生活の「私化」を経験してしまった現代の都市生活者は，それが伝統的共同体であれ新たな共同体であれ，そこに帰属し埋没することをしなくなっている。現代の人びとは，もはや特定の共同体には帰属し得ない。むしろ人びとは，「身内」か「よそ者」かを問わず，他者との無数の接触の中に日々生きている。ゴフマンが言うように，「個人は，家族やクラブに属する以上に，また階級や性に属する以上に，そして国家に属する以上に，集まりに属する」のである（ゴッフマン1980: 267)。ここで「集まり」とは，対面的な接触や出会いのことである。そして人びとは外見上同じ共同体の構成メンバーとさえ，そのつど新たに関係を取り結ぶのである。

　私化の進行する現代都市化社会においては，そこにメンバーを帰属させることで成立するような閉じた共同体は存続しえず，したがって，こうした共同体を前提とした共同体的正義もまた妥当根拠を欠いたものと言わざるを得ない。

2 ▶ 「交通する」主体の法秩序イメージ

2.1 ▶ 「接触の共同体」あるいは「点滅共同体」

　ここまで，三つの法秩序観ないし正義観が前提とする主体イメージの現代的妥当性について批判的に検討してきた。そしてその中で，三つの法秩序観に代わるものとして，「交通する」主体を前提とした法秩序イメージが構想され得ることを示唆してきた。

　以下では，この交通型法秩序がどのような法秩序なのか，すなわち交通による葛藤の乗り越え過程にどのような秩序化の機制があるのかを明らかにしていきたい。

　前節で見たように，現代の人びとは，全体的正義や個人的正義が前提とする主体およびそのコミュニケーションの仕方に見られるような静態的世界にではなく，極めて力動的な関係的世界に生きている。その限りで，人びとは何がしかの共同体的世界を構成していると見なければならない。しかし，関係的世界に生きるといっても，多様な価値観と私的な生活空間を持ってしまった現代の都市生活者は，もはや閉じた共同体世界には埋没し得ない。変動が常態となり，変化こそが秩序となった現代社会は，個人が特定の組織や集団に帰属することを無意味にする。

　むしろ現代都市化社会における日々の生活は，無数の他者との接触から成っており，人びとはそれぞれの文脈に即してそのつど関係を創設・組み換えを行なっていると見るべきではないか。とすれば，こうした日常の具体的な関係づけ活動の一つひとつに微分され，主体同士の接触のたびにそのつど現れるのが，現代における共同体の在りようではないだろうか。つまり，現代の都市生活者が構成する共同体とは，そこに多数の個人を包摂し，主体の活動から自立的に存続しようとする常設の組織や集団としてではなく，主体間の接触と関係づけ活動のたびにそこここに発生・消滅するもの——いわば「接触の共同体」あるいは「点滅共同体」——ではないだろうか。そして，こうした接触と対面を通[*32)]

[*32)] （棚瀬1991a: 68-74）が「共同体的正義」と呼ぶときの共同体も，こうした主体同士の接触と関係づけ活動によって現れる共同体を想定したものと理解される。また交通型法秩序は，（和田仁孝1994a）で提起されている「交渉的秩序」とも基本的な構想を同じ↗

して、葛藤の乗り越えもまた図られるのである。だとすれば、三つの正義観に代わる新たな法秩序イメージは、この「接触の共同体」の上に成り立つものであり、人びととの間で行われる日常の無数の交通によって形成され支えられるものでなければならない。つまり、交通型法秩序は人びと自身による関係づけ活動を中心に置いたものなのである。

2.2 ▶ 秩序化の契機

では、「交通する」主体は具体的にどうやって葛藤を乗り越えようとするのか、そしてそこにはどのような秩序化の機制があるのだろうか。

【1】 声による探索

まず、「交通する」主体は、葛藤の乗り越えに当たって、自ら解決の意味づけをしようとする主体であった。「システムに身を預ける」主体のように前もって確定された意味を買ったりしないし、「関係に埋没する」主体のように共同体の役割期待に自己を犠牲にすることもしない。「交通する」主体は、コミュニケーション、それも具体的な他者との接触と対面の場で、声という身体活動を通して乗り越えを図ろうとする。

この葛藤の乗り越えでは、相互の要求は何か、そして乗り越えのために各自何をなし得るのか、すなわちどんな資源をもっているのかが主題となるが、こうした要求や資源は関係において定まるものであり、主体同士の関わりの以前に確定しているものではない。つまり、「交通する」主体間のコミュニケーションは、あらかじめ確定した要求と資源をもつ主体が、変わることのない要求を対話の中で確認し、合意や妥協点を定めていく過程などではない。[*33]

くするものである。

[*33] 「交通する」主体の乗り越え過程には、あらかじめ定まった要求をもつ主体がその要求の一部を取引によって失うという意味での「妥協」はない。(Menkel-Meadow 1984) は、法的交渉において伝統的な争論型交渉モデルと問題解決型の交渉モデルとを識別する。交渉をゼロサム・ゲームにおける競争過程とみる争論型交渉モデルでは、アウトプットとして相互の要求の妥協点が探られる。ここに見られるのも、要求はあらかじめ確定しているとする前提である。問題解決型の交渉モデルでは、相互の要求は交渉の中で明らかにされ、解決策もこの交渉を通じて創造的に探索される。この点で、問題解決型の交渉モデルは、「交通する」主体の乗り越え過程と共通する部分が多い。

たとえばコールバーグの「ハインツのジレンマ」では，ハインツの要求と資源も薬屋のそれも最初から確定したものとして課題が設定されており，被験者はそれを与件としてハインツが薬を盗むべきかどうかを質問されるのであった。しかし，ギリガンのインタビューに登場する少女エイミーは，この課題設定自体，すなわち双方の要求と資源がギブンであるとする前提そのものに疑問を抱き，ハインツの方から他者に声をかけていくことを提案する。確かに，コールバーグの課題では，薬の値段を安くしてもらう，もしくは支払いを先に延ばしてもらうというハインツからの申し出は一度は薬屋から拒絶されている。しかし，それにもかかわらず，エイミーは他者に呼びかけていくことに乗り越えの手掛かりを求めようとする。ここには，具体的な他者に繰り返し声をかけることによって，新たな行為の可能性が生まれるということが直観的に見通されている。
　このように，「交通する」主体は具体的な他者に対面し声をかけることから始め，声をかけ続けることを通して，葛藤の乗り越えを図ろうとする。そして，声によって他者と自己に働きかけ，状況を動かし，かつ状況に呼応しながら「アドリブ」で相互の要求と資源を探っていく。その意味で，「交通する」主体の葛藤の乗り越えの第一の特質は，それが声による探索活動であるという点にある。
　「交通する」主体の乗り越えが探索活動であるというのは，葛藤場面に限らず，およそわれわれの活動自体が，本来的に探索的に行われているという事実に由来している。このことは，たとえば「道を歩く」という，日常的で具体的な行為について考えてみればすぐに理解できる。歩行による移動に伴って，たとえば前方の建物や木々は少しずつ拡大し，周囲の物は何かに隠れたりまた現れたりする。こうした環境の変化の中に見える情報は，たんに周囲の様子を知らせるだけでなく，同時にいま自分がどこにいてどこに移動しているのかといった自己の位置をも教えている。そして，環境と自己とがセットになったこの情報は，次に自分がどこに進むべきかをも示している。こうしてわれわれは，移動に伴って刻々と変化する情報をそのつど知覚し，目の前の環境に協応しながら歩いているのである。[34]

[34) 環境の変化の中に次の行為を指示する情報が含まれていることについては数多く ▶

つまり，日常何気なく行われている行為も，実際に自ら動き，それによって徐々に変化する自己と環境との関係に関する情報をピックアップしながら，状況的に遂行されている。[*35]われわれは日常，こうしたことをほとんど自覚することなく，いとも簡単に行っているためか，あたかも主体の頭の中にあらかじめプログラムやルールがあって，それらを実行したり適用しながら行為しているように錯覚してしまう。

　文化人類学者のサッチマンは，人間と機械とのやりとりの分析を通して，あらかじめ人間の頭の中に何かプランがあって，それに導かれて行為しているとする考え方を「プラン還元モデル」として批判している（Suchman 1987)。彼女は，プランは一連の行為を事後的に説明する時の方法であって，行為者自身はその時々の目前の環境とローカルな相互作用を積み重ねながら行為しているのだと主張する。つまり，個体は環境から切れて，いわば恣意的に活動しているのではなく，環境とそのつど折り合いをつけながら，次の行為の可能性を探っているのである。「交通する」主体の乗り越えも，いわば声によって状況を揺さぶりながら次の行為の可能性を探っていく過程ということができる。[*36]

　実際，人びとの間で日常的にやりとりされる会話には，言いよどみ，無関係な発話，答になっていない答，同じ言葉の繰り返し，平行線あるいはねじれの位置ですれ違うやりとり，といった一見非合理で非効率的な発話に満ちている。しかし，これらは決してコミュニケーションの失敗でもノイズでもない。こうした一見無限定で散漫なやりとりの中で，じつはさまざまな行為の可能性が状況的に探られているのである。むしろ，こうした探索活動としての人びとのや

　　　の実証研究があるが，たとえばプロのバーテンのカクテル作りの方略に関する（Beach 1986)，あるいはコーヒーを入れる作業に関する（Larkin 1989）等がある。

*35）こうした状況的認知の視点から，日常生活の文脈における人びとのやり方を研究するものとして（Rogoff & Lave 1984; Lave 1988; Cole 1989）参照。

*36）たとえば石を投げようとするとき，投げる前に石を手のひらで軽く投げ上げ（hefting）たりするが，Bingham（1989）は，こうした手の上での揺さぶり行為によって，実際に投げたときの石の飛距離の順位が正しく見通されることを実証研究によって明らかにしている。つまり，どこまで投げられるかの行為の可能性を，われわれは実際に石を手にとって揺すってみることで一瞬のうちに知覚しているのである。「交通する」主体の発声は，声によって状況に揺さぶりをかけ，その状況の揺れの中から乗り越えの可能性を探るという意味で，声探りあるいはsounding行為というべきかもしれない。

りとりを，理性的とされる話法や手続の中に閉じ込め回収してしまうことが，人びと自身による乗り越えの機会を奪っているのである。[*37]

【2】 相互異化作用

「交通する」主体は，あらかじめ頭の中にプランを用意したり既成の手続に拘束されたりすることなく，いわば手ぶらで声だけを頼りに他者と関わろうとする。そして，具体的な他者と対面し声をかけることから始め，声をかけ続けることを通して，葛藤の乗り越えを図ろうとする。先のハインツのジレンマを例にとれば，もしかすると薬屋は，安くすることや支払いを延ばすこと以外の方法を提案するかも知れない。あるいは，ビジネス上の利害以外の観点から問題を捉え直すかも知れない。ハインツは，結局その薬を手に入れることはできないかも知れないが，一連の呼びかけと応答の中で，妻の命を救うことができる別の方法を見つけるかも知れないし，薬を手に入れることが，自分にとって葛藤の乗り越えの唯一の方法ではないと考え始めるかも知れない。つまり，ハインツと薬屋の要求と資源は，相互の呼びかけと応答の中で変化し得るという意味で，すべては状況に開かれているのである。こうした声によるやりとりの中で相互が異化されていく機制，すなわち相互異化作用が，「交通する」主体の葛藤の乗り越えのもう一つの特質なのである。

ここで声と呼んでいるものの基礎にあるのは，身体活動として発せられる声である。身体活動としての声が響く発声空間には，そこに立ち会う者に否応なく影響を与え変化させていく力がある。

一般に，会話や対話といったものでは，そこに話し手と聞き手という二つの独立した存在ないし役割を想定し，二つの役割が交互に演じられていくものと考えられている。もちろん，日常の会話では，割り込みや同時発声も多く，必ずしも二つの役割は交互に行われていないことはいうまでもないが，その場合でも，そこには話すことと聞くこととが独立の行為であることが前提とされている。

---

*37) こうした問題は，ギリガンによって指摘されているところでもあるが，ヴィゴツキー理論とバフチン理論の統合を目指すワーチは「脱文脈化された合理性の声（the voices of decontextualized rationality）の特権化」として問題化している（Wertsch 1990, 1987）。

しかし，実際に人びとの日常的なやりとりを子細に見てみると，この話し手＝聞き手あるいは話すことと聞くこととが別個のものであるどころか，相互に同期し，深く浸透し合っていることが理解される。たとえば，二人の人間の会話とからだの動きを記録したフィルムを，百分の一秒という極めてミクロな単位で分析したコンドンの研究がある（Condon 1976）。分析の結果，発話はつねに話者の頭や目や手といった身体の動きを伴うこと，そして一つの単語が発せられる数分の一秒の間に起こる話し手の微妙なからだの動きが，なんと聞き手のからだにもほとんど同じ動きとして同期して起こることが確認された。コンドンは，一つの発話が二人の人間のからだに同じ動きを同時に引き起こす現象を「コミュニケーション・ダンス」と呼んでいるが，ここには，話し手と聞き手が全く別の行為を交互に行うのではなく，一つの声に話し手と聞き手が同期して反応していることが示されている。

　このことは，声が，個体としての発話者にのみ帰属するものではないことをも示唆している。先に歩行の例で示したのと全く同じように，声もつねに他者の声との関係において，状況的にそのつど発せられていく。ある発話は，直前の相手の発話の引用である場合もあるだろうし，逆に，予測される応答を先取りしたものである場合もあるだろう。もちろん，すべての発話がつねに有意味に発せられているわけではなく，ときには聞き手にとってのみならず当の発話者にとってさえ文脈に沿わない（たとえば「なぜあんなことを言ってしまったのか」）と思えるような声が現れることも少なくない。しかし，こうした一見無意味な発話も，そこにいる者に何らかの反応を呼び起こし，そこからまた次のアクションが生み出される。[*38]

　こうして，一つの声は状況から生み出され，そしてまた状況を作り変えていくという意味で，発話空間はその前の状態と決して同じではない。つまり，発話空間に立ち会う者は，話し手，聞き手を問わず，一つひとつの発話に知らぬ間に影響されながら，状況を動かしていくのであり，声の空間では，単独に成

---

　*38）一方の働きかけが他方の反応を呼びおこし，次のアクションを誘発していくという相互作用過程は，生後すぐの子どもと母親の間，つまり共通のコミュニケーション・コードをもたない関係においても見られることは，トレヴァーセンが実証研究から明らかにしている（Trevarthen 1979）。

立する主体が相互に何の影響も受けずにコミュニケーションすることなどできないのである。

　しかし、「交通する」主体のやりとりが、状況的・流動的に相互の変化を促すものであるということは、その変化から予定調和的に合意が形成されることを意味してはいない。「交通する」主体は、コールバーグのいう普遍的な原理は内面化していないし、ハーバーマスのいう手続化された話法もとらない。それどころか、「交通する」主体のやりとりは、決して一つに収斂することがなく、絶えず相互を異化しながら継続していく。「交通する」主体とは、いわば根源的に他なる者、すなわち決して自分の思い通りにならない他者に、それでも何とか「言うこと」を「聞かせよう」と働きかけるうちに自らも変化している主体のことだと言うこともできる。[39] 異なる声の響き合う空間では、どの主体も自己の固有性や同一性は保持したまま、他者だけを一方的に変化させ自己の要求に従わせることはできない。[40] 各自の要求と資源は、相互の関係、より正確には相互の関係づけ活動においてしか定まらないものである以上、自己と他者は同時に変化していかざるを得ない。つまり、具体的な他者と対面し、呼びかけ・応答する中で、各主体はそのつど共変していくしかない。[41]

【3】　決定的瞬間

　じつはこうした一連のやりとりの中に、それぞれの主体にとっての解決の意味もまた宿っている。「交通する」主体は、手続の公平さ、解決案の正しさ、相手方の誠意といった抽象にではなく、他者とのやりとりに現れる具体的な出来事の中に解を見つける。乗り越えの途上にある当事者にとって、公平さ、正

---

*39) 「交通する」主体の「呼びかけ」は、自己の思い通りにならない他者への誘惑行為という側面をもっている。乳児と母親の相互作用過程に関するトレヴァーセンの一連の実証研究は、人間のコミュニケーションが、本来的にうまく相手の反応を抽き出そうとする誘惑活動であることを示唆している（Trevarthen 1993）。

*40) たとえば、交渉過程において一当事者が自己の主張の正しさを相手に説き伏せようとする行動も、自己の主張の可謬性をたえず否定しながら進めていかざるを得ないことを「貫徹ゲームの自己否定」として指摘する（棚瀬1994a）の議論を参照。

*41) こうした葛藤に関する知覚が状況の中で変化していく過程については、第三者関与の実効化の条件を「当事者パースペクティブ」の流動的形成プロセスという視点から探る（和田仁孝1994b: 第2章）参照。

しさ，誠意といったものも，他者との間に起こる具体的な出来事の中にそのつど経験されるものである。そして，当事者にとっての解も，この出来事の中に知覚されるのである。ギブソン流にいえば，人びとは，他者に働きかけ，また他者の働きかけに応じるという個々の具体的な出来事の中から解というアフォーダンスをピックアップしているのである[*42]。ここに，「交通する」主体の葛藤の乗り越えの第三の特質がある。つまり，「交通する」主体にとっての解は，出来事連鎖の中で個々の主体が自分で気づくものであり，外側から与えられるものではない。

　もっとも，この過程は等質な出来事の直線的連続ではない。一向に埒が開かないやりとりが続く中にも，一瞬にして葛藤が解けたり一気に交渉が進展するような，あるいは逆に激しい怒りや失望を引き起こしたり新たな葛藤を生むような決定的な出来事が潜んでいるものである。たとえば経営学の研究者であるアルブレヒトは，企業と顧客との間の具体的なやりとりの中には必ず，顧客が一瞬にして感激や逆に怒りを覚えるような決定的な瞬間すなわち「真実の瞬間（moments of truth）」（Albrecht 1988）があると指摘している[*43]。

　心理言語学者のマクニールもまた，会話の中にはメッセージ価が最も高くなる部分すなわち「成長点（growth point）」があるとし，言語研究の最も重要な分析単位はこの成長点にあると主張している（McNeill 1992, 1987）。マクニールによれば，この「成長点」は，対立する要素間の緊張が高まる瞬間であり，そこから語るべき発話と身振りが生み出され，出来事が構成されていく。

　このマクニールの仮説をわれわれの主題に引き移すならば，決定的な出来事

[*42] ギブソンの知覚論によれば，われわれは抽象的な時間や空間を知覚できない。われわれが知覚しているのはつねに出来事であり，この出来事を通してはじめて抽象概念が導かれると述べている（ギブソン1986: 109）。

[*43] すでに経営学やマーケティングの分野では，顧客満足の極大化がマネジメントの最大目標となっており，各企業は顧客との間の無数の接触の中で顧客の満足と不満が最もクリティカルに現れる出来事である「真実の瞬間」に着目し，ある程度共通して現れる真実の瞬間をリサーチによって突き止め，その改善に努めている。裁判をはじめとする紛争処理制度においても，当事者を顧客と見立てその満足の最大化を図る作業は今後の一つの大きな課題であり，こうした経営学の発想と方法論は適用可能かつ有効なように思われる。

は，相互の知覚のギャップが最大となるとき，すなわち異なる声と衝突し相互が変化しようとするときに解は気づかれるものということができよう。そして「交通する」主体は，乗り越え過程で，こうした決定的瞬間を経験し，それぞれにとっての解に気づいていくのである。

　こうして人びとは，当事者同士による交通を通して葛藤を乗り越えようとする。つまり，現代における新たな法主体とは，自律的な紛争解決への強いニーズをもった人びとであり，新たな法秩序とは，この「交通する」主体による交通活動のダイナミズムによって形成される交通型秩序なのである。

3 ▶ 交通を支援する法制度

　ここまで，日常を生きる普通の人びとのやり方という観点から現代の法主体と秩序化の有りようを検討し，人びとの間に自律的な紛争解決に対する強いニーズと可能性があることを見てきた。

　しかし，人びとの間に自律的な紛争解決に対するニーズと可能性があることは，紛争は当事者自身に任せておけばそこですべて解決されるということを意味しない。人びとが自律的解決へのニーズと可能性を持っていることは確かだが，その一方で，「生活の私化」と「見知らぬ他者（行政・企業といった大組織をも含めた）との紛争の拡大」が進み，他者との交通の場を自力で確保することが容易でなくなっているという現実がある。つまり，人びとの中にある交通への衝動と都市化社会における交通の困難とのギャップを埋めるための何らかの社会的な契機・制度が求められており，ここに現代の法制度が果たすべき最も基本的な役割が示されているように思われる。

　もちろん，ここで求められているのは，当事者だけでは十全に実現しない紛争解決を当事者に代わって実現する制度ではない。裁判は当事者同士の自律的な解決の破綻の末に解決を委託するものとしてではなく，当事者の間にある自律的な解決の可能性を促進ないし始動させるための契機として期待されているのではないだろうか。

　だとすると，交通型法秩序のもとでの法制度の方向性とは，当事者による自律的な交通活動を中心に置いた上で，その交通を「支援する」ものだというこ

とになる。すでにわれわれは、人びとは実際に環境を使い動かすことでそこからアフォーダンスを抽き出すことを見たが、交通を支援する制度を当事者の側から言えば、自律的解決のために「使い」そこからパフォーマンスを「抽き出す」環境としての法制度と言い換えることができる。[45]

3.1▶ 対面の直接性

では、交通を支援する法制度とはどのようなものなのか。そこでは、何よりもまず、対面の直接性または身体性を保障することが求められよう。たとえば「隣人訴訟」において、原告は訴訟前に隣人に会うべく何度も隣人宅を訪ねているが、対面は果たされなかったという（小島武司1989: 4; 星野英一 1984）。原告である両親は、子どもを失ったという事態をどう受け止めるべきかに苦悩しながら、とにかくまずこの隣人との交通の中に葛藤を乗り越える糸口を求めようとし、そこで得られない対面を「やむなく」訴訟に求めたのではなかったのか。

「交通する」主体は、葛藤の乗り越えを具体的な他者との接触と対面を通じて図ろうとする人びとである。他者との対面の確保が難しい現代都市化社会における法制度に求められているものは、まず当事者同士の対面の直接性を保障することだと考えられる。

3.2▶ 状況に開かれた発声空間

もっとも、交通を支援するにはたんに当事者同士の対面を保障するだけでは不十分であって、そこには乗り越えの手掛かりとなるような活力ある交通過程がなければならない。

ここに、第二の要請がある。すでに明らかなように、日常を生きる普通の人びとである「交通する」主体は、肉声つまり自分の言葉で語ることを通して葛

---

*44) 裁判を、こうした当事者間の自律的な解決活動を援助するものと位置づけ、具体的な裁判モデルを提起するものに、棚瀬孝雄の「私的自治の裁判モデル」（棚瀬1990）、あるいは当事者間交渉の整序・促進機能を裁判の中心的機能に据える和田仁孝の「交渉型訴訟モデル」（和田仁孝1989, 1994b）がある。
*45)（棚瀬1991b）では、まさにこの「使う」主体としての法主体性が、権利主張の文脈で論じられている。

藤を乗り越えようとする。そこでの発声は，あらかじめ定められた手続に従って出てくるものではなく，具体的な他者とのやりとりの中でアドリブで展開されていく。そして人びとは，声によって状況を動かしながら，そのつど変化していく状況の中に次の行為の可能性と解を見つけていく。交通を支援する法制度にとっての第二の要請とは，状況に開かれた発声空間を用意することに他ならない。

　この点で，訴訟手続論における「ふくらみのある弁論」(井上治典1993；井上治典・高橋宏志1993：13) の発想は極めて示唆的であるが，この「ふくらみのある弁論」を含めて，普通の人びとによるやりとりを裁判過程の中心に置くことに対しては，消極的な見解も多い[*46]。おそらく，その最大の理由となっているのは，果してやりとりを進めていくための行為規範を当事者自身で定立できるのか，あるいは自己の役割を同定できるのかという疑問ないし懸念であろう[*47]。

　しかしながら，「交通する」主体の葛藤の乗り越えというわれわれの仮説から見るとき，当事者が明確な手続や役割を形成できるかどうかは必ずしもクリティカルな問題ではないように思われる。すでに見たように，われわれはつねに環境とのローカルなインタラクションを積み重ねながら行為しているのであり，一定の明確なプランやルールに従って行為しているのではない。つまり，紛争解決という相互作用過程は，必ずしも明確な手続ルールや役割を必要としていない。手続ルールや役割は，サッチマンが言うように，まさに事後的かつ外的な視点に立ったときの説明方法にすぎない。乗り越えの途上にある当事者は，互いの声が衝突し，交錯し，そのつど変化していく状況の中に次の行為の可能性と解を各自見つけていくのである。こうした当事者によるやりとりに対して，あらかじめ明確にされた手続ルールを求めていくことは，「脱文脈化された合理性の声」によって「文脈化された声」を押し殺していくことにもつな

[*46] 「ふくらみのある弁論」あるいは「フェアなやりとり」の内実についてはさらに明らかにされるべき点もあるように思われるが，少なくともそこでイメージされているのは，たとえばハーバーマスの理想的発話状況ではなく，普通の人びとによる探索活動と相互変容過程として特徴づけられる交通に近いのではないかと想像される。

[*47] たとえば，山本克己の「当事者だけの間で妥当する規範というのは，本当に当事者の手によって形成され得るのか」との発言 (井上治典・高橋宏志1993：10) あるいは (吉野正三郎1990：149) 等参照。

がる。

　交通を支援する立場に立つ制度側が注目しなければならないのは，当事者が手続ルールや役割を形成できるかどうかよりもむしろ，次の行為の可能性を見出せるような活力あるやりとり（interanimation）がなされているかどうかではないだろうか。交通型法秩序における法制度に求められるのは，状況に開かれた発声環境を用意し，当事者同士のやりとりを促進・最大化することではないだろうか。

　さらに，「交通する」主体仮説から今後の法制度の方向性を展望するときに重要な論点になると思われるのが，紛争過程を見るときの視点である。

　たとえば，当事者の目線で紛争を見るといった言い方がなされるとき，そこではどのような見方をすることが含意されているのだろうか。すでに明らかにしたように，葛藤の乗り越え途上にある人びとがその過程で見ているものは，抽象的な価値や主張内容や論点ではなく，他者との間に起こる一つひとつの具体的な出来事であった。これに対し，従来の裁判ないし法的空間を支配してきたのは，紛争解決過程を論点のレベルで見る視点であったように思われる。法の世界と人びとの日常世界との落差，少なくとも人びとからみた違和感は，法廷の言説と日常の語り方という言説レベルの差と同時に，紛争過程を見るときの基本的な視点の差に由来していると考えられる。

　もちろん，制度側が当事者と全く同一の視界を共有する必要はないし，また実際に不可能なことでもあろうが，法制度の運営者が紛争を出来事レベルで見る視点は必要に思われる。この出来事レベルの視点をもったとき，むしろ制度運営者の方が自己の役割を同定し，当事者を支援する第三者としての関与のあり方を見定めることができるのではないだろうか。

　以上，今後の法制度のあり方を探っていくときの基本的な視点について，「交通する」主体の仮説から展望してみた。もちろん，現実的な制度の設計や運用の仕方を考えていくとき，そこにいくつもの制約や乗り越えなければならない課題があることは言うまでもない。しかし，現代の人びとが自律的解決への二

---

*48）現実的制約の一つとして，たとえば紛争処理機関としての法制度のキャパシティの問題が考えられる。すなわち，大量に持ち込まれる訴訟を処理し切れるのか，とりわけ ↗

ーズと可能性をもっているという仮説的見解が正しいとするならば，今後の法制度はこうした視点の下で人びとの交通を支援し，人びとに使われることを目指したものでなければならないと考える。

おわりに

　法に限らず，およそ制度を人びとによって利用されるものとして考えていくとき，そこにはその制度を利用する人びとについての確かなイメージがなければならない。本章は，現代都市化社会における普通の人びとの葛藤の乗り越え方という観点から，あるべき法と裁判の姿を構想していくときに前提となる法主体イメージについて考察してきた。

　その中でわれわれは，いくつかの裁判イメージの背後にある個人的正義，全体的正義，共同体的正義という三つの法秩序観が前提とする主体イメージが，いずれも現代社会に生きる普通の人びとのやり方という観点から見て妥当性を欠いたものであることを明らかにしてきた。そして，これらに代わる現代的法主体イメージとして「交通する」主体という仮説を提起するとともに，この主体イメージを前提とした，人びと自身による交通によって形成される交通型法秩序についても論じてきた。こうした理論的検討を通じて，日常を生きる普通の人びとの中に，交通に対する基本的なニーズと自律的な紛争解決の可能性が十分にあることを示し得たと考える。

　もちろん，ここで仮説として提起した「交通する」主体＝交通型法秩序のイメージは，あくまで理論モデルとしての法主体と法秩序の有りようにすぎない。葛藤を乗り越えようとする生身の人びととの間で展開される交通型法秩序の動態あるいはエコロジー，さらにそこでの法制度の位置や役割といった実践的

---

[2] 当事者の交通を中心に据えた制度ではオーバーロードになることは必至とする予見もありえよう。しかし，利用者に開かれた制度がつねに制度の負担増をもたらすとは限らず，むしろ軽減する可能性が大きいことについては，法制度に関するものではないが，顧客満足の最大化を目指す企業の組織革新の中にいくつも事例がある（Albrecht 1988: 147-149）。

な課題に応えていくためには，この仮説を一つの出発尺度として，個別・具体的な問題に即した実証研究の中で明らかにしていかなければならない。そして，人びとによって使われる法制度を目指す企てに寄与しようとするこの作業もまた，研究者と人びと，法実務家と当事者，そして研究者と法実務家との多次元交通の中で進めていかなければならないであろう。

第2章　日常的実践としての紛争＝処理

1 ▶　紛争の法社会学

1.1 ▶　制度志向の紛争研究

　われわれのまわりで起こるさまざまな葛藤，対立，トラブルがどのように発生，展開，収束あるいはこじれていくのかといった紛争に関わる問題は，法社会学においてこれまで長く研究されてきた主要テーマである。その研究アプローチは，社会学，人類学，心理学をはじめとする隣接諸科学の方法論や知見が応用されるなどきわめて多様であるが，基本的な研究関心という点からみると，大きくは紛争過程そのものの動態解明，紛争処理制度の機能評価という2つの研究関心の相関の中で展開されてきたといえる（和田仁孝1995: 1095-1101）。

　"紛争過程"の理解と"処理制度"の評価という2つの問題関心を相互にどう関連づけるかによって，分析の対象も接近方法も大きく異なってくるが，これまでの紛争研究においては概して処理制度の機能評価に引きつけて紛争過程を分析するものが多かったように思われる。

【1】裁判利用から見た紛争研究

　たとえば，わが国における裁判利用の少なさを人びとの法意識の未成熟に由来するものと分析した川島武宜の研究は，裁判という処理制度の側から紛争過程を研究した代表例といえる。川島は，裁判利用をはじめ西洋近代型の法制度が十分に機能していない戦後日本の現状を捉え，法制度が作動するためには，法律や裁判といった制度基盤だけでなく，それを尊重し利用する人びとの側の精神的基盤が必要だと論じた（川島1967）。ここには，前近代的な日本社会のありようを批判し，訴訟をはじめとする西洋近代の法制度をいかにして根づかせるかという強い実践関心がある。しかし，裁判を中核とする法制度の機能化条件としての心的基盤を到達目標と設定し，それを規準にして紛争・解決に関する意識や行動を分析する枠組のもとでは，人びとの意識や主体のありようは，

規準からの落差や遅れや欠落としてのみ抽出されることになる。
　紛争研究の方法論としてみたとき，こうした分析枠組によると，法・裁判で処理しうる範囲の紛争を，処理しうる形でしか取り扱うことができなくなる。理念としての裁判に期待される"紛争＝解決＝主体"イメージ以外は，未熟なものとして否定的に扱われるか，あるいはそもそも検討の対象からもれ落ちてしまう。はたして紛争は，裁判で処理されるべきものなのか。近代法型の法秩序，裁判制度自体の限界が指摘される中，近代法型裁判が予定する紛争像，当事者像からもれ落ちるもの，とりわけ当事者自身のさまざまな紛争関心や行為をどう取り扱えばよいのか。

【2】　法と社会ムーヴメント

　処理制度の機能評価という関心からする紛争研究の限界は，"法と社会ムーヴメント"と呼ばれる1960年代以降のアメリカを中心とする紛争研究の中にも見られる（和田仁孝1996c: 20-31）。この研究群においては，制度理念に関わる規範的な評価とは一応独立に，「法学固有の規範的関心へのアンチテーゼとして」紛争過程および法が社会の中で果たす機能の「科学的・実証的分析」（和田仁孝1995: 1097）が目指される。法制度が非機能的である場合はその原因を特定することで，現行制度の改良という作業との連結をも準備される。その意味では，現行制度への固着は一見弱いようにも見える。

　しかし，制度の表層におけるこうした改変可能性，変容可能性も，リベラルな法制度への信頼の範囲内，すなわち「現在支配的な法文化的価値理念の枠内で把握・定義し，結果的にそれを再強化」（和田仁孝1995: 1097）することになるという点で，依然として現行制度志向の問題設定から抜け出すことができない。

1.2▶　紛争の生成研究へ

　以上のような，既存の紛争処理機関・手続の理念を半ば自明の前提とした上で，その機能化条件という規準から紛争過程を分析することにはいくつかの限界が伴う。

　まず第1に，裁判であれ調停であれ，現行の処理制度・手続を範型として紛争を切り取る方法では，生きた紛争の動態に十分な光を当てることができなく

なる。もちろん，現行の処理制度・手続の機能評価をすることは重要な実践課題である。しかし，紛争当事者がどのように問題を解決しようとしているのか，なぜ問題を裁判や調停で解決しようとしているのか，そこにどんな期待をもち，どんな使い方をし，諸処理制度をどう評価しているのか，といった紛争の動態理解を素通りしてしまっては，真の意味での処理制度の吟味も不可能になってしまう。このことは，調停だけでなく既成の ADR（裁判外紛争処理）手続一般にも妥当する。むしろ求められるのは，当事者が紛争をどのようなものとして経験し，その乗り越えを図ろうとしているのか，その活動全体をいったん既存制度・手続の機能化条件という拘束から切り離してみることではないだろうか。

第2に，処理制度の側から紛争を見るという研究視角の中には，しばしばそれらの制度・手続をあたかも自己完結した不動の仕組と見る視点が隠されている。たとえば訴訟や調停には一定の手続規範があって，紛争の処理はそうした枠組に沿って行われることになることは確かである。しかし，こうした処理制度が利用される場合でも，紛争が規格通りに処理されていくわけではない。そもそも裁判を裁判たらしめているもの，調停を調停として成立させているものは必ずしも手続規範や専門家といった制度的道具立てそれ自体ではない。制度の成立は，それらの制度をそうしたものとして理解し利用する人びとのさまざまな行為に依拠している。言い換えれば，そこにはつねに制度規範や制度期待からはみ出し，裂け目を生み出すようなさまざまな動きの可能性が含まれている。とすれば，裁判も調停もその他のADRも，紛争を一方的に規定・処理する特権的な独立変数とすることはできない。

第3の問題点は，当事者をどう位置づけるかに関係する。たとえば川島の法意識論において，近代的法制度が予定する人間像は，強い内面的自発性をもった自律的主体として構想される（川島1967）。こうした問題設定は何も川島に限ったことではなく，ADRの研究と実践の中でつねに立てられる問いの中にも見出すことができる。たとえば合意によって紛争処理が完成するとされる手続において，人びとは合意をするだけの十分な能力をもった存在かどうかがしばしば議論される。ここで暗黙に想定されているのは，個体の中に前もって閉じこめられた能力や性質が人の行為を決定するかのような前提である。

人びとの営みを安定した要素に分解してしまうと説明はしやすいのかもしれ

ない。しかしながら，行為を個体の性質や能力という安定した要因に還元して説明する方法，しかもそれをアプリオリに前提にしてしまう方法は，現場で起こる行為の多様な可能性，力動性を切り捨ててしまうという点で大きな問題を孕むものである。もちろん，個体としての人が何の力も発揮しないというのではない。そうした力を独立変数的な個体の内在的能力の発現としてではなく，さまざまな道具や他者や手続との接触の中で生成するものと見る視点が必要ではないだろうか。

　以上みたように，これまでの処理制度志向の紛争研究が抱える問題は，紛争も制度も人も前もって定まった能力や性能をもったものとして取り扱おうとすることから起こる限界だと言い換えることができる。むしろ，紛争という出来事も制度も人もみな，「できつつあること (becoming)」，さまざまな接触を通して生み出されたり崩れたりするもの，そうした運動として紛争を見ていくことが必要になってくる。既存の紛争処理の制度／手続／役割イメージからいったん切り離して紛争の動態を見つめること，そしてあらかじめ備わったものとしての要因（制度の手続であれ，主体の能力・性質であれ）への還元から離れてみることが必要ではないだろうか。現在の処理制度評価も，あるべき紛争処理・関与の構想も，こうした作業を通してはじめて意味をもつ。

　とすれば，求められているのは生成運動としての紛争の研究であり，そのための方法である。さて，紛争生成への接近はいかにして可能か。その一つの鍵は，人びとの日常的実践を凝視すること，とくに人びとが利用するもの，その使い方を見つめることにあるように思われる。次款 **2▶** では，そのための方法，すなわち人びとの日常的実践に分け入る際の視角について見てみよう。

2 ▶ 日常的実践の凝視

2.1 ▶ 日常的実践

　日常的実践とは，たとえば何かを語ったり，考えたり，集まったり，相談したりといった，まさにわれわれが日常行っている行為の総体である。その成り立ちや動きをローカルな活動に焦点を当てて記述・理解しようとするのが，日常的実践のエスノグラフィである。

日常的行為は何から生み出されるのか。たとえば，比較的最近までの人類学では，「儀礼や治療から農作業，日常の家事や会話場面，あるいは紛争や和解などを捉えるとき，人びとの行為は何らかの規則や規範に従って生み出されると考える傾向が強かった。産業社会における会社や官僚組織での勤務もその例外ではなく，制度的に規定された職場規律や命令体系が行為のおこなわれ方を規定しそれに従って日々の行為が遂行されるかのように考えがちである。」（田辺2002: 3）

　たしかに日々の行為実践は同じようなことの繰り返しに満ちており，そこに一定のパターンを認めることができる。そこに，そうした慣習を生み出す規範の体系あるいは構造を読み込み，それをあらゆる行為の源泉とみなしていけば，一つの秩序イメージ，調和的な社会イメージができあがる。

　しかし，単純再生に見える慣習やルーティンも決して不変のものではない。パターン化した行為は学習され参照され再生されるとしても，そこにはさまざまなずれや変調や崩れが見られる。日常的実践研究は，こうしたずれをノイズや「間違った使い方」として排除するのではなく，むしろ「変動と差異」をともなった関わりの中から日常的実践が生み出されると考える。つまり，「人びとの相互行為，語り，思考，想起などの日常的実践は，過去の単純な再現ではなく，それぞれの場面において能動的に関わりながら社会的世界を構築していく過程」（同前: 3）として捉え直されるのである。

2.2 ▶ 状況的認知研究
【1】 関係態の中の行為

　しかし，行為を関わりの中で理解するという方法には，異論や違和感をもつかもしれない。関わり以前，関わり以外の場所で行われる行為もあるではないか。現に，われわれは一人で何かを考えたり，つくったり，語ったりしているではないかと。

　じっさい，知覚，思考，想起といった認知に関する研究においては，こうした知的活動は一人の人間の「頭の中」で起こる現象として長く研究されてきた。皮膚や粘膜によって外界と区分された単独の個体を指定し，そのからだの中に，具体的な状況から独立した「裸の能力」（石黒2001: 72）が実在すると想定され

てきた。そして，たとえば数的処理能力や概念操作能力といったものを発達させることができれば，あとはその能力の「転移」(個々の場面への適用や応用)によって，具体的な課題状況に適切に対処できると考えられてきたのである。

　こうした"能力＝個体＝転移＝課題解決"という行為論を徹底的に批判したのがベイトソンである。彼は，木を切り倒す行為，さらに盲人と杖の関係のメタファーを使って，独立した個体による行為という認識論がいかにナンセンスかを述べる。「きこりが，斧で木を切っている場面を想定する。斧のそれぞれの一打ちは，前回斧が木につけた切り目によって制御されている。この自己修正的——すなわち精神性——プロセスは，木—目—脳—筋—斧—打—木のシステム全体によってもたらされるのであり，このトータルなシステムこそが，超越的ではなく内在的な精神の特性をもつのである。」「ところが西洋の人間は一般に，木が倒されるシークエンスを，このようなものとは見ない。『自分が木を切った』と言うのである。そればかりか，"自己"という独立した (delimited) 行為者があって，それが独立した"対象"に独立した"目的"を持った行為をなすのだと信じさえする。」「あるいは，杖に導かれて歩く盲人を考えてみるのも面白い。その人の自己はどこから始まるのか。杖の先か，杖と皮膚の境か，どこかその中間か。こんな問いは，土台ナンセンスである。この杖は，差異が変換されながら伝わっていく経路のひとつにすぎないのであり，この経路を横切って境界の線を入れることは，盲人の動きを決定するシステミックな回路の一部を切断することにほかならないからだ。」(ベイトソン1987: 455-456)。つまり，われわれの行為は媒介されたアクション連鎖として達成されているのであって，そうした連なりからどれか一つだけを取り出して，そこに行為連鎖を特権的に支配する主体を認めない。したがって，知的とされる行為も，決して一個の人間の頭の中の操作とその表出行為として完結するものではなく，からだの外側に展開される個別具体的な事物との接触と交渉を通して達成されるものであることがここに示唆されている。

【2】　能力は転移するか

　1980年代以降急速に展開される状況的認知 (situated cognition) アプローチは，まさにこの関係論的な視角を出発点に，人びとの認知行為や学習をそれが起こる現場に定位して理解しようとする。「行為を自動車のスピードにたとえるな

ら」, 従来のアプローチが「エンジンの性能や構造を徹底的に解明しようとする」のに対し, 状況的認知アプローチは「実際に車が走っている様子を詳細に観察し, エンジン, 車体, ドライバー, 路面, 空気などがどのように関係することでスピードを達成しているのかということを問題にする」(高木1996b: 38) のである。

もちろん個体能力主義的アプローチも, 「実際に走っている」場面に注目しないわけではない。しかしその実走場面は, エンジンの性能を試す場所であり, 路面や風や温度といったそのときどきのコンディションは, 二次的な要因——それも, エンジンの性能テストを攪乱する要因——として取り扱われる。

はたして能力は転移するのか。人類学者レイヴは, スーパーでの買い物場面で人がどのように計算をしているかの観察と実験を通して, 日常生活の実践的な場面では学校で習った算数が応用されることは少ないと報告している。つまり, 転移は起こっていない。日常の具体的な生活場面では, 個々の状況を超えて普遍的に適用されるはずの算術能力は予定されたやり方では使われない。

たとえば, 量も価格も違う商品のどちらが得かを判断するとき, 学校数学によれば, 量当たりの価格を計算する能力が発揮されるはずである。しかし, 現実に人びとが行っていることは, たとえばまず2つの商品の量の比を概算しそれと価格の比を比べる方法, わが家に今必要な量に置き直して決める方法, 欲しい量よりも容量の多い商品を買うとしたらそのためにいくら余計に払うことになるかで決める方法, 前回の特売のときよりも安いかどうか, さらには家の買い置きの有無・残量で決める等々, じつに多様な方略が使われる。

1回の食事に, 計量カップ3分の2のさらに4分の3のカッテージチーズを使うよう指示されたダイエットグロラムの例も面白い。ある参加者は, 「計量カップにカッテージチーズを3分の2いっぱいまで入れ, まないたの上にそれをあけ, 円形になるよう叩いて延ばし, 十字に印をつけて, 4等分したものの1つをすくってどかし, 残りを使った」(レイヴ1995: 248)。指示された量は, 分数のかけ算を使うと$2/3 \times 3/4$, つまり最初のカップの半分に当たるが, 大学で微積分のコースを取ったことがあるというこの参加者はそうした計算方法を利用しなかった。

学校数学を利用しないで行われる計算や対処は, 学習の失敗ではない。実践場面では, 純粋の数学の問題が日常的な場で現れることはむしろまれであり,

問題も解決も，行為者がおかれたそのときどきの状況的布置すなわち文脈の中で構築されることを示している。計量カップだけでなく，まな板，チーズの可塑性といったさまざまなリソースが関係づけられ，道具を媒介にして計量行為や調理活動が達成されていくのである。

【3】 関わりのズレと振動――揺れながら環境と交渉するからだ

このように，状況的認知アプローチは行為を個体の能力発揮としてではなく，具体的な状況の中での人と人，人とモノ・道具とのさまざまな接触の連鎖として捉える。しかし，この連鎖，あるいはベイトソンのいう「トータルなシステム」「システミックな回路」は，自足的・調和的なものでは決してない。むしろ，そこには常にほころびや崩れの可能性が無数に含まれている。

コーヒーを入れるという単純行為をビデオに録って観察した生態心理学者リードの研究では，人の手の動きは必ずしも最適・最短のコースをたどっているわけではなく，スプーンをもつ手がコースを変えてカップをもったり，カップをもとうとした手が動作の途中でスプーンをもつ形に修正されたりといった変化が，1分間に1度の割合で見られると報告されている。リードが「マイクロスリップ（微小錯誤）」と名づけるこれらの動作は決して行為の失敗ではない。まったく違ったものを掴んでしまうのではなく，ただ一瞬動きが揺れるのである。『顕微鏡』で観察するように行為を時間的に拡大して精査すると，そこには膨大な量の錯誤が発見できる。……このことは『揺れるバネ』のような身体が環境の中に多様な見えのどれに同調しようかと『迷っている』証拠のように見える。……身体は揺れながら徐々に特定の環境との同調を獲得していくのである。」(佐々木正人1993: 105)。つまり，一見スムーズで調和的に見える行為も，無数の揺れを含んでいる。スムーズに見えるのは，錯誤がないからではなく，限りなく微分化されているからにすぎない。

状況的認知論や生態心理学が提起するのは，固有の場所と歴史に位置づけられた人びとが，道具を媒介にして他者や環境と交渉しながら徐々に何事かを成し遂げていく活動として行為＝人間＝関係を見ていくという視点である。

2.3▶ 声という実践――接触から生まれる声

行為を単独主体の活動としてではなく，関係連鎖，それもずれや揺れの契機

を含んだ接触連鎖と捉えることで，紛争行動の理解も当然変わってくる。

息子を救急病院で亡くしその後医療過誤訴訟となったケース（本書第6章参照）では，両親は途中で弁護士を解任し本人訴訟に移行した。勝訴が難しいといわれる医療過誤訴訟，しかも弁護士なしの本人訴訟で勝訴を勝ち取った事例だが，そこに両親の強い主体性のようなもの，あるいは勝訴に向けた確固たる戦略といったプランが最初からあったわけではない。

そもそも，弁護士解任からして想定外であった。有力証拠を探しに自ら全国を回り，それをもとに準備書面も提出してもらっていたが，ある日弁護士から「書面はもう出しません」（佐々木孝子2000: 60）と言われる。仕方なく，自分の思いを綴った書類を陳述書として提出依頼したが，実際には裁判所には提出されていなかったことを後で知る。有力証拠が出てこれ以上の立証はいらないと考えた弁護士は，少しでも多い金額で和解することが両親のためになると考えた。さらに，裁判所から繰り返される和解勧試。「この前も似たような事案があったが，低い金額で和解した。あなたたちも和解したらどうですか」「あなたたち，高額の請求は無理ですね。高校生だから十分の1かな」（同前: 72-73），また「私はこどもを失ったことがないから，あなたの気持ちはわからん」（同前: 22）といった言葉が向けられたとき，息子の無念を晴らすという思いは強くはっきりとした決意に変わったはずだ。このまま過失も特定されず，お金の問題で終わらせるわけにはいかない。「判決でお願いします」と和解を拒否し，2人の医師への証人尋問を自分で行い，勝訴判決に到達した。

こうして，弁護士，裁判官，相手方弁護士，協力医師の他，さまざまな人との接触の中で，振り回され迷いつつ少しずつ前に進めていった先に勝訴があった。この事例に示されているのは，紛争解決行動はあらかじめ主体的な当事者が自己の意思を貫徹させる活動ではない。むしろ，法廷なら法廷の社会的言語を学習し素人というポジションを受け入れつつ，しかし同時にそれらを崩し自らもその崩れの中に身を置くことで，新たな声が生み出される活動ではないだろうか。つまり，一つの声が制度の話法や他者の声との接触，受容，対抗を通して触発されていく運動としてみることができるのである。

---

*1) 身体のコントロールを失った父親とその介護にあたる娘のあいだの葛藤の中から「て

3 ▶ 実践研究から紛争処理実践へ

3.1 ▶ 視角としての実践研究

　ここまで，日常的実践研究に含まれる視点やまなざしをもって紛争を理解することの，その可能性について検討してきた。

　つまるところ，日常的実践としての紛争研究がめざすものは，人と人，人ともの等さまざまな関わりの中から行為の成り立ちと生成とを記述していくことである。じつは法社会学における紛争研究の中にはすでに，法の言説分析（棚瀬1995, 1996, 2001, 2002），解釈法社会学研究（和田仁孝1995, 1996c, 2001），法のエスノメソドロジー研究（樫村1999, 2004）等々，生成の運動に着目した多くの研究蓄積がある。本章で展開してきたのは，これら紛争の生成的研究の流れに，状況的認知論や生態学的な視点を加えようとするものである。

　紛争過程は，決してあらかじめ確定した意図や要求をもった当事者がそれぞれの要求をぶつけ合う活動ではない。それは，接触の中で要求が生成され，その暫定的な要求から他者の要求が抽き出されていくプロセスである。とすれば，できあがった紛争が端的にまずあって，それを裁判や関与第三者が処理するのではなく，こうした処理や関与も含めて一続きの紛争という実践が構成されていると見なければならない。こうした行為連鎖として紛争を捉えていくと，処理制度や関与者も差異を伝達するための，重要だが一つの構成子へと位置づけ直されることになる。

　さて，ここからどんな処理制度論が展望されるだろうか。

3.2 ▶ 処理機構から接触媒介へ

　おそらく伝統的ないし常識的な紛争処理制度の一つのイメージは，たとえば何か閉じた箱のようなものがあって，その箱に紛争や事案が入力され，変換され，出力されるような絵模様ではなかっただろうか。あたかも，入口と順路と

　▶「いねい語」という新しい会話モードが生まれてくる過程を丹念に記述する土屋由美の研究（土屋由美2004, 2007）は，声の生成過程の考察に大きな示唆を与えてくれる。

出口が決まった紛争処理機関という箱を紛争が次々と通過していくようなイメージである。

　しかし，本章でみた日常的実践研究の視角からみれば，こうした絵がひどく雑なものであることは明らかであろう。人びとは処理機関を通過しているのではなく，さまざまな手続や規範や人といった具体的な側面との接触を繰り返すのである。だとすれば，紛争処理制度の構想もまた，こうした接点で起こる出来事，その接触の仕方の次元で検討されなければならないだろう。

　赤字続きのスカンジナビア航空（SAS）の経営を独自の顧客満足思想に基づいて立て直したヤン・カールソン会長もまた，企業活動を顧客との接触連鎖と捉えた一人であった。「SASの評価の善し悪しは，第一線で働くSASの従業員と一人の顧客との接触の仕方にかかっている。この接触が生じることでSASは存在している。この瞬間に，SASが良い会社かどうかが決定されてしまう。」（カールソン1990）。チケットの予約をする，チェックインする，搭乗を待つ，新聞をもらう……等々といった無数の接触のどこかに，決定的な満足・感動や不満・怒りを引き起こす「真実の瞬間」があり，その最大化が唯一の企業ゴールだと説く。ボーイングを何機もっているか，どんな最新システムを入れているかといったことも，最終的にはこの真実の瞬間の最適化の観点に照らして初めて意味をもつ。

　おそらく同じようなことが，紛争処理制度や関与第三者にも妥当するように思われる。先に見た医療過誤訴訟の原告両親が触れたものは，委任し解任することになった弁護士，何度も代わった裁判官，2名の医師，相手方弁護士，調査官はもちろん，家族，兄姉，沖縄の協力医師，書店で見つけた『腹部救急疾患』という本その他の数え切れないほどの人やものであった。こうした多次元接触の中で，問題が見つけられ，つくり直され，削られ，変形されていったのであり，そうした接触の一環として証人尋問や弁護士との相談等を通して裁判と出会ったのである。

　つまり，処理制度の善し悪しや新たな制度構想は，そこにどんな接触の仕方が用意されているのかの次元でこそ問われなければならない。では，どんな接触が求められているというのか。

3.3▶ 媒介者としての弁護士

　その一つのヒントを，中村芳彦弁護士の「媒介者としての弁護士」というコンセプトに求めることができる。中村は，「法的規範や法的思考で，目の前に展開される話を整理し，一定の評価や判断を行い，その方向にクライアントを誘導していく」（中村芳彦1999: 461）ことを法専門家の役割と見なす考え方を退ける。法専門家にとって，迷いながら揺れうごく手や掴めそうにないものに手を伸ばそうとするクライアントの多様な動きは制御しがたいものであり，問題を法的観点から定義し，選ばれた紛争だけを「解決する」ほうが楽なのかもしれない。しかしそれは，当事者自身の問題化の機会を奪い，紛争処理の舞台から排除することになる。「法的に問題を確定し，選ばれた紛争だけを解決する，という『理解』と『類型』の定式から抜け出て，紛争当事者達それぞれの『わからなさ』を尊重しながらも，一緒に問題解決の糸口を探し出していく」（同前: 462）ための技法がめざされる。

　つまり，法専門家もまた，入力＝変換＝出力の箱ではなく，当事者の多様な紛争行為連鎖の中の媒介子と位置づけられる。さらに，「ひとつは弁護士が当事者にとって触媒のような存在として，当事者自身の自己解決能力を引き出していくという意味であり，もうひとつは様々な関係者を媒介していく」（中村芳彦2004: 250）という2つの関わり方，接触の仕方があることも示唆する。

　この中村の考察と提案は，法律相談や仲裁場面を想定した弁護士役割論を超えて，紛争処理制度全体のあり方を検討するときの指針にもなっているように思われる。近年のADR実践や制度設計論における根本的論点として，裁判との比較における独自性の追求というベクトルと，逆に裁判との連続性や従属性といった逆向きのベクトル交錯が見られる。しかしながら，本章で検討した人びとの紛争実践から見るとき，こうした裁判とADRの対比的把握自体にどんな意義があるだろうか。処理プロセスを機関や方式レベルで切り分けすることの限界も改めて問い直さなければならず，弁護士や行政窓口やネット等との接触や相談・面談等をも含めて紛争処理実践を検討することが必要であろう。

　とすれば，中村の示唆を受けたあとの問いは，「訴訟にはどんな接触の仕方が用意されているか，調停はどうやって当事者の声を聴こうとするのか」ではなく，「当事者の声を聴く活動，当事者の多様な接触を促進する活動を支援す

る環境・制度とはどんなものなのか」になるはずである。

第3章　日常的交渉場面に現れる法

1 ▶ はじめに

　本章は，日常的コミュニケーション場面に，「法的なもの」がどのようにして現れるのか，その仕方について観察し若干の考察を加えようとするものである。

　ここで観察対象にするのは，訴訟や調停といった「紛争処理」「制度」の中で展開される活動ではなく，人びとが日常的に遭遇する問題をまさに日常生活の場で解決しようとする活動である。当然ながらそこは，およそありとあらゆる資源が持ち込まれ得る場所であり，法的なものもその例外ではない。しばしば停滞し，堂々巡りし，断絶する日常的交渉の展開過程において，法的なものはいったいどんな働きをするのか。特に，「話し合い」と一般に呼ばれている活動と法的なものとの関わりに着目してみたいと思う。そのためにはまず，法的なものがどのようにして現れてくるかの観察から始めなければならない。そしてこの作業は，法と生活の相互構築関係，と一言でいえばいささか早口すぎてその動きが見えにくくなるが，この仮説の意義をなにがしかの手触り感をもって確かめるときの一つの入り口になるかも知れない。以下ではまず，具体的事例を手がかりに，日常的実践の場で何が起こっているのかを検討してみたい。

2 ▶ しぐさの中の法

　今回参考にするのは，家の建て替えをするAとその隣人Bのあいだの交渉過程である。建築に先立ち，AからBにあいさつがあり，不明だった境界等に関する基本方針について建築業者を立ち会いに協議した。その後，この協議内容をもとに現地で実際に糸を引き，境界を明確にした。さらに3回目の現地協議において，水路の再配管等について話し合い，了解がなされた。

これらの協議を経て工事に入った段階で，業者の施工の仕方等に問題があったとする抗議を含む文書が，Ｂから業者宛てに内容証明付郵便で送られた。Ｂの主張を確かめるあいだの約2か月工事が中断した後，業者からではなくＡのほうからＢに工事再開確認の電話がいく。Ｂは，「脅すんじゃないけど，ひとのもの壊したら，これ器物損壊罪で，確実に犯罪が成り立つんですよ。」と発言。私の了解なしには，私の土地に入ることはできないとも述べる。
　この工事がいつ行われるのか，どんな施工方法で行われるのかについて業者から聞かされていないＡは，これまできちんとＢの了解をもらいながら進めていることを確認する。以前Ｂが家を建てたときは何の説明もあいさつもなかったけれど，近所のことでお互いさまだからと不便も我慢してきた。今回の工事では迷惑や不便をかけるからと，きちんと手順を踏んで了解をとりながら進めている，と述べる。
　Ｂは，境界についても疑義を呈す。Ａは，現地でＢに二度確認してもらっていることを述べる。その後双方から同じような主張が何度か繰り返された後，最後にＢから，ここで素人がいくら話してもケリがつかないから，専門の方を立てて話をしませんかとの提案が出る。
　Ａは，境界についてもＢに現地で確認してもらい，それでいいですから進めて下さいとの了解をもらって進めていることを重ねて述べる。そして，現場に来てもらわないとわからないから，現場に来て欲しいとの提案がＡから出される。しかしＢはこれを拒否し，交渉関係は途絶えてしまう。
　以上が，大まかないきさつ，やりとりであるが，ここには日常のコミュニケーション場面に法的なものが現れるときの一つの形，そして法が意味をなすためにくぐらなければならない場所，のようなものが示されているように思われる。
　それは，Ｂ氏の一連の物言い，身振り，しぐさの中に見え隠れしている。まず，そもそもの始まりは，業者に送付した内容証明郵便であった。直接対面でも電話でもなく，内容証明というものが通常そうであるように，それはいきなり送られた。第二に，Ｂ氏は1回目の協議内容を要約した文書をつくり，2回目の協議時にそれを提示している。これは1回目の協議で話し合われた基本的考え方・枠組をＢ氏なりに要約したメモで，いわゆる合意文書ではない。具体

的な境界については，2回目の協議時に現地で了解の上確定され，3回目の協議時にも業者を含む三者によって現地で再度確認されている。第3に，この自作文書を，3回目の協議時にB氏が現地で読み上げている点。第4に，上に見たAB間の話し合いが同じ主張の繰り返しになった最後で，専門家を立てて話をしなければ埒があかないと述べている点。ここでの専門家が具体的に何を指すのかは不明だが，ここでは，A氏を土地に関して素人であると断定し，自身は専門家ではないが玄人であるとも示唆した上で，専門家を入れなければ話はできないとして直接の交渉を拒否したことに注目すれば足りる。そして，法的手続を開始する可能性も示唆している。

　これらの言動に一貫して見られるもの，それは「何か確かなもの」にくくりつけ，つなぎ止めながら出来事を構成していこうとする基本的手つきであろう。いうまでもなく，内容証明郵便は公的に確かめることのできる文書である。さらに，B氏の自作メモに記録された文字は，意味内容ではなく記録特性として単純再生が可能なものであり，その限りでは動かしえないものである。了解を，紙の上に描かれたインクのパターンの中に閉じこめようとする身動きは，「契約書面に書かれていない口約束は証拠として持ち出せないという"parole evidence rule"，しかし「その適用上の困難が言われている」」(棚瀬1996: 132)このルールを日常の場で忠実に実践するものにも見える。そしてこのメモへの固執は，自分が書いたこと以外は何一つ合意されていないことをも含意しており，2回目，3回目の現場立ち会いでのやりとりや了解について，場合によっては，言っていない，見ていないと否定することを可能にする。

　通常，立ち会いの現場とは，現地で現物を実際に確認する場である。しかしこのケースでは，そうした現地現物確認と同時に，B氏による自作メモの朗読という行為が見られた。これがもし法廷なら，何かを読み上げる行為は特段奇妙なことではないのかもしれない。しかし，そこが車やバイクや人が行き来する，がさがさした工事現場であってみれば，いささか不似合いにも映る。その朗読がどこまで十分に聞かれたかは分からないが，それはこの際問題ではないのかも知れない。聞かれることよりも，読み上げることが重要だったのかもしれない。メモの再生可能性という限りでの確かさを実証してみせることで，内容の確認を超えて，変わらない確かなものを手にしていることを示すことにむ

しろ意味があったように思われる。

　つまり，明確な輪郭や再現性に欠けがちな対面的な話し合いや了解とは独立に，何かしら確定したものを基礎に交渉しようとする手法が，ここでの基本メソッドになっているのである。そして，器物損壊罪で確実に犯罪が成り立ちますよ，との発言も，じつはこうした身動きの一環として理解されなければならない。

　この場合，そもそもA氏が損壊行為の主体でないことはB氏も承知している。その上でなお，具体的な文言をあげて，ある行為が法違反行為であるとA氏に説くことは，一体どういう意味をもつのか。

　一般に，ある主張に法が援用されるとき，法はその主張の正当化根拠として用いられるという想定があるが，それはここには当てはまらない。この場合はむしろ，自己の理解や主張の全体がすべて確からしさに基づいていることの，そのディスプレイのきっかけとして法が使われているように思われる。法違反の主張の当否はともかく，名宛人が違っているにもかかわらず，それでも何かしら確かなものを言い募ることで，妙な確実性が呈示される。

　ここで見逃すことができないのが，この確実性の由来と性質である。まず初めに確かなものとしての法があって，それを交渉の場に持ち込むことで主張の確かさが示されているのではない。法だから確実というより，器物損壊罪で確実に犯罪が成り立ちますという，この「確実に……成り立ちます」という物言いの瞬間に，いわば自己達成的に「何かしら確かな法」と「確かで動かし得ない主張」とが同時に，というか一緒くたになって，ごろんと出現するのである。そしてこの「確かに成り立ちます」は，そういってしまう私を確かな者にし，反射的に相手をそうでないものに見せようとする。

　この対照をさらに決定的なものにするのが，専門家／素人の差別化枠組みである。相互に水掛け論であることにおいてのみ辛うじて同意が得られた後にB氏から出された提案は，専門家を入れての交渉であり，当事者同士の交渉の拒否だった。

　B氏は，土地のこととか素人だから業者に任せたんでしょ，としてA氏を素人と定義し，自身は玄人だとも述べる。何の玄人かはここでは問題ではない。「でしょ」といわれて否定しなければ，こういったことの素人とされた者は資格の

ない者として交渉の場から一方的に排除されると同時に，この問題が「そういったこと」になることにただ従うことを要求される。いうまでもなく，交渉の場の選択と主題の設定とは一体のものである。

3 ▶ 対面的了解のテスト

3.1 ▶ 現場交渉

　もちろん，A氏は「そういった問題」とは考えない。専門家によってのみ自己の主張の正しさが確認されるというB氏の確信の基礎には，境界に関する了解行為までも事後的に専門家によって確定されるとの前提がある。これに対しA氏は，すべての出来事は，おたくとうちの間で現地で了解し合ったもの，それだけから成っており，その中で完結する話だと考える。専門家なしの直接交渉は無意味だというB氏に対し，とにかく現場に来て下さいと繰り返し要請している。

　A氏が現場での話し合いを求めているのは，対面的な了解の中で起こっていることをあくまでも対面的な了解の場で確かめようとしているからである。そしてA氏は，この工事現場という場に立つことで了解でき，そこに立つことでしか知り得ないものがあるとの確信をもっているように見える。

　ここでの現場には，二重の意味合いがある。一つは，今後も隣人として暮らしていく生活の場所という意味合いである。今話し合っているものは，どこか遠くにある財産ではなく，まさに毎日顔を合わせる生活の場である。「現場に来て下さい」とは，この日常生活の具体的な布置に降り立ったところで問題を眺めることの提案であり，将来に向けた隣人としてのコミュニケーション基盤形成への提案のように思われる。

　しかし，現場交渉のより重要な意義は，こうした地域共同体的なつながりの考慮ないし利用を超えたところにある。つまりそれは，工事に先立って一緒に立ち会い，確認し了解し合った場所としての現場である。現場には，標識等はもちろんあるが，話し合い了解したときの声や動作は，もうそこにはない。しかし，そこにもう一度立つことで，了解し合った出来事そのものを確かめられるという思いが，A氏にあったように思われる。

同じ場所に立って同じ身構えや動作を回復することでどのようにものごとが確かめられるかは，映画『SHOAHショアー』の方法論に重ね合わせることで理解できるかもしれない。たとえば，生存者に過去を語らせるのではなく，当時と同じ場所で同じ歌を歌わせる〈方法〉の意義について，高木光太郎は次のように論じる。「『歌』という身ぶりの反復を求めることで，場とスレブニクの間に想起が侵入することを制止」し，そこに蘇ったスレブニク（生存者）の身構えを通して，「ホロコーストを直接知覚可能なものとして示すこと」が可能になるという（高木1996a: 230）。

　この方法論的挑戦の前提にあるからくりは，われわれが日常的に経験しているものである。たとえばわれわれは，「スクリーンの向こうで動いている人のシルエットを見るだけで，その人が重いモノを持っているのか，軽いモノを持っているのか」「他者の身構えを知覚することによって，他者が向かっている対象をも同時に知覚できる」（同前: 230）。そしてじつは現場交渉の提案にも，現場での動作を通して，了解し会った活動を直接に確かめる可能性が直感的に看取されていたのではないかと考える。

　もちろん，実際に現場交渉が行われたとして，そこでどんな活動が展開されるかは想像してみるしかない。たとえば，標識と直線の幾何学的な関係の確認作業や，あのときここでこう言った，という「本当に」起こった出来事を回顧的に特定する作業から始まるかも知れない。しかしながら，現場で起こるであろうこと，それは過去の単純な再現といったものには留まらない。

　当然のことながら，われわれの現実の行為は常に「一定の時間的広がりの中で徐々に展開する」。そして「出来事の持つ意味は，行為が漸次的に展開していく中で徐々に明らかに」なっていく。と同時に，行為もまたそのつど明らかにされる意味に影響されて「その方向性を変えていく」ものである（同前: 224）。つまり，個々の行為者の行為と意味理解が相互に制御し導き合いながら，現実の出来事が構成されていくのである[*1)]。

　現場で話すことの意義とは，互いに相手の身構えを通して，その先に相手が

---

*1) 和田仁孝は，出来事のもつこの時間コンテクスト性と未決定性から，合意実践を「コンティンジェントな過程」として捉える必要を説く（和田仁孝1996b: 190）。

見ているものを知覚すること，そしてこうしたその都度の「見え」に導かれて，またそこから新たな語り行為を始めることなのではないだろうか。とすれば，対面的交渉で達成されることは，本当に起こった出来事の確認や再生それ自体ではなく，そうした作業を通して一つひとつ了解していく活動の再開と継続そのものに他ならない。[*2)]

3.2 ▶ テストとしての了解活動

　今回の事例に現れているのは，端的にいって，日常のコミュニケーション場面に現れた二つの異なったやり方である。しかしここにあるのは，もしかしたら専門家以上に法的なやり方に忠実かも知れない交渉手法と，近所づきあいの道徳からする応答方法との対照，ではない。まして，A氏の方法のすべてが日常生活の論理で，それと法の論理とが対立しているのでもない。

　どちらも，日常のコミュニケーション場面に確かに現れたそれぞれの実践上の方法である。このことを確認した上でなお，「現場に来て下さい」との呼びかけには，道徳的なものであれ法的なものであれ何であれ，およそ日常的なコミュニケーション場面で言葉がなにがしかの意味を持つときに通らなければならない「場所」のようなものが示されているように思われる。それは，出来事の意味をそのつど確かめ合うしかない了解活動という場所であり，いざとなれば相手との間で何度でも確かめようとする身構え，そしてそうした関係づけ活動を通してしか現れない了解の契機である。

　もちろん，この了解活動の中に，他者との共感とか協調的関係といったものを想定する必要は全くない。「われわれは，出来事を他の行為者とともに経験すること」はできるが，しかし個々の行為者は常に「異なった位置を占め」ており，意味を導く「見え」もまた同じではあり得ない（高木1996a: 225）。話し合いにとっては，手がかりとしての見えや聞こえの豊かさと接点爆発だけが問題で，それが協調的か対決的かということにはほとんど意味はないともいえる。[*3)]

---

*2) この連続する関係づけ活動は，「関係を続けてきたというコミットメントに拘束されつつ，また合意を通して新たな関係づけを投企する」「連続的な運動の一モメント」として合意を捉える棚瀬の合意モデルの重要コンポーネントである。（棚瀬1996: 133）。

結局，法と主張の同時達成的確かさからする脱文脈的問題構成も，近所づきあいの道徳からする問題構成も，何もかにも，それらが日常のコミュニケーション場面で意味を持つためには，一度は対面的了解のプロセスに晒され吟味されなければならないのではないだろうか。[*4]

　ところが，法的交渉手法は，一見効率の悪い埒のあかないこの作業をなぜかひどく嫌う。自作メモ・確実性のディスプレイ・専門家要請の3点セットは，ある意味で西欧近代法が予定し最も期待する当事者像の必要（十分）条件なのかも知れない。しかしこれが日常の生活場面に現れるとき，どうしても対面的了解のテストを嫌ってしまう。

　まず，そもそも接触がなければ爆発どころか対面さえ始まらない。たとえば，専門家を入れた話し合いの提案。もちろん，専門家を入れることがそのまま話し合いの否定を意味するわけではない。実際，専門家を入れて「話しませんか」と誠実に提案している。しかし，この場合の専門家を入れた話し合いが，もし脱文脈的確実性だけを特権化し他方をいったん素人として劣位に置いた上での包摂だとしたら，実質的には話し合いの開始ではなく停止を含意してしまう。

　あるいは，文書への出来事の圧縮とそれへの固執。いうまでもなく覚え書きは，「後で問題」が起こらないようにとの配慮から当事者の了解の上につくられるものである。しかし覚え書きは，自分がどこから来てどこに向かうのかを知ろうとはしない。どんなによくできた覚え書きも，それが生まれるに至った出来事まで包み込むことはできないし，ましてその覚え書きをもとに展開されるやりとりを予測するものでもない。

　そして，一連の言動をより確かなものにする，法と主張の瞬間自己達成的確実性のディスプレイ。これらは手の内では相互に共鳴するものの，他者との了解活動とは触れ合おうとはしないように見える。

---

*3) バフチンは，対話における意味の現れを「二つの異なる極の結合のさいにのみあらわれる電気火花」にたとえながら，了解の性質につき次のように述べる。「了解は話し手の言葉に対置している言葉をさがそうとする。母語におけるおなじ言葉をさがそうとするのは，異言語の言葉を理解するばあいだけである」（バフチン1989: 15）。

*4) それは，今ここで法を持ち出して語ることの「法援用の適切性」（棚瀬2001: 27）に関する議論をも含むやりとりである。

対面的了解活動が日常のコミュニケーション場面で不可避の場所だとすると，こうした交渉手法はテストを素通りし，脱文脈的な確実性が支配するお得意の場所に問題の方を引き連れていくことになるのだろうか。
　これは，本章の問題設定や事例を超えるものであるが，いわば法の再文脈化の作業は不可能なことではない[*5]。たとえば，自作メモがどんな了解活動を経て生まれたのか，さらにその後その内容がどう具体化されどんな了解活動につながっていったのかという，前後関係，そして文書と了解活動との関係，こうしたタテヨコの関係づけの作業は，決して不可能なことではないように思われる。しかし，それはいつどのようにして始まるのか。

4 ▶ おわりに

　以上，一つの事例を出発点に，日常的交渉場面における法的なものの現れ方，そしてそれが交渉の展開にどう関わるのかを検討してきた。そこで見たのは，多様であり得る日常的交渉の姿のごく一部分であり，これだけから何か普遍的なことを引き出すことはできないし，もとより意図するものでもない。それは毎度のことながら，一つのケースの一つの読みにすぎないと断らなければならない事例分析の宿命のようなものでもある。
　しかし，それでもやはり，ここにはながしかの一般化可能性，というか同様にあちらこちらでくりかえし起こる筋道の一つが示されているように思われる。
　おそらく，当事者のあいだでの活動の中でそのつど達成される了解の連鎖こそ，人びとが話し合いというもののイメージの中心に想定しているものなのであろう。それが唯一の中心かどうかはわからない。しかし少なくとも，確かに成り立ちますとの宣明やメモ朗読によってあぶり出される確実性だけをテコに，専門家による「解決」を急ぐプロセスの中に「話し合い」は成り立つだろうか。時間的前後関係やいきさつが抜け落ちやせ細った合意らしきものと，も

---

*5) 和田は，「脱文脈性」「普遍性」に導かれたモダンの法思考が人びとの日常的ディスコースをどのように抑圧するかを批判的に検討した上で，法の再文脈化の可能性を，「多様な声の交錯のなかでゆらぎを活性化していくこと」に求める（和田仁孝1999: 49）。

っともらしい解決案はあっても，それらを生きたものにする了解活動はないということは，いくらも起こりうることである。
　たしかに，日常的交渉を了解活動に引きつけて理解する話し合いイメージは，それが唯一のものand /or将来的にも不変のものとは限らない。しかしながら，自らを共働的了解過程の中にさらして，ものごとを確かめながら先に進めようとする身動きは，現在のわれわれの日常的交渉過程の一つの中心になっているように思われる。
　もちろん，人びとが日常的に出会う問題やもめ事は何も日常的な生活場面の中だけで解決が試みられるわけではなく，さまざまなアリーナを行ったり来たりするものである。その場合，問題やもめごとが何らかの「紛争」「解決」制度をくぐるとき，こうした了解活動への衝動のようなものはどこまで保持されるであろうか。現在用意されている諸紛争処理制度は，ここに見た意味での話し合いの場としてどこまで確かに成り立っているだろうか。それとも，それらはもともと話し合いの場所ではないのだろうか。話し合いがいったん挫折した後に始められる，非話し合い的な場所なのだろうか。あるいは，「専門家」は一つひとつの声や動作を通して展開された了解活動をどのように「知る」だろうか。これらは，制度設営者の意図や制度理念のレベルからではなく，「間違った」使い方を含めた，人びとの制度利用実践の側から検討しなければならない問題だと考える。

第4章　理由をめぐる生活実践と法

1 ▶ 問題関心

　雇用情勢を示す指標といえば失業率を用いるのが通例であるが，もう一つの重要なデータに離職者数というものがある。離職とは，雇用保険法第4条2項によれば「被保険者について，事業主との雇用関係が終了すること」であり，自ら辞める場合から，辞めさせられる場合，定年や死亡まで，仕事をもつ者がその職を離れるあらゆるケースを含んでいる。
　さて，年間660万人にも上るといわれるこの離職者の「理由」別構成比をみると[*1)]，最も多いのが「個人的理由」で68％，次いで「経営上の都合」（同11％），「契約期間の満了」（同10％），以下「定年」「本人の責」「死亡・傷病」の順となっている[*2)]。もちろん，こうした分類に単純に包摂されない，それぞれのいきさつや思いがあるわけで，「本当は」660万通りの事情がそこにはあるはずである。その意味で，分類基準が「ちょっと粗すぎるのではないか」との疑問をもつ向きもあるかもしれないが，一般に数量的把握というのは，常にこうした個別具体的事情を捨象するところに意義があり，このこと自体はさして問題ではない。
　ところが，このそれぞれの事情が「理由」として切り取られ，法的な分類となり，離職者の，大げさにいえば運命を決定してしまうとしたらどうだろうか。何が理由でやめることになったのか。一言で説明することが難しい，しかももしかしたら当の離職者や事業主さえ必ずしもよくわからないかもしれない事情を，「ちゃんと説明のつくもの」にしておくことを雇用保険法は要求している。
　当然ながら，法が離職理由の明確化を求めることにはそれなりの理由がある。

---

*1)　厚生労働省大臣官房統計情報部「平成12年雇用動向調査結果速報」
　　http://www.mhlw.go.jp/toukei/itiran/roudou/koyou/doukou/doukou00/index.html
*2)　厚生労働省大臣官房統計情報部「平成13年上半期雇用動向調査結果速報」
　　http://www.mhlw.go.jp/toukei/itiran/roudou/koyou/doukou/01-1/index.html

雇用保険制度は，離職者に対する失業給付を用意しているが，その給付内容は年齢，保険加入期間，離職理由によって分節化されている。とくに2001年4月1日施行の改正雇用保険法のもとでは，離職理由の違いが，受給開始時期（改正前）だけでなく受給額にも反映されることとなった。すなわち，「倒産，解雇等により再就職の準備をする時間的余裕なく離職を余儀なくされた者」を特定受給資格者とし，これ以外の一般離職者よりも手厚い支援を行うこととなった。ここまでは，制度目的であり立法趣旨である。

　では，こうした法の趣旨が人びとの生活実践，すなわち離職にいたる日常のローカルなやりとりの中で，どのように了解され，法がどのように使われているのか，あるいは法にどんな意味を込めようとしているのか。本章では，これら日常のやりとりの分析を通して，実践レベルにおける法の位置と作用について考察を加えてみたい。

　以下ではまず，主にネット上に展開されているさまざまな失業関連サイトへの投稿や個人開設のホームページに現れた体験談をもとに，離職理由をめぐるやりとりの実際を見ていくことにする。[*3]

2 ▶ 離職理由のジレンマ

2.1 ▶ 解雇による人格の否定視

　改めていうまでもなく，一つの解雇が離職者にもたらす影響は，経済的な打撃には留まらない。次の告白のように，解雇は職業人としての能力の否定，さらには全人格の否定とさえ受け取られる場合がある。

> 　私は，幼児体験のせいか，一人からノーと言われると世界中から嫌われたような気持ちになったり，ある部分について「ノー」と言われただけで，全存在を否定されたように感じてしまう悪い癖がある。クビを宣告された時，私は全てを失ったような気になった。今頃遅いかもしれないが，あの時こそ，セラピーを受けて，解雇されたのは人間のクズだという意味じゃない，ということを自分にきちんと理解させるべきだったと思っている。[*4]

---

*3) 代表的なものとして，「失業119番」
　http://www.02.so-net.ne.jp/~masaka/index119.html）,「無職の卒業」
　（http://www1.odn.ne.jp/~caz63250/musyoku/）がある。

この女性の「悪い癖」は幼児体験による人格特性などではなく，このたびの解雇によって発見さ（せら）れたものとも解釈しうる。この女性は，自己の運命を自分で決めることができない無力な者として，その自尊心をも失いかけた。もちろん解雇をどう受け止めるかはさまざまだろうが，クビの宣告が，否定的な自己イメージを喚起するに十分な力をもつことをひとまず確認しなければならない。

2.2▶「自己都合」扱いによる二重の自己否定

　ところが，離職者の体験記を見ていくと，上の例のように，解雇が文字通り解雇として扱われるのではなく，クビを宣告しておきながら（あるいは実質的に解雇であるにもかかわらず），それが「自己都合」による退職として処理されてしまうケースが予想以上に多いことがわかる（管理職ユニオン・関西1999）。

　一般に事業主側は解雇扱いを避けたがるといわれる。その理由には，「解雇トラブルの回避，首切りに対する良心の呵責，解雇予告手当支払いの不要，退職金割り増し不要，不当な解雇をすると裁判で負ける可能性」等があるといわれている（管理職ユニオン・関西2000）。あるいは，解雇者を出すと政府からの雇用対策関連助成金がカットされてしまうという事情もある。その意味で，「真性」の自己都合も含めて，自己都合扱いは事業主にとってこの上なく都合がいい。

　そして実際，少なくとも労働者からの雇用契約の解約でないにもかかわらず，「自己都合」退職として扱われてしまうケースは後を絶たない（森戸2000）。たとえば，「失業の理由で困っています」と題する投稿では，妊娠を機に解雇を言い渡されたにもかかわらず，離職票の理由欄に「自己都合」と書かれてしまう不合理が報告されている。看護婦として病院に勤務していたこの女性は，妊娠がわかった後，婦長から「勤務が今まで通りできないので今月いっぱいで辞めてもらいたい。」といわれた。数日後，働きたいという意思を事務局長に伝えたが，「もう辞めてもらうことは決定しましたので」といわれる。「それは解雇ですか」との問いに「そうなります」として，正式に解雇として扱われることになった。

---

*4) http://jmm.cogen.co.jp/jmmarchive/r004003.html

しかし，実際に離職票を手にしてみると，退職理由は「自己都合」とされていました。ハローワークの方に相談し，退職理由の異議申立てをしましたが，その結果も「自己都合」のままにされていました。（中略）出産を控えての退職ですし，ボーナスを受給できる期間十分に働いたのに，支給前での退職でしたので，とにかく対応には納得ができません。どうにか最低でも離職理由を自己都合ではないものに訂正してもらうにはどうしたらよいでしょうか？[*5]

　このケースでは，離職票上の離職理由以前に，妊娠を理由とした解雇「そのもの」の違法性が問題となるところでもあろうが，ここではむしろ，仕事を辞めざるを得なくなった「理由=扱い」の訂正をまず求めている点に注目したい。解雇とまではいわなくとも，せめて自己都合「ではないもの」にとの要望は，離職理由がたんなる建前や形式上のものでないことを示している。看護婦氏が納得いかないのは，解雇される無念だけでなく，事実に反する自己都合扱いの濡れ衣まで着せられる腹立たしさであろう。そしてそれは，解雇によって，自己の運命を自分で決めることのできない無力者の位置に置いておきながら，他方では自己都合を表明できるだけの十全な自己像を押しつけられる苦痛でもある。

2.3▶ 「自己都合」扱いによる自己の保持

　それじゃあ，あんまりじゃないかと思うかもしれない。ところがこうした理不尽は必ずしも事業主の一方的横暴だけで達成されるわけではないところに，また問題のややこしさがある。というのは，「解雇は一生経歴として残るし，元いた会社に理由を聞くことがあるから自主退社にしておいた方がいい」[*6]といった職場伝説もあり，離職者の側にも解雇扱いを避けたほうが良いのではないかと考える者がいる。

　1年間の腰痛治療の後に職場復帰した次のトラック運転手の場合は，職場での口論の末，解雇扱いでは次の就職に差し支えると判断し，事業主からの「解雇かつ解雇扱い」を蹴飛ばして自主退職を申し出た。

　　配車係は，私をトラックから降ろすとまでいいだしたのでさすがに私もキレて勝手

---

*5) http://www02.so-net.ne.jp/~masaka/index119.html
*6) http://www02.so-net.ne.jp/~masaka/index119.html

にしやがれと捨てゼリフをはいて事務所を後にしました。が，それがまずかったのか上役に後程呼ばれて「もう来なくていい，ボーナスと退職金はくれてやる」という最後通告を受けました。しかも私が腰を痛めたときから見限っていたようでした。でも解雇扱いだと次の就職活動にも影響するので退職願を出して自主退職にしてもらいましたが。[*7)]

　もはや離職自体は避けされないと判断し，次の就職活動を少しでも良いものにするべく，解雇扱いよりも敢えて自己都合退職を選ぶことで，無力な自己でいるよりは，離職を自分で決めたと見切る限りで，決定できる自己を得ようとしているように見える。

2.4▶　理由問題の外観

　ここまでのところで，ひとまず離職理由問題の外観が見えてきたように思う。まず出発点として，解雇されること，これには一定の負の自己イメージがつきまとう。事業主からの雇用契約の一方的解約である解雇として扱われることにおいて離職者は，自己決定能力をもたぬ者，あるいは無力な被害者として，仕事と同時に自尊心をも失うことになる。

　ところが，実際には解雇なのに自己都合扱いされる場合には，自己の運命を決定できない無力者でありながら，都合を表明できる自己像を押しつけられてしまう。そうなると，無辜の被害者にさえなれない。

　もっとも，離職票上の名ばかりの決定自己を受け入れてしまう者もないわけではないが，他律的で強制的な自己都合を受け入れることで初めて回復される，括弧つきの自律的で主体的な自己を望む者はそういない。

　それならいっそというわけでもないが，先のトラック運転手のように進んで自己都合を申し出ることで，「決定できる自己」を手にしようとする者もいる。辞めさせられるくらいなら辞めてやる，次の就職活動も考えて，と。しかしこの選択は，大きな賭でもある。というのも，クビではなく自分から辞めたことを採用担当者がどう評価するかは定かではない。面接者にいくら理由を説明してみても，今日びのことだからクビになったのだろうと高をくくられでもした

---

*7) http://www02.so-net.ne.jp/~masaka/index119.html

ら何にもならない。

　だとすると，一つの実質解雇ないし推定解雇が解雇扱いとなろうが自己都合扱いとなろうが，次の活動に踏み出すに十分な自己などないということになるのだろうか。

　　「リストラ体験」。いやな言葉だと思う。リストラクチャ（再構築）を行なったのは会社で，社員ではない。「リストラされちゃってさぁ」なんて言ってるオヤジ，あんたも私も「再構築」なんかされてない。ただクビになっただけだ。[*8]

　解雇された者は，結局「ただクビになっただけ」で，「あんたも私も自らを再構築なんか」できないということなのだろうか。離職理由として雇用保険法が要求する「解雇等／自己都合退職」区分は，より手厚い給付を必要とする離職者を特定し支援しようとするものだが，実践レベルでは離職者に無用な負担を課しているだけということになるのだろうか。

3 ▶ 理由問題のスパイラル

3.1 ▶ 解雇扱いによる自己の回復──「辞めさせられたと大手を振って」

　解雇とその取扱いをめぐる隘路から抜け出る可能性は，もう一度元に戻って，解雇を解雇として扱うこと，ただしそのことを事業主側に認め「させる」ことである。次に見るのは，最後まで会社都合扱いにこだわった女性の離職までのいきさつである。

　ペンギン氏（この女性のこと。彼女のホームページでは，本人を含めた登場人物が動物名で表記されている）[*9]は妊娠後のつわりがひどく，流産の危険もあると診断され，週3日程度の出勤体制で仕事をしていた。翌月の出勤日打ち合わせのとき，直属の上司であるイヌ部長から，次のように告げられた。

　　イヌ部長：う～ん。今，2つ悩みがあるねん。1つは煙草。事務所内を禁煙にするか，煙のこない場所に席を移動して欲しいって言うてたやろ？でも禁煙にすること

---

*8) http://jmm.cogen.co.jp/jmmarchive/r004003.html
*9)「とにかく会社のぐち編」http://www11.freeweb.ne.jp/feminine/pinguin/guti/

もできひんし，煙のこない場所もない。でも胎児に影響がある可能性がある以上，会社としては何か対策を考えないといけない。となると，方法はひとつ。無事出産するまで会社には出てきてくれるな，と言うしかないんや。もし，決算や新システムへの移行でめちゃめちゃ大変なこの時期にペンギンさんなしで，なんとか今のメンバーで仕事を乗り越えられたとする。そしたらどうなるかわかるやろ？本社から「そんな人間を雇っておく必要があるのか」って言われるんや。それを避けるにはもし胎児になんらかの影響があって産まれてきたときに，会社の責任は一切問わないとペンギンさんが明言した上で出産まで勤務してもらうしかない。

ペンギン：はあ……
イヌ部長：それからもうひとつ。出産後も仕事を続けたいって言うたな。
ペンギン：はい。
イヌ部長：それは産休か？ 育休か？
ペンギン：そりゃあ，おっぱい飲んでる間くらいは休みたいですけど・・・
イヌ部長：となるとや。本社が育休を許可するかどうかはわからんで。これ（お金）で，何とか考えてくれへんやろか，って言うかもしれんし，それもなく，辞めてくれになるかもしれへんなあ……。

育児休業が法によって保障されたもので，事業主が許すとか許さないとかの問題でないことをイヌ部長が知らなかったのかどうかはわからない。それから3か月間，体調不安定の中で仕事を続けたペンギン氏は，夫と何度も話し合った末，会社を辞める決心をした。そして「きりのいいところで会社の希望に添おうかと。」と申し出た。

イヌ部長：と，いうと。年内か？
ペンギン：はい。但し条件として『会社都合』で辞めさせて下さい。
イヌ部長：うん，それはまず間違いないやろう。あとは退職金に（給料の）何ヶ月分のお金がのってくるかやなあ。じゃあ本社に交渉してみるわ。

ところが数日後，

イヌ部長：喜んでいいのか，悲しんでいいのか……。本社にペンギンさんが育児休暇を申請していること，1年間穴をあけたまま復帰を待ってるわけにはいかないから，お金で辞めてもらいたいこと，を伝えたんや。そしたら「ペンギンさんは部下としてその程度の人材だったんですか？会社にとって必要な人材じゃないんですか？育児休暇を認めなさい」って返事が返ってきてしもてん・・・っちゅうことで，その方向で考え直してもらわれへんやろか？

ペンギン氏の怒りが頂点に達したのはいうまでもない。「なんじゃそりゃーーーー！！あんたが辞めてくれっていうから，もう君がいなくてもやっていけるよとかって言うから，真剣に悩んで旦那さんとも相談してここまでの決心したんやないか！！」「つわりは6ヶ月まで続くし，次は妊娠中毒症やし。10月なんてめちゃめちゃしんどかったのに今，首になったらご飯食べていけへんから這ってでも会社に行って，おまけに家にまで仕事持って帰って間に合わせたんやで？？そこまで追いつめといて今更，育児休暇を認めます？？はいそうですか，って言えるわけないやんけーーーー！！」

　ペンギン氏は「最終手段」に出た。「東京本社の総務部長に直メールを出したんや。これまで，イヌ部長に言われたこと，されたこと。身体的，精神的にいかにしてこの3ヶ月間追いつめられてきて，その結果，悩んだ末の退職決意であること。うちはこれを決して「自己都合」だとは納得できないこと。（中略）自分の身の潔白を知ってもらうにはもうこれしか他に方法はないと思ったんや。」

　総務部長から返信が来た。「妊娠というお目出度い事柄にも拘わらず，会社との間で色々あったのは精神的にも大変だったと思います。その点はもう少し会社側も気配りが必要であったと反省しています。」「ペンギンさんの退職の件に関して，イヌ部長の接し方がペンギンさんにとって満足のいかないものだったことは申し訳なく思いますし，配慮が欠けていた面もあるとは思いますが，イヌ部長も当社の現状を理解しているが故にそのような発言になったのだと思います。」「会社都合にすることについては今の段階では何とも言えないけれど検討してみたいと思います。」

　そして翌日イヌ部長から，離職票は会社都合扱いだが，社内的には自己都合扱いになったと告げられる。

　「会社的に会社都合で退職させるのはもう難しいと思ったから，昨日，本社に離職票にだけでも会社都合と書いてもらえないかお願いしたんや。本社がそんなこと許すとは最初から思ってなかったんやけどな。ところがこれがどうしたことか，あっさり折れてきたんや。だから退職金とかは「自己都合」の分しか出せへんし，社内的にはいっさい「自己都合」で処理されるけど，離職票には会社都合って書くから。それでもうがまんしてえな。」

ペンギン氏のこのページは，「会社に辞めさされたと大手を振って退職することもできなくなった。でもうちの書いた直メールは少なくとも人間としての本社総務部長の胸に何かを訴えることができたんじゃないかと思う。いや，そう思いたい。」と結ばれている。

　たとえそれがバレバレだとしても，イヌは本社を悪者とすることで，自分が組織内弱者でペンギン氏の味方でさえあるように振る舞うことができた。一方，悪者にされた本社はといえば，本当はイヌを悪役に仕立てたかもしれないものを，「人間としての」総務部長の誠に丁寧なメールによって，自身の謝罪のみならず，直接の「加害者」であるイヌになりかわって謝罪のことばを述べることで理解者にもなってしまう。そんな「引っかけ問題に引っかかるなよ」と外側から思いこみで警告する資格など一体誰にあるだろうか。総務部長への直メールと返信，離職票上の「会社都合」処理，これらによって「身の潔白」を証明できたのではないかというペンギン氏のことばを，ここではそのままに受け止めよう。

　実際，失業・無職に関するサイトに寄せられる何百通もの投稿から推して，不本意な自己都合扱いに苦しむ多くの離職者の中で，「自己都合でないもの」に変更させるのに成功する者は決して多くない。たとえば退職金とのかねあい，狭い町ゆえの転職後の関係や評判への配慮等々の理由から，むしろいやいや受け入れている例のほうが多いように思われる。

　そうした中で，解雇扱いによって負の自己イメージを背負い込むのでなく，また，自己都合を選択させられるのでも敢えて申し出るのでもなく，ペンギン氏は会社都合にもっていくことで，好きなだけ転がされた自尊心を何とか取り戻すことができたのかもしれない。社内的には自己都合として処理されることになったものの，退職金の額自体は二次的な事柄であろう。ともかくも離職票においては「会社都合」（実際に離職票にどのような理由として申告されたのかは不明）となること，そしてそれを認めさせたこと，この限りでペンギン氏は無実の被害者の地位獲得に成功した，と言ってしまおう。

　もっとも，「辞めさされたと大手を振って退職することもできなくなった」，「何かを訴えることができたと思う。いや，そう思いたい」との氏のことばもそのままに受け止めれば，十分に納得しているとは言い難いのも事実である。

それはなぜなのか。

あるいは，それぞれの事情やいきさつや思いをもった660万もの出来事を最終的に会社都合か自己都合か，特定受給資格者か一般離職者へと振り分けていく法の手つきのもとでは，所詮離職問題のジレンマからは逃れられないのだろうか。この問いに一つの示唆を与えてくれるのが，次のM氏のケースである。

3.2 ▶ 理由問題からの脱却——問いをずらす

M氏は，外資系の会社から即時解雇を言い渡された30代女性である。[*10)] 会社側から説明された解雇理由は，M氏が担当していた業務が消滅すること，直属の上司が母国に戻ることの2点であった。顧客とも同僚ともうまくやっていたと考える彼女は，「本当の」解雇理由は，かつて会社の代表に業務の改善提案を行ったとき，この代表から「他の社員がいる前で自分に楯突くなという警告書をもらったこと」にあると見ている。

問題は，離職の仕方である。解雇言い渡しのとき会社からは，「会社都合解雇により1ヶ月分の解雇予告手当をもらうか，自己都合退社の形式にしてプライドを傷つけずにレファレンスをもらうか」の選択を迫られた。彼女は，自分から辞めるとはいわなかったが，いずれにせよ辞めなければならないと判断して，解雇手当の上積みとレファレンスを要求した。つまり，二者択一の選択形式自体を無化して，その両方を要求したのである。

その週末から，転職活動と並行して，「図書館で失職に関する本を借り」，「次の就職活動を考慮したとき会社都合解雇と自己都合退社のどちらをとるべきか」を相談すべく区役所，労働条件センター，労政事務所を回った。しかし，「このような公的機関では法律に違反しない限り，会社に指導はできない。もしくは勧告するに留まるため，会社の理不尽さに憤り実際にどう行動すべきかを悩んでいる私には頼りになりませんでした。」

その後，彼女が担当していた業務は部署名を変えて存続していることを知り，「解雇理由が不当だったことが明らか」になる。退社後10日以内に交付されるべき離職票が2週間たっても届かないためハローワークへの登録さえでき

---

*10) http://jmm.cogen.co.jp/jmmarchive/r004001.html

ない。そんな折，別の会社の経理で働く知人から，同じ様なケースで6か月の"解雇手当"を勝ち取った例を知る。そして，女性センターと管理職ユニオンが力になるかもとの助言を受ける。

　公的機関の頼りなさを十分認識したつもりだったのに，女性センターにはやはり期待してしまいました。しかし悲しいかな，女性センターの職員にとって私の身にふりかかった出来事はもちろん他人事であり，私が会社側に損害賠償的手当を求めたいのでどうすべきかという問いに対する答えはありませんでした。彼女は実際のところはよく把握していないし，彼女に紹介された弁護士会館に電話しましたが，労働に詳しい弁護士を指名して相談にのっていただくことはできないようです。
　次に気を取り直して管理職ユニオンに出向きました。そこでは彼らも同じ体験をしているため，このやりきれなさに共感していただけるのではないかと考えました。ただ，問題は，管理職ユニオンに会社との調停を依頼する場合には団体行動をとる可能性が高いということでした。事を荒げずに会社からのレファレンスを欲しい私はそのことに躊躇しました。

　その後，「女性便利帳」に載っている弁護士に電話。1時間無料にしてくれた相談の後，調停を勧められ，現在この弁護士から紹介された労政事務所の「優秀な方」と一緒に，会社との間で調停を進めている。残念ながら，その後実際に彼女が何を勝ち取ったのかその後の展開は不明だが，M氏のねらい，そしてペンギン氏とのやり方の違いは明らかである。
　M氏の場合，ペンギン氏のように会社都合扱いにさせることで，プライドを回復しようとしているのではない。会社都合か自己都合か，その扱い方が主題ではなく，レファレンスと解雇手当の上積みを要求している点に注目しなければならない。
　会社からのレファレンスは，解雇に伴う有責性の疑いを帳消しにしてくれるもののはずである。少なくとも彼女にとっては，無実の自己を証明してくれるものであろう。さらに解雇手当の上積みは，労働基準法第20条に従って会社が用意する1ヶ月分の解雇予告手当のたんなる増額などではなく，「損害賠償的手当」要求という彼女なりに考えるところの始末のつけ方である。
　「解雇but自己都合扱い」によるショックと怒りの中で自己を回復する手がかりは，じつは自己都合を敢えて受け入れることの中にも，会社都合を認めさせることで十全な被害者となり「辞めさされたと大手を振って退職すること」に

もないのかもしれない。少なくともM氏にとっては，会社都合／自己都合の二者択一形式の問い自体を無効にし，別の問いをぶつけていくプロセスの中にしかなかった。

　M氏は，「解雇扱い＆手当」か「自己都合扱い＆レファレンス」かという一見合理的な，しかしどこか奇妙な選択肢を前にして，手当＆レファレンスというベネフィット項どうしを結びつけるルール破りを思いついた。賠償的手当によって過去を清算し，レファレンスをもらって将来に踏み出すこと。これを，法に由来する二分法そのものの拒否や無効化といったら，いや，単なるあれもこれも的な要求最大化ないし欲張りだという声も聞こえてきそうである。

　たしかに，解雇直後にいろんな機関を回った当初の主題は，ひとまず「会社都合解雇と自己都合退社のどちらをとるべきか」という扱いの形式に導かれたものであった。しかし，「会社の理不尽さに憤り実際にどう行動すべきかを悩んでいる」彼女には，公的機関は「頼りになりませんでした」。会社都合／自己都合という選択肢セットが二者択一であることに慣らされた窓口担当者にとって，二つの選択肢に付随するベネフィット要求も二者択一でなければならないと考えたのかも知れない。あるいは損害賠償的手当というコンセプトについていけなかったのかも知れない。いずれにせよ，6か月分の手当を勝ち取った例を知って以降は，自分にとっての主題が損害賠償的手当＆レファレンスにあることをM氏ははっきり認識したに違いない。

　結局，M氏を失望させたのは，何も公的機関の権限や意欲や共感の乏しさだけでなく，そもそも解雇か退職かの理由の二分法によって出来事を意味づけようとする法の手つきそのものから来る限界のようにも思われる。法が要求する問いの形式，そして法によって自然なものとして与えられる主題設定作用を拒否し，組み替えてしまうことで，M氏は次の就職・活動に踏み出すのに必要な自己の見通しを持ち得たのではないだろうか。

　もっとも，われわれが知りうるのは，M氏のケースの第一幕にすぎない。別の文脈の中ではあるが，M氏は，「法律をまったく知らないところから始めて5週間，やっと少しずつ動き出したと感じています。時間もかかっていますが，問題は金銭ではないのです。裁判は金銭と時間の無駄だという指摘は多数ありましたが，彼らが労働問題に関して詳しいわけでは決してないし，それぞれの

ケースは独自のものです。そのような意見は決して私を勇気づけるものではありませんでした。」と書いている。

　法の知識をまったくもたないところから出発して5週間で，この出来事が労働問題であるとの知覚を形成し，労働問題によって「やりきれなさへの共感」が得られるとの期待をもつに至った。法の意図と手つきを組み替えることで自己回復の手がかりを見いだしたはずのM氏だが，今度は調停あるいは裁判のプロセスの中で，「それぞれのケースは独自のものです」との問題知覚はどこまで尊重されるだろうか。法・裁判のもとで，当事者としての問題知覚と声がしばしば押さえ込まれることなく，はたして「やりきれなさへの共感」を得て勇気づけてくれる何かをM氏は見つけることができるだろうか。

4 ▶ 若干の展望

　以上，離職の理由をめぐる日常の生活実践の一端を検討してきた。取り上げたケースは，年間660万人という，生まれて一度も数えたことのない数の中の超偶発的なケースかもしれないが，離職という出来事の中で「理由」がもつ重みを知るには十分であるとも思える。

　そもそも離職になぜ「理由」が必要なのか。雇用保険法の立場からいえば，法が離職理由の特定を求めるのは，離職者のプライドや事業主への復讐のためではなく，失業手当の受給資格を判定し受給内容を決定するためであった。支援の緊急性，必要性がより高い特定受給資格者かどうかの判定は，離職証明書および離職票により事業主と離職者の「両者の主張を把握し」「それぞれの主張を確認できる資料による事実確認を行った上で，最終的に公共職業安定所において慎重に行う」(厚生労働省2001: 1) こととされている。

　しかしすでに見たように，会社の総務やハローワークの窓口において，理由は給付内容を決定するだけのものではない。理由は，離職しようとする者の法的・社会的カテゴリーを決め，離職という出来事の主題をも設定する。自分がどのカテゴリーに分類されるかは，政府からの給付だけでなく，会社からの退職金の額にも，そして離職者のプライドや何やかにやにも強く影響する。その意味で離職者は，しばしば自主的退職を求められることで事業主から弄ばれる

だけでなく,「理由」そのものに翻弄されることにもなる。

　しかしながら,離職者の方も一方的に転がされているわけではない。理由区分をてこに被害者の地位を獲得する者もいるし,法が求める二分法に振り回されながらも,その問い方を組み替えたり無効にしたりしながら,離職を少しでも納得のいくものにしようと動き回る者がいる。もちろん,それぞれのいきさつや思いを理由なるもので何者かに管理されたくないと考える者もいるし,本当の理由など誰にわかるものかと考える者もいる。さらに,理由など紙の上の出来事と割り切って,支給されるだけのものをもらって,さっさと次の活動に入っていく者もいる。

　いずれにせよ離職者の多くは,手当受給手続を通して法と接触する。離職票上の理由を,ある部分では受け入れつつ,他方で理由を目印にしながら法の分類意思をずらしながら,離職を少しでも納得のいくものにしようとしているように思われる。

　ところで,雇用保険法改正後の「離職票－2の⑦欄」では,離職理由の選択肢が,極めてきめ細かく設定されており,文字通りのカテゴリカルな分類イメージからはほど遠いほど「気の利いたもの」になっている。[*11] はたしてこうした法の関節数の格段の増加は,人びとの離職経験を納得のいくものにしていくだろうか。それとも,法のきめ細かさのゆえに,法の根元的な手つきのようなものが却って浮き彫りになっていくのだろうか。法と生活実践の関わりを引き続きトラッキングしていきたいと考える。

[*11) 離職票の様式変更は,当然ながら事業主の人事・労務管理にも大きな影響を与える。具体的なケースをあげて「トラブルを未然に防ぐ」ための注意点を解説する(漆畑2001)は,理由問題に対する事業主側の関心と視点が示されていて興味深い。

第5章 葛藤乗り越え過程における"人びとのやり方"
その語り口分析から

1 ▶ 問題意識——「顧客満足」経営という視点

　わが国ではここ数年，様々な領域・レベルで法・紛争処理制度の再構築ないし根本的見直しの動きが盛んである。一連の動きに共通する一つの方向性として，利用者あるいは利用者ニーズへの接近をあげることができよう。例えば，すでに民事訴訟法改正においては国民に「わかりやすい」「利用しやすい」手続の提供が標榜され，個別的紛争の増大に対応した労働紛争処理制度の再構築においても制度利用者のニーズ変化に沿ったさまざまな改革提案が多くなされている[1]。こうした傾向は，司法の民主化と呼ぶよりも，むしろ経営・マーケティングの世界に典型的に現れている顧客・利用者志向という社会的潮流の一局面と見ることができる。すなわち，人びとのライフスタイル，社会関係，コミュニケーション様式等々の変化の前に，営利・非営利，モノ・サービス，消費・生産等の別を越え，およそあらゆる組織と制度が一大変革を迫られ，その対応として顧客・利用者満足をいかに高めるかが一つの共通テーマとして浮上してきているというのが現在の状況のように思われる。そして法・紛争処理制度の見直しと改革の中にも，部分的・短期的な改善ではなく，既存制度を根本から見直そうとの意図を認めることができる。

　しかしながらこうした抜本的改革も，もしそれが一定の制度アイデンティティを前提にした上でなされるとするなら，はたして真の意味で国民・利用者に利用され満足される制度に到達できるかどうかに疑問が生じてくる。

　というのは，例えば「わかりやすく利用しやすい民事訴訟制度」といった場合，このコンセプトの後半部分すなわち民事訴訟という制度自体に人びとがどれほ

---

[1] たとえば，近年増加している個別労働紛争への対応という観点からの制度提案については，（毛塚ほか1995; 毛塚1995; 浜村1993; 安枝1995）等参照。

どの期待をもっているかは必ずしも確定されたものというわけではない。そもそも，利用者そして潜在的利用者としての国民は，何らかの法・紛争処理「制度」そのものにニーズをもっていると断定し得るだろうか。仮に十分わかりやすく利用しやすい民事訴訟制度が実現されたとしても，もしこの「制度」自体に人びとがニーズを感じていなかったとすればすべての作業がナンセンスとなってしまう。困難や葛藤の渦中にありそれを乗り越えようと懸命になっている人びとにとって，例えば訴訟，仲裁，調停，あっせんといった制度区分は，どのような意味をもっているのだろうか。もしかすると人びとの紛争解決ニーズは，制度それ自体にはないのかもしれない。少なくとも一度それを疑うところから出発しなければ，制度設営者が考える最良の制度が，ときに他ならぬ「利用者から見て」あまり意味のないものになる危険から十分免れ得ないのではないかと思われる。

　こうした利用者満足について考えるときに参考になるのが経営・マーケティングにおける実践であるが，じつは一つの先行領域ともいえるこのマーケティングにおいても，顧客志向の真意については誤解されている部分がある。例えば，「最良の商品・サービスを提供することで，顧客満足の向上を目指す」といった趣旨の目標を立てている企業が少なからずある。一見全く文句のつけようのないスローガンではあるが，ここには一つの落とし穴がある。というのは，商品・サービスの善し悪しを決めるのは最終的には企業ではなく消費者であるという顧客満足思想の最も根幹的な視点が，この目標には欠けているのである。ともすればTQC（Total Quality Control）の延長線上に予定調和的にCS（Customer Satisfaction）が置かれるのであるが，この線と点がつねに一致するという保障はどこにもない。場合によっては，あらゆるスペックから見て最高水準にある（と企業側が考える）商品が，消費者が望まないただのオーバー・クオリティの商品になる危険さえあるのである。顧客満足を目指す企業革新では，「企業が考える」最良の商品という考え方をどこかで放棄する必要がある（レビット1984）。

　顧客・利用者志向を目指しその出発点に立ったときにわれわれが陥りやすい罠に関して，経営・マーケティング研究者レビットが好んで引用する次の言葉はきわめて示唆的である。「昨年，1/4インチのドリルが100万個売れたが，こ

れは人々が1/4インチ・ドリルを欲したからではなく，1/4インチの穴を欲したからである」（レビット1971: 3）。つまり，消費者にとって重要なのは，安い「ドリル」ではない。使いやすい「ドリル」や品質の良い「ドリル」でもない。消費者が求めているのは1/4インチ径の「穴」であり，ドリルはそのための一つのツールにすぎない。もし何か別の道具でより安く快適に穴が開けられるのであればドリルは無用となる。もし最初から1/4インチの穴が開いた棚板が販売されていれば，もはやドリルだけでなく道具全般が無用となる。にもかかわらず，商品・サービス提供側はしばしばこうした消費者真実を素通りし，安くて良いドリルを提供することがつねに顧客満足をもたらすと錯覚して自己満足的に「良いドリル」づくりに躍起になる。

　同じ危険が，利用者満足を目指す法・紛争処理制度の改革作業にも潜んでいるように思われる。自らの葛藤を乗り越えようと何らかの社会的手だてを求める人びとにとって，例えばそれが訴訟なのか調停なのかといったことは二次的な問題にすぎないのかもしれない。もしそうだとしたら，本来的役割として一定の制度アイデンティティを前提に進められる法・紛争処理制度改革は，その出発点において，真の意味で国民，利用者に満足される制度から大きくはずれる危険があるように思われる。[*2]

　こうした落とし穴から逃れるためには，一つの発想の転換が必要であろう。すなわち，一定の制度を利用者ニーズにフィットするよう改善すること——たとえば，より良い民事訴訟手続，より良い労働委員会のあり方等——ではなく，いったん制度役割から離れ，人びとの紛争解決ニーズの中に制度を位置づけ直す（re-positioning）作業が必要に思われる。その過程ではじめて，既存の制度の改変可能性，さらには今後創設すべき新たな制度イメージについて検討することが可能となる。

　このことを作業手順として示すならば，真の利用者満足に向けた法・紛争処理制度再構築作業の出発点は，何よりもまず当事者である人びとがどのようにして自らの問題，葛藤を乗り越えようとしているのか，その「人びとのやり方」

[*2] 同じように，利用当事者の視点から見たときの改正民事訴訟法が陥る危険を指摘するものとして，(和田仁孝1996a)。さらにその背後にある伝統的な法・制度理念を批判する(和田仁孝1994b) も参照。

を研究することであろう。じつはわれわれは，制度理念だけでなく紛争や解決についても，固定したイメージに縛られている。例えば「紛争」があれば「解決」が求められていると考えることに慣らされていて，しかるべき「解決」提供のための実体的・手続的規準を検討してしまいがちである。しかし，葛藤の乗り越え途上にある人びとは，制度によって提供される「解決」自体を求めているのかどうか。そもそも，「解決」は制度によって提供できるものなのだろうか。

こうした根源的な問いに答えていくには，何よりもまず人びとの日常の葛藤乗り越え活動の実際に立ち降り，その実践から学んでいく必要があるように思われる[*3)]。その上で，この「人びとのやり方」分析から，葛藤の乗り越え過程でどんな社会的手だて，場，力が求められているかを検討するのが次の作業である。いわば，人びとの葛藤乗り越え活動における「1/4インチの穴」を探し出す作業である。しかる後に，葛藤乗り越えニーズの中で法制度に可能な具体的支援とは何かを検討するというのが基本的な考え方の筋道ではないかと考える。

むろんこれらの作業は1回のフローで終了するものではなくさまざまな試みと実践の繰り返しの中で更新されていく性質のものであろうが，本稿ではその手始めとしての第一作業すなわち葛藤の乗り越え過程における「人びとのやり方」について調査データをもとに分析し，第二の作業課題についても試論的に考察してみたい。

以下ではまず，働く女性へのヒアリング調査のデータを手がかりに職場での不愉快な経験，葛藤をどのように乗り越えようとしているのかを検討する。一口に葛藤の乗り越え方といっても様々なレベルから把えることができるが，ここでは葛藤を乗り越えるときに誰を相手にどんな身動きをするのか，さらに他者との間でどんな言葉をどんな語り口でやりとりするのかといったVOICE行動に焦点を当てて分析してみたい。これは，乗り越え過程とは決して個人の「意識」や「態度」といった狭義の心理学的要因に還元されるものではなく，生身[*4)]

[*3)] この「人びとのやり方」という視点から現代社会における法主体像をモデル化するものとして，（西田1995, 1996, 本書第1章）参照。
[*4)] 一個の人間を取り出して，その人間の意識を議論することの無意味性については，ギブソンやベイトソン等の生態学的アプローチの議論（ギブソン1985; ベイトソン1982）を参照。

の人間が声と体を使って環境に働きかけるコミュニケーション過程であるとの出発仮説に基づくものである。こうした身の動かし方と語り方に着目し，問題解決活動のなかにどんな語り口あるいは話法があるのか，その語りモードどうしがどのように関係し合うのかを分析していきたい。

2 ▶ ヒアリング・データの分析

2.1 ▶ 調査概要

調査のねらいと方法は以下の通りである。

① 対象者は，首都圏で働く25～39歳の女性に設定した。わが国の女性の労働力率のM字型曲線のボトムは30～34歳であるが[*5]，結婚，出産，子育て等，仕事を続けていく上での葛藤が最も大きいと想定されるという理由から，この「30～34歳」をはさむ両側の年齢階層を含めて，この年齢層に絞った。

② 調査方法は，個人面接調査（セミデプス・インタビュー）。一人の対象者につき一回2時間から3時間のインタビューを実施した。対象者によっては，日をおいて2回実施した人もいる。

③ インタビューでの質問方法は，こちらからは特にトピックを設定しないで，仕事をする上での困難や葛藤を挙げてもらい，その乗り越えの経過を詳しく聴くことに時間を割いた。

④ 調査時期は，1996年2月～5月。

⑤ 対象者一覧……今回インタビューで詳しく話を聞くことができたのは9人であった（図表5.1参照）。そのうち既婚者が7人で，うち6人が子どもを持つ母親であった。

なお，今回のやり方にはサンプル数やサンプリング方法など，調査方法という点でいくつかの制約があることは確かだが，検証的というよりはむしろ一つの仮説を抽き出すための探索的な調査と理解されたい。

2.2 ▶ ケース分析

以下では，9人の対象者の中から，ある意味で対照的なVOICE行動をしている二人のケースを取り上げ，その分析から葛藤を乗り越えようとするときの

[*5] 総務庁『労働力調査』平成6年によれば，30～34歳の女性の労働力率は53.5%で，2つのピークである20～24歳（74.2%）と45～49歳（71.2%）との差は依然大きい。

図表5.1　調査対象者一覧

対象者	未婚者・子供	トピック	語りの主な相手
A氏	既婚・子供	第二子育休中に保育園入所不許可	児童福祉課担当者
B氏	独身	契約社員に対する処遇、特に残業時間、休日	上司、厚生部、組合、人事部、発行人
C氏	既婚・子供	子供の発熱等で休みがちに……	上司、人事部
D氏	独身	手当のつかない残業時間	上司、働く女性の研究会メンバー
E氏	既婚・子供	妊娠報告時点での、周囲からの退職勧奨	上司、同僚
F氏	既婚	短大卒・一般事務職に対する仕事上の差別	上司、先輩、人事部
G氏	既婚・子供	勤続年数が少ない後輩社員と自分で、賃金カーブが逆転していた	経理部長、従業員会、婦人少年室、総務部長
H氏	既婚・子供	自主運営の学童保育への助成金の要求	福祉事務所
I氏	既婚・子供	産休直前に、課長職から平社員への降格人事発表	上司、組合、労基署、総務部長、社長

人びとの語り方にどんなモードがあるかの考察に進んでいきたい。

【I氏の場合】

(i) ドキュメント

　I氏はある会社の課長職にあった人である。妊娠6ヶ月すぎに、産休と育休を取ることを直属の上司に申し入れ了解を得た。I氏は、上司との何度かの話の中で、産休後も同じ待遇のまま原職に復職できるだろうという印象をもっていた。しかし、産休に入る1ヶ月前に辞令が出て、I氏は課長職から平社員に降格、代わりに別の課長が置かれると告げられた。

> 自分は課長のまま育休に入るだろうって思ってたもんですから、「どうしてなんですか」って尋ねたんです。そしたら「一応、会社は組織だから長というものを二人同時に置く事はできない。だから結果的には交替をせざるを得ない、どこかで。その交替する時期というものは一応組織が動いていくわけだからそれに差し障りがないような時期を会社側が決める」そういう説明だったんです。

　納得のいかないI氏に対し、今回のことを組合の問題として取り上げようかという話が組合からあり、個人交渉だけでなく組合も通して話し合うことになった。組合からは、「育児休業を取ったことによって不利に扱った」「この降格

人事の撤回を要求する」という内容の文書が会社側に提出された。これに対して会社側は次のように回答した。

> とにかく「降格ではない」ということのみ。「育児休業をとった、それで不利になったという風には思えない。」回答はそれの一本槍ですよね。「決して不利にはなっていない、降格ではない」というのがうちの会社側の答です。だから「決して育児休業をとったからといってそれを不利に扱ったわけではない、だから問題はありません」と。

その一方で、I氏自身も直属の上司に話し合いを求めているが、上司からは「これは組合と会社側の話になったんだから、一応それはそこに任せるしかないんだから。」として話し合いそのものを断られてしまう。納得いく回答が得られないまま、I氏は産休に入ることになった。

育休中もI氏は社内外のいろんな人に意見を聞き、労働基準監督署にも相談に行った。その中でも労基署担当者の次の発言は、最も有力な一般的意見としてI氏に強い影響を与えた。

> 公共の労働基準監督署とかそういうところにもお尋ねしてみたんですけれども、「一応1年間育児休業が取れてその後復職ができるということがまず基本」なんだそうです。「それは守られている」と。結果的に課長職というものは解かれたんですけれども、一応処遇という意味で課長と同じレベルの処遇は残されてるんですね。(中略) 逆に「もっと小さな会社の場合はほんとに1年休んじゃったら復職できないっていうケースも結構ある」そうなんですね。

復職2ヶ月前、I氏は育休中の身分についてではなく復職後の身分について重ねて会社側に質したが、やはり課長職としての復職は難しいと言われた。

> 答としては、「課長職というものをそのまま同じように戻すということはもちろん難しい」「交替して一人の人を立てているわけだから、その人をまた降ろして（私を）戻すということは普通はしない、それはできないですよね」って。

さらに復職1ヶ月前、社長と直接話し合う機会をもったが、課長職としては戻れないとの返事だった。

> やはりお返事としては、「一般的にはやはり課長職はその時点で交替して、復職のときに必ず課長職に戻るということはないですよね」というようなお返事だったんです。(中略)「ほんとに何も問題として取り上げるべきことはないですよね」っていう

ようなお返事でした。
　結局，I氏は平社員として復職，現在に到っている。

　(ii)　I氏のやり方と話法
　このI氏のケースを，VOICE行動という点から見たとき，そこには次のようなポイントがあるように思われる。
　第一に，一連の展開の中で，I氏の当事者本人性が希薄化され，I氏の声がかき消されていった点である。
　それは，この問題が半ば組合に預ける形で進行していったこととも大きく関係している。I氏自身の意図としては，きちんとした話し合いの場をもってもらうと同時に，社内のリーディングケースとして従業員と会社側でも話し合ってもらいたいということで組合を通すことにしたのである。ところが，会社側は組合から提出された文書を見て，組合ルートでの交渉を遮断してしまう。しかも，組合を通したことが「これは組合と会社側の話になったんだから」という語り口で，今度はI氏の個人的交渉の機会をも遮断する結果になってしまった。

　　その文書のみを見て「これは全く話し合いをするまでもない」という返答になってしまったようなんです。だから組合側としてのもっていき方も，もしかしたらもっと別な形にしたらよかったのかもしれないですけれどもね。

　もちろんこの組合の交渉戦略の適否そのものにここで立ち入ることはできないが，文書で提出された組合からの語りかけ方自体に，交渉の進展を妨げるあるいは交渉関係を誘導しない何かがあったのではないかと思われる。すなわち，「育児休業を取ったことによって不利に扱った」「降格人事」「撤回」といった，いわば通念的でカテゴリカルな語り口である。ここではこの語り口を，仮に"慣用句"話法と呼んでおきたい。
　この"慣用句"話法は，組合だけでなく会社側の語り口にも一貫して見られるものである。会社側は，「会社は組織だから」「組織が動いていく」というように，「この会社」ではなく他の会社も含めた「組織一般」がどうしているかという観点から語ろうとする。復職前の会社側・社長との話し合いでも，会社

側は「普通はしない」「一般的には」という通念レベルの語り口でⅠ氏からの呼びかけを退ける。

　第2のポイントは，こうした会社側の"通念・一般"レベルの語り口がじつはⅠ氏自身のVOICE行動にも投影・浸透していった点である。Ⅰ氏はもともと，自分は課長職のまま産休・育休を取り原職復帰するものと思っていた。しかし，育休取得はこの会社では初のケースであったこと，そして一貫して「普通は」「一般的に」という語り口で「何も問題はない」とする会社側の反応から，自分の働きかけがはたして「一般性」を持ちうるのかというレベルで葛藤認知を形成していく。さらに社内での悪評というプレッシャーが，自分の行動や要求が「一般的に」受け入れられないものなのかどうかという形で問いを立てることを促したように思われる。

　　別のいろんな方からいろんなお話が入ってきまして，「すごく君の立場が悪くなってるよ」というようなことを言われたんですよ。上の方々の間でということだと思うんですね。すごく課長職にしがみついてると思われたのか，無理を通そうとしていると思われたのか，その辺がほんとに分からないんですけども。

　何よりもまず「納得のいく説明」を求めるⅠ氏にとって，課長職として復帰できないかを問い続けることが「一般的に」無理を通すことになるのか，それとも「一般的に」当然の行動なのかが主題となっていく。労働基準監督署に相談に行ったのも，この一般性の問いへの答を求めてのことであったと考えられる。「一般的に」見て現状で良しとすべきではないかという労基署担当者の発言は，Ⅰ氏の葛藤知覚に大きく影響した。

　　ですから私もいろんな方にそういう風にだんだん言われてきたものですから，「あぁ一般的にはそういうものなんですか」って逆にそういう風に思うようになってきたんですけれども。

　こうしてⅠ氏は，周囲や行政窓口の語りとの接触，そして最後は社長との話し合いを経て，不本意ながらも一定の了解に達する。

【Ｃ氏の場合】

　このⅠ氏と対照的なVOICE行動をとっていると思われるのが，次に見るＣ氏のケースである。

(i) ドキュメント

　C氏はある会社に総合職一期生として入社した女性である。結婚，出産の後，子どもが満1歳まで育休を取った。I氏同様，育休取得は社内で初のケースであった。産休に入る前，休業中のブランクを少しでもなくすにはどうしたらよいかを人事部の人と相談し，社内報を毎月自宅に送ってもらうようにした。復職の1ヶ月前，復職に当たっての不安や要望を聞いてもらうため人事部に足を運んだ。その際，保育園の資料をもっていき，子どもの看護のために休むこともあるかも知れない，復職先の部署はまだ分からないがそのことを自分の上司になる人にも人事の方から伝えておいて欲しいと依頼した。実際，復職先の部署は休業前とは別の部署となったが，処遇面でとくに問題はなかった。

　ところが復帰してまもなくから，保育園に通い始めた子どもの急な発熱等で会社を休まなければならない日が出てきた。復職して3ヶ月頃上司に呼ばれ，子どもの健康診断書をもらってきて欲しい，もし病弱だとしたらC氏を別の部署に移さざるを得ないと言われた。

　　保育園の預け始めっていうのは，考えられないくらい突発的に熱を出したり体調崩したりしますけれども，そういうのがやっぱり分かってもらえなかったというか，「Cさんの子供は特別弱いんじゃないの？」と。「そうなると，病院から正常というか，普通なんだという診断書をもらって来てくれないか」と言う方がおられまして,,, 涙が出ましたね。「とくに病弱だとしたら，君をこの部署に受け取るっていう最初の構想とこっちもかなり君の上司になるに当たって，こちらも考えるあれが違うようになってくるので,,,」。その上司は，どなたに聞かれたかは分からないんですけども，「同じように働いているけれども，君の子供のように熱が頻繁に出たりとかは聞かないんだよね。」というふうに比較されたのが，子供レベルで比較されたのが，すごくショックだったんですよね。

上司から預かり拒否を示唆されたC氏はすぐにこう応える。

C氏「そんなものを提出するまでもなく，うちの子は他の保育園の子供と比べても，普通です。ただ，どなたの例と比べたかは分かりませんが，子供が熱を出す出さないだけじゃなく，イレギュラーなときにどういうフォロー体制があるのかという環境は，人それぞれ違いますよね。ダンナさんも休みやすい仕事の家だとか，実家がそばにあるだとか，多少遠くても，お父さんお母さんがリタイヤされているのですぐ飛んでこれるとか，いろいろあると思うんですねえ，千差万別で。うちは実家にも頼れないで

すし，夫もなかなか時間は物理的に難しいところがある。」
上司「まあ，わかりました。じゃあ，君の言葉を信じます。そういうことを最初に聞かなかったのは悪かったけれども」「○○君（C氏の子供）は本当に元気な子で，そういうもんなんだということで理解させてもらいます。」

この説明で現在の状況について一定の理解は得られたようだが，今後に不安を抱く上司からさらに次のような問いが投げられる。

上司「じゃ，慣れてきたら，来年もこういう状態ではないということですね？」
C氏「2年目になったら，それはもう確実にそうですとは言えませんけれども，そういう形で，保育園のストレスでやっぱり疲労から熱を出したりとかいうのは，2歳になるということと1年過ごしたということで減るとは思います」。

こうしたやりとりを通して配転の危機はひとまず脱したが，この先いろんな病気に感染して長く休まなければならないことを想定し，C氏は福祉事務所からもらっていた"罹病の目安"というパンフレットを後日この上司に手渡した。

(ii) C氏のやり方と話法

以上がC氏のケースの要約である。C氏のVOICE行動の特徴を次の2つのレベルから検討したい。

第1に注目されるのが，つねに周囲に働きかけながら葛藤を乗り越えようとしている点である。C氏は産休に入る前，1年間仕事から離れることに大きな不安をもっていたが，人事部に出向きそこでの話の中から社内報という最低限の情報接触機会を確保した。また，休業中の会社とのやりとりに関しては給与課，福利課，人事課など個別に連絡をとるのでなく窓口を一本化してもらうよう提案し，人事部の一人に育児休業者との連絡窓口役になってもらっている。さらに，復職前，ベビーシッターサービスの法人契約を人事部に提案している。たしかに，C氏の会社では産休，育休そして子育てしながらの勤務（C氏のタームでは「ママさん社員」）のすべてが初めてのケースであったこともあるが，こうした身動きの仕方はC氏自身の基本的な動作となっている。

　ですから，やっぱりすごい利己的ですけど，いかに自分が自分で自分の足下，働きやすい方に作っていかなければどうしようもないと思うんですね。何かを当てにした

り待っててもダメだと思うんです。ある程度のサンプル数というか声が大きければ自然の流れでできていくというのもあると思うんですけど，うちの場合，もう一人二人のレベルだと待っていてもダメだと思うんですよ。

　本当に自分の働きやすさは，もう自分で作っていかなければいけないっていうのは，営業の時から，もうその度その度に思っていることなので。何か問題があると，やっぱりじゃあ何をしてたらこうならなかったのに，してなかったのかなあっていつも思ってしまうことなんですね。（中略）でも，起こってからでも，こうでしたと正直に言おうと思ってます。

C氏にとっての基本戦略は，事前であれ事後であれつねに相手に「説明」をしていくことである。今回の上司からの心ない発言に対しても，むしろ自分の方の説明不足にも原因があったと考える。

　自分でもじゃ説明不足だったんだなあ，と。その上司の人を責めるわけでなく，うーん，自分が働きやすい職場は自分で先手先手を打って，まあ本当にインフォームドコンセントじゃないですけど，本当に説明は十分にして，資料ももうお渡しして，そういう土台を，営業んときと同じだあ（笑），作っていかなきゃいけないんだ，っていうことはありましたね。

C氏のVOICE行動で注目したい第二の点はこうした「説明」の仕方であり，あくまでも自らの経験ベースで語ろうとするその語り口である。

上司が子どもの診断書を要求してきたのは，管理者としての行動を社内でオーソライズするための一つの便法であり，この上司自身のさらに上級の管理者に対するエクスキューズであったと考えられる。そこで上司は，そのための社外資源の一つとして診断書を求めてきたと思われる。「正常である」あるいは「〜〜症状が認められる」といった世間一般で通用する力をもったカテゴリーでもって，社内での自己の行動を正当化しようとしたのだろう。つまりこのときの上司は，まさに"慣用句"話法で語るための資源を診断書に求めてきたことになる。

これに対しC氏は，自分の経験をそうした通念的なカテゴリーで語らされることをきっぱりと拒み，逆に自らの困難な状況をまさに自分の体験でもって語ろうとする。世間一般でどうなのかではなく，「イレギュラーなときにどういうフォロー体制があるのかという環境は人それぞれ違う」ことを前提にした上で，「うちは」それができないということを「説明」していく。この語り方に

おいて,「一般的にどうなのか」「普通は」を主題に乗り越えを図ることになったI氏と決定的に異なる。C氏は,一般がどうか,そしてこの上司が知っている「同じように(子どもをもって)働いている」がそんなに頻繁に熱が出ない「誰か」ではない,他でもない「この私」の「今の状況」がどうなのかを語りかける。ここでは,こうした語り口を"経験"話法と呼んでおきたい。

　もっとも,この場合のC氏にとって自分の置かれた状況を体験的に語るだけでは十分に相手を納得させることができない。事実,C氏の説明を受けた後の上司の返答は,「君の言葉を〈信じます〉」「ということで〈理解させてもらいます〉」というように,納得はしていないという印象をもたせるものであった。上司から「じゃ,慣れてきたら,来年もこういう状態ではないということですね?」と聞かれ,C氏自身「今度は長期に休まなきゃいけないような病気とかも拾ってくる」ことが多くなることを想定し,福祉事務所でもらったパンフレットを援用する。そのパンフレットには,子どもがかかりやすい病気とその治癒にだいたい何日くらい要するのかの目安が書かれている。

　C氏は,今度はパンフレットの中にある通念的な語りでもって「説明」を補強する。このパンフレットに書かれている語りは「医学的」知識,「公的」機関発行という意味で通念性をもつものである。しかし同じ通念性でも,"慣用句"話法とは少し異なる。I氏のケースの組合の文書は「不利な扱い」「降格」「撤回」等のカテゴリカルな語り口であるのに対し,このパンフレットではこれこれの場合にはこんな症状が出てこれくらいの休養や対処が必要になるといった文脈的な語り口になっているのである。もちろん,実際には子どもの体力や体質等によって症状も休養期間も異なってくるが,一つの目安として例えばこんな場合はこうなんだということを例示的に語るわけである。パンフレットを援用したC氏のこの語り方を,ここで"例示"話法と呼んでおく。

　結局このケースでC氏は,"経験"話法を基点にしつつ,それが「わがままと受け取られぬよう」誰かの声を〈腹話〉し,他の話法を接ぎ木しながら状況に働きかけていったのである。

3 ▶ 考察と仮説——"経験"に踏みとどまる話法

3.1 ▶ 語りの四つのモード

ここまで，二人の対照的なVOICE行動をその語り口に注目して分析し，"慣用句"話法，"経験"話法，"例示"話法という三つの語り口を拾い出してきた。図表5.2は，これらの話法の関係を二次元上に布置したものである。この座標平面は，二つの次元から構成されている。タテ軸は，何でもって語るかの次元であり，「通念的」な事柄で語るか「体験的」な事柄で語るかに分かれる。これに対するヨコ軸は，一定の文脈・前後関係に沿って「コンテクスチャル」に語るのか文脈から離れて「カテゴリカル」に語るのかの次元である。

この二軸は，言語活動を社会文化的視点から研究するワーチが核兵器論争における言説モードを分析する際に設定したものに示唆を得ている（Wertsch 1987）。ワーチが立てた軸の一つは，話者が自分自身をどの立場に定位して語るかの次元であり，「普遍的」な立場からか「特殊な」立場からかに分かれる。もう一つの次元は，自己の主張を正当化するときのやり方に関するもので，状況を規定している諸要因に鑑みる「文脈的」方法と抽象的なカテゴリーと論理操作を使う「脱文脈的」方法の二つに分かれる。

図表5.2のヨコ軸は，ワーチの「文脈的」「脱文脈的」とほぼ同じものであるが，縦軸は話者の立場ではなく語られる事柄の出所を表している。葛藤の当事者で

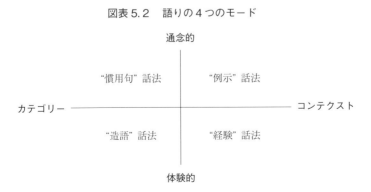

図表5.2　語りの4つのモード

ある話者にとって，自己をどの立場に置くかよりもむしろ，何でもって語っていくのかという語りの資源そのものの方がより重要視されているように思われるからである。

　以下，これら四つの象限に位置する話法それぞれがもつ力と限界について詳しく検討してみたい。

【1】 "慣用句" 話法

　この話法は，Ｉ氏のケースに典型的に現れていたものである。組合から会社への語りかけは，Ｉ氏自身の体験を超えて，「不利な扱い」「降格」「撤回」といった通念的なカテゴリーを用いたものであった。会社側の回答も，「組織だから」という "慣用句" 話法で貫かれていた。他方でＣ氏の上司の語り口も，基本的にこうした話法を下敷きにしたものであった。この上司は，休みがちな部下をもつ自分の立場を社内的に正当化する意図のもと，診断書という通念的なカテゴリーを用いて語ろうとした。

　この "慣用句" 話法は，ワーチが「脱文脈化された合理性の声」(Wertsch 1990) と呼ぶものに相当する。「脱文脈化された合理性の声」とは「形式的，論理的，数量化可能なカテゴリー」で出来事や対象を表象する話法であるが，彼は現代社会のあちこち，とりわけ公的な話し合いの場で「脱文脈化された合理性の声」が特権化し場を支配していると指摘する。本章の分析では，この特権化は場の支配というよりもむしろコミュニケーションの停止として現れている。すなわち，話し合いの中に通念的なカテゴリーが出てくることによって，その後のコミュニケーションが遮断もしくは停滞してしまうのである。

　このことは，Ｉ氏のケースだけでなく，例えばＣ氏の会社の後輩女性の話にも示されている。Ｃ氏以降，同社には多くの総合職女性が入社しているが，その中には「ちょっと自分で頑張ったこととかが取り上げられなかったりすると，何か対等じゃないんじゃないかというような感じ」をもって退社してしまった女性が何人もいたと述べる。その後輩たちは，「総合職なんだから」「権利だ」と声を出していったが，結局「会社には何も通じない」ということで挫折して辞めてしまったという。この後輩たちの語り方においても，「総合職」「権利」という "慣用句" を使った話法が，それだけでは上司や会社から反応を引き出せなかったことを示している。

同じようなことは，他の調査対象者の話からも伺える。E氏のケースでは，妊娠を会社に伝えた時点で上司や同僚から露骨に退職を勧められた。彼らは「母親としての責任」「命の大切さ」という慣用句を用いてE氏に干渉してくる。E氏は，それ以上話し合う価値もないと判断し，「そういうことは，あなたの奥さんに言って下さい」とだけ言い残して辞めてしまう。
　G氏の場合は，会社側の給与体系の管理ミスから自分の賃金が勤続年数の少ない後輩の社員を下回ったまま放置されていたことを問題にして会社と話し合いをしたが，会社側は「それはミスによるものではなく，あくまで査定の結果である」との主張を繰り返した。ここでも，「査定」という通念的なカテゴリーが登場することで，それ以上の話し合いの機会が閉じられてしまっている。
　もちろん，話法の背後に権力磁場があることはいうまでもないが，"慣用句"話法は相手から次の声を引き出し話を先に進めていく力に欠けているように思われる。

【2】"経験"話法
　これに対し，同じ磁場にあっても，自らの経験をストーリーで語ろうとする"経験"話法には，相手から次の声を呼び込む力があるように思われる。もちろん，この話法は必ずしも相手の「理解」を引き出すわけではない。むしろ，相手と同じ視界を共有することは根源的に不可能というべきかも知れない。しかし，葛藤を乗り越えようとする話し手にとっては，「理解」よりもまず何らかの「反応」があることを重視しているように見える。
　終始自らの体験を文脈的に語ろうとするC氏は，入社から現在までをふりかえって「一いって十わかってくれる人と，十いって一しかわかってくれない人というのは個人レベルではありますけど，言ったことに対して何らかのリアクションが必ずあるよと，できるでもできないでも言ったことに対しての，個人でも部でも会社でも，私の場合には必ずあったと思います。」という。C氏は「言う」と「聞く」があるだけでは不十分だが，すぐに成果に現れるかどうかを求めているわけでもない。「言ったことに対して何らかのリアクションが必ずある」ことがひとまず重要なこととなっている。
　では，こうした"経験"に基づく話法が相手から次の声を引き出し得るのはなぜなのか。それは，他でもない「この私」として呼びかけることで相手をも

固有名詞をもった存在として引っぱり出す力によるように思われる。じつは"経験"話法によるＣ氏のVOICE行動は，入社して最初についた上司のVOICE行動が大きく影響している。Ｃ氏は配属されてすぐ，上司からこう言われた。「申し訳ないけど，君も（総合職）一期生だけど，その一期生を使う上司としてぼくも一期生なんです。だから，ほんとに女性がやれることをやらせていいのかっていう物差しも分からないし，だから，ぼくのところの段階で，これはできないだろうっていって，同期の男性の○○君にはやらせて，Ｃさんにはやらせないということは基本的につくりません。ただ，性が違うということで，与えてはならない分野の仕事を投げるかも知れない。だから，それは正直に申し出て欲しい。」つまり，この上司は機能的に取り替え可能な「上司」の一人としてではなく，○○君とＣさんを預かることになり二人をどう取り扱っていけばいいかに思いを巡らす「この私」としてＣ氏に語りかけたわけである。

　診断書の件でのＣ氏も，この私として上司に語りかけ上司の声を引き出そうとする。「私の話」を聞いてくれとの呼びかけは，メタメッセージとして，相手を社会的役割や組織の一ファンクションといったカテゴリーではなく特定の状況を生きる固有名詞をもった者として語るよう誘惑する。実際，診断書を要求した先の上司はＣ氏の説明の後，「○○君（Ｃ氏の子供）は本当に元気な子で」と，Ｃ氏の子どもを固有名詞で呼んでしまっている。

【3】　"例示"話法

　この話法の一つの典型例は，罹病の目安というパンフレットを使ったＣ氏の語り方である。このケースでのパンフレットは，上司が頼ろうとした診断書への対抗手段として提出したものである。この場合，両者とも他者の語り（この場合は医師，医療専門家）を持ち込んで，自分ではなくその他者に「語らせる」というやり方を取っている。"慣用句"話法も"例示"話法も，他者の言葉を取り込みながら話す——これはバフチンが「腹話術」と呼ぶ技術を使う——という点で共通している。[6]

---

*6) バフチンは，「人がその日常において最も多く口にするのは，他の人々が語ることがらである。」（バフチン1996: 153）とし，日常の発話において腹話術がむしろ常態であると位置づける。ワーチは，この腹話術概念を使って，アメリカ大統領選挙における演説を分析し，腹話術に現れる発話の多声的性格を明らかにしている（Wertsch 1991: 63-66）。

しかし，その腹話の仕方は"慣用句"と"例示"では異なっている。持ち込まれる他者の語りを一つのデータとすれば，診断書は「異常は認められない」「〜〜症状が認められる」といった結果だけを無条件に（categorically）提示するカテゴリーデータであるが，パンフレットではそれがストーリーデータになっている。

　自分の主張や疑問が「一般的」かどうかが主題になった I 氏の葛藤乗り越え過程で重要な意味を持ったのは，労働基準監督署担当者の"例示"話法による語りであった。実際このケースでは会社と組合の"慣用句"話法を中心に展開していったが，「私ももう少し一般論とかそういうものを事前に確認しておけばよかったのかなってあとでは反省したんですけれども。労働局とかにいくとか他の会社の方の様子を聞くとか。」という発言から見て，I 氏自身はむしろここでいう"例示"話法で語りたかったのかもしれない。

　いずれにせよ，文脈化された他者の声を取り込み他者の声をして語らしめるのが，この"例示"話法の特徴である。

【4】 "造語"話法

　この話法は，インタビューデータの中には直接出てこなかったものであるが，個人的・体験的な事柄をそのコンテクストから離れて一つのタームにして語る，そういう話法も考えられる。

　例えば，今回の対象者の中で子どもをもっている人たちの多くが訴えるのは，子どもの急な発熱や不調で職場を休むときに上司や同僚に説明するときの苦労である。それは，休みを取ること自体の大変さと同時に，それを説明するときの「語り」の困難でもある。そのつどその時の状態を説明する，その際に煩わしさと不確かさを覚えるという人が今回の対象の中にも多かった。子どもを育てながら働く男女にとって，「夜中から熱が上がり喘息の咳込みがひどくなって……」といった事情を毎回語るのではなく，もし何らかのタームがあれば，多少でも負担の軽減になるように思われるが，今のところこの事態にはまだ名称が与えられていないようである。[*7]

---

*7） 1980年代後半から10年ほど保育園・学童保育の助けを借りて子育てした個人的経験の範囲で，子供の発熱で仕事を休むことを一言で表現する造語を耳にしたことはないが，

より一般的にいえば，この"造語"話法はそのつどの体験的ストーリーが圧縮され一つのタームとして使われるものであり，おそらく最初はある会社のある部署，保育園の仲間内等でのローカルな言葉として流通するものであろう。その意味で，"造語"話法は"経験"話法から"慣用句"話法への発展途上形態ということができる。

3.2 ▶ "経験"話法による乗り越え

ここまで，葛藤を乗り越えるときの人びとの語り方を4つのモードに整理・分析してきた。以下ではこれらの語り口分析から，葛藤乗り越え過程における"人びとのやり方"を一つの仮説として提示してみたい。

【1】 動き回る身体

葛藤を乗り越えようとする人びとのやり方を見る上でまず注目しなければならないのが身動きである。今回の対象者にほぼ共通していえることは，自らの足であちこち出向き，動き回りながら乗り越えを図ろうとしている点である。

先に詳しく取り上げたI氏やC氏以上に，身動きという点で注目されるのがB氏のケースである。B氏はマスコミ関係の会社に契約社員として勤務している女性であるが，休日の取り方や残業時間等で日常的に相当な無理を強いられ，しかも賃金は正社員の半分以下といった状況に置かれている。B氏は，自分を含めた契約社員の使い方に関する提案をもって，まず直属の上司に相談に行く。上司から「そういう問題なら厚生部にもっていってくれ」といわれ厚生部に行くと，今度は「組合の方に強く働きかけてみてはどうか」といわれる。組合に話をもっていくが，「他にも優先課題がたくさんあるので人事部に直接言ってもらえないか」といわれる。たらい回しにあっているのだが，むしろ自分の声を聞いてくれる他者を探しながらねばり強く動いていると見るべきではないだろうか。B氏はさらに「最後は発行人に直接話すしかないかな」と考えている。

賃金体系の管理ミスを問題にした先のG氏も，上司から経理部長，さらに従業員会，婦人少年室，総務部長へと精力的に動きながら乗り越えの手がかりを

※生活場面のあちこちにはあったのかもしれない。いずれにせよ，「看護休暇」の語ができたのはずっと後になってからのことである。

つかもうとしている。短大卒であるということで毎週月曜朝の課内ミーティングから自分一人だけ外されたことに憤慨したF氏は，同じ扱いに甘んじてきた他部署の先輩たちを訪ね歩き，そこでの話の中から資格職への転向を決意し，2年後に「社内とらばーゆ」を果たしたという。

　こうして人びとは，誰かを当てにするのでも自分一人で乗り切るのでもなく，周囲に自分から声をかけそこでの反応をモニターしながら葛藤乗り越えの手がかりを見つけようとしている。

【2】　話を「先に進める」力

　では，この動き回る身体は何を求めて訪ね歩くのか。それは，必ずしも具体的な成果ではない。人事の撤回といった具体的な結果ももちろん重要だが，それ以上に，自分自身の声がまず誰かに聞かれその反応としての他者の声を聞きながら，次にどこに進むべきかを探っていくことが目指されているように思われる。つまり，話を先に進める力と，それを呼び込む声の「やりとり」が求められているということであろう。

　この交渉促進力という点で問題となるのが，日常の乗り越え過程における「権利」の位置づけである。語りに関する4モードというモデルから見ると，伝統的な権利はひとまず通念的でカテゴリカルな語り口に属するものと考えられる。つまり，"慣用句"話法として利用されるものとしての権利観念である。たしかに，「法に定められた」あるいは「権利である」との語りかけは，とりわけ社会的少数派や弱い立場の人びとにとって自分の声を「ちゃんと聞かれるべき」声として相手に届ける力はもっている。しかし人びとの日常的な生活場面では，通念的なカテゴリーとして権利の言葉を援用するだけでは交渉を促進することに結びつかないし，交渉関係そのものの断絶につながりかねない[8]。その意味でも，日常場面では"経験"話法は一つの有効なモードなのかもしれない。

　もちろん，すでに見たようにこの方略も完全なものではない。とくに今回調

---

[8] もっとも，法・権利に言及する語りがすべて交渉遮断的に作用すると見るのは一面的であり，さまざまな文脈から，日常の語り行為における権利の意味を検討していく必要があろう。「使う」という視点から見た権利の現代的意義を説くものとして，(棚瀬1991b, 1995) を参照。また，障害者のキャリア・アイデンティティ形成活動における権利の働きを分析する (Engel & Munger 1996) 参照。

査した働く女性の葛藤のように新しい社会関係や秩序を作っていこうとするとき自らの経験をストーリーとして語ることから始めざるを得ないにしても，それだけで乗り越えを図ることには限界がある。"経験"話法の声に対して，それはあなたのわがままじゃないか，という声も聞こえてくる。そこで人びとは，自分の生活経験の中から語ることを中心にしながらも，他の話法を接ぎ木して働きかけの力とする。つまり，自己の経験と外部のデータや言葉とのつなぎ合わせを図るのである。

"例示"話法への接続は，一般的な例だけでなく先行的な事例を抽き出すことで，世間で承認された例と自己の経験とを結びつけ，自分のストーリーが決して特殊なものでないことを語るであろう。"造語"話法では，自己の置かれた立場や状況を説明するのに便利な新語を拾い出したり，ローカルな世界で通用するような造語を作り出して，"経験"話法を補強する。C氏の職場では，家事育児をしながら働く女性を「ママさん社員」と呼んでいる。じつは働く女性以上に社会的認知がされていないのが共働きで家事育児をする「働く男性」だが，この立場への無理解もその呼称が未設定のままであることに関係しているように思われる。新しい関係や立場や事情には，ひとまず新しい名前が必要なのである。[*9)]

【3】 声を引き出す声

補強手段として"例示"話法や"造語"話法が使われるときも，それらを有効に作用させているのは，"経験"話法の中にある，相手の声を抽き出す力である。

経験をストーリーとして語ることで交渉が促進されていくという点に関して，G氏は一つの理想像を次のように述べる。「紳士協定的なことが守られている状態というのが，理想といえば理想ですよね。こちらの話も聞いてくれて，向こうからもちゃんときちんとしたキャッチボール的な交渉ができているというのが。」それは例えば「冷静に経理報告を聞いて，黒字が出ているんだけど，その黒字を過去のなんとかに当てるために，こうこうこうであるからといった，分かるような説明の上での交渉」だと言う。つまり，この場合会社側は，経営

---

*9) (上野千鶴子1996) は，既成の呼称の問題点を指摘するだけでなく，新しい呼び方の提案にまで踏み込んでいる。なお，家事育児をする「働く男性」に「育メン」の語が当てられたのは，ずっと後，2010年の改正育児・介護休業法の施行以降のことである。

者としての「この私」の経験をベースに，これまでの経過と今後への意向をストーリーでもって語るという限りで"経験"話法で語っており，この語り口なら納得のしようもあるというわけである。

こうして"経験"話法は，葛藤を生きる「この私」として語りかけることで，相手をも固有名詞をもった者として誘き出し，「あなた自身」の声を誘発する。この辺の事情を，C氏は以下のように語る。

> 私があなたに働きかけるときは，必ず自分に何かくれると思って話してますから……必ず何か返して下さいよ，そういう土台づくりというかは，まあ，してきたつもりですけど。(中略) あとは，(リアクションが) あるように投げかけるのも，自分のテクニックかなって思います。どんな言い方してもどんな言葉で言っても必ずリアクションがあるというわけではなくて……私はやっぱり「あなたの考えが知りたい」という投げかけをすれば，返ってくるんだと思うんですよね。だから，やっぱり聞くだけ聞いてくれればいいのよという投げ方をすれば，返ってくるものも返ってこないというか，この人はもうただ吐き出したかったんだなと思われるだけですから……。そうじゃなくて，「あなたの意見を聞いて私はもう一回考え直したい」「あなたの考えを知りたい」っていう態度で話すっていうのが最低限のマナーだと思うんですよね。

こうして，自分の声によって相手の声が抽き出され，その相手の声がまた次の自分の声を引き出していく。あるいは，返ってくるであろう相手の声によって，次は自分自身が変化することを相手に約束しながら語りかける。

【4】 声を生み出す場

こうした日常的実践のなかで獲得・開発されるワザとしての"経験"話法によって乗り越え方が現実化するためには，どんな条件・セッティングが必要になるのか。まずは，身体活動としての声であり，この声をやりとりする場としての対面機会である。"経験"話法によるコミュニケーションにとっては，たんに「話す」ことと「聞く」ことが両者に対等に保障されているだけでは不十分である。われわれは日常，話者の話を聞き「ながら」，うなずいたり言葉を挟んだりして「話して」いるし，逆に話者はそうした聞き手の表情やしぐさや割り込みを見聞きしそれに導かれ「ながら」話している。一つの声が両者に「同時に」影響を与え，次の声を抽き出していく活動としての"経験"話法に必要なものは，コミュニケーションの相互性（reciprocity）ではなく同期性（synchronicity）[10]であり，その意味でも対面上の声のやりとりが不可欠の条件と

なるのである。

　この身体的関わりという条件は，二つのことを含意する。第一に，"経験"話法による乗り越えでは，葛藤を抱える本人が他者との間で声のやりとりを経験しその他者と共変していく中で乗り越えを図っていく以上，本質的に代理はきかないであろう。今回の対象者自身，「本人が直接会って話すこと」の意義をこう説明している。

〈B氏〉（上司たちは）経験がないからわからないだろう，と。でも，当事者が声をあげなければ次に進んでいかないと思うんですよね。誰か代わりの人っていうわけにはいかないんですよ。（中略）相手に通じていようがいまいが，当事者がものを言っているということには，やっぱり迫力っていうか……があると思うんですよね。
〈G氏〉相手と直接会って話すっていうのは，絶対無駄じゃないです。もうほんとに遅々たる歩みですけども，それでも何回かのうちには少しずつは変わってますから。

　第二に，"経験"話法による乗り越えでは，やりとりを文書に置き換えることは声の力を失うことにつながる。Ⅰ氏のケースでは，半ば組合に預ける形で話し合いが展開していったが，彼女は別のやり方があったかも知れないと振り返る。

〈I氏〉もちろん今回のケースを元にしてもっと広い意味で話し合いをしたいという意味合いで，組合側は提出したんですけども，その文書のみを見て「これは全く話し合いをするまでもない」という返答になってしまったようなんです。だから組合側としてのもっていき方も，もしかしたらもっと別な形にしたらよかったのかもしれないですけれどもね。

　ここでは，組合を通したことで本人性が希薄になっただけでなく，その組合からの申し入れが文書でなされたことによって「本人性＝声」が二重に失われたことが示唆されている。

---

*10) 対面上のコミュニケーションの「同期性」については，(Condon 1976) 参照。

4 ▶ まとめと今後の課題

4.1 ▶ "人びとのやり方"から得られる示唆

　以上，働く女性へのインタビュー調査を手がかりに，人びとの葛藤の乗り越え方をその語り口に注目して分析し，一つの有力な方略としての"経験"話法による乗り越えという仮説モデルを提示してきた。

　もっとも，有力というのは少し言い過ぎかもしれない。法律や権利を使おうとしてもそれを直に主張できない抑圧された空間で，しかも援用すべき慣用句も事例も造語も不十分な中でなんとか問題を解決しようとするとき，自らの経験をストーリーとして語りかけていかざるを得ないという事情。その中で苦心して編み出され，当てになりそうな方略の一つが"経験"話法による乗り越えだったと言い直すべきであろう。

　苦心して編み出さなければならない事情は，何も女性の労働場面に限らない。男性と職場，企業＝消費者，行政＝住民，学校＝生徒，病院＝患者等々，いたるところで従来の慣用句や事例が個々の生活者のローカルな生活局面で間尺に合わなくなり，新しい関係の仕方が模索されている。としたら，本章の仮説から法・紛争処理制度の基本的な方向性に若干触れておくことにも一定の意味はあるであろう。以下，2点について簡単に述べておきたい。

【1】「解決」は提供可能か

　本章での分析によって浮かび上がってきた"人びとのやり方"の基本型とは，自らの声によって相手に働きかけ，対面上の声のやりとりを通して乗り越えの手がかりを探ろうとする方略である。葛藤の渦中にある人びとは，声を内にこもらせて現状に甘んじたりしない。何かを当てにするわけでも，また自分の力だけで葛藤を乗り切るのでもない。むしろ，周囲の人たちに自分から声をかけそこでの反応をモニターしながら乗り越えの手がかりを模索する。

　そこで目指されるのは，何らかの具体的な「解決案」であるというよりも，むしろ他者との対面の中で声を通して乗り越えの「手がかり」を探ることであった。すなわち，ここで見た"人びとのやり方"を前提とする限り，葛藤における解は当事者自身によってのみ見つけだされるのであり，当事者自身による

探索活動を抜きにしてある結論を外側から提供することも，またその探索を誰かが肩代わりすることもできないようなもののように思われる。

【2】 身体的交渉の環境

しかし他方で，紛争過程が当事者間の声による探索活動だからといって，紛争はすべて当事者どうしにまかせておけばよいということにはもちろんならない。つまり，人びとの「あいだ」には自律的解決の潜在力があるだけで，それぞれのVOICE行動を支援する何かが求められてもいるのである。その最も根底にあるニーズは，当事者の対面から始まる身体的な関わりを促進する環境であろう。

例えば女性が職場での葛藤を乗り越えようと行動するときの最初の障害は，前提となるべき対面機会そのものが得られないことである[11]。その意味で，当事者どうしの対面の機会は葛藤乗り越えのための前提条件であるが，対面すること自体が目的ではない。対面し声をやりとりすることを通して，それぞれの解を見つけていくことがゴールだとすれば，その発見の手がかりとなる豊かな身体的関わり（声，表情，しぐさ等）の場を充実させることは一つの大きな鍵となるであろう。

4.2 ▶ 今後の研究課題

第1款でも述べたように，人びとの葛藤乗り越え活動における「1/4インチの穴」を探し出しそこから法制度に可能な支援を検討していく作業は，様々な実践と研究の往復の中でたえず更新されていくものであり，本章はその手始めの一つにすぎない。ひきつづき"人びとのやり方"を基点に，これからの法・紛争処理制度のあり方を研究していきたいと考えているが，そのための次の作業課題の一つに，人びとの乗り越え活動とさまざまな社会的手だてとの「接点」研究がある。

今回のヒアリング調査の中で改めて感じたことは，人びとは何か抽象的な制

---

*11) たとえば，1年契約で更新3回までの有期雇用契約制度を実質若年定年制として争う南海放送の"HANAKO隊"は，部長や局長からの無視の後，会長の自宅への訪問を試みるが門前払いに終わる。ここでも，彼らが運動の中で終始求めているのは「直接対面しての話し合い」であった（山中1995）。

度や組織と関わっているのではなく，実際にはその具体的な側面と接触しているという，ある種単純な事実であった。つまり，人びとは労基署や婦人少年室の担当者といった極めて具体的な側面と接触しそれをテコに乗り越えの手がかりを探している。ということは，ある制度の評価もまた，その理念においてではなく，こうした最前線に立つコンタクトパーソン[*12]との具体的な接触の中でなされると考えなければならない。そしてこれら一見些細な接触の中に，制度の問題や矛盾，さらにはあるべき制度設計のヒントが隠されているように思われる。

つまり，法・紛争処理制度のあるべき姿を模索する上で，この接触と接点こそ最も重要な研究サイトなのではないだろうか[*13]。今回の調査では，こうした接点でのやりとりを詳しく分析することはできなかったが，労基署や婦人少年室のみならず裁判所，紛争処理センター，弁護士事務所等々の接点レベルでのインタラクション，せめぎあいを子細に分析していくことから得られるものは大きいように思われる[*14]。

その際，例えば制度理念がどこまで実現されているかといった観点からの分析では接点研究の意味がないことは言うまでもない。そうではなく，それぞれの制度や組織が予定している本来的役割からはみだして利用されているところに焦点を合わせて初めて意味をもつように思われる。

例えば労働に関する紛争解決方法の最近の傾向の一つとして，労働契約をめぐる個々の労働者と使用者の個別紛争について労働委員会の不当労働行為救済手続を利用するケースが目立ってきている[*15]。こうしたいわば「間違った」使い

---

*12) 独自のCS実践によってスカンジナビア航空の立て直しに成功したヤン・カールソンは，あらゆる経営努力をコンタクト・パーソンと顧客との〈接点〉に向けるべきだと主張する（カールソン1990）。また，サービスビジネスにおいて，顧客と直接接触する第一線従業員の役割の重要性については，（Albrecht 1988）参照。

*13) 法が実践の外側にあらかじめ存在するのではなく，さまざまなローカル・プラクティスの中で生み出されるものとする視点については，（Harrington & Yngvesson 1990）の議論を参照。

*14) ここで念頭に置いている分析の構えとして，たとえば（Yngvesson 1990）参照。

*15) （直井1996）は，解雇された労働者が解雇後に企業外の労組に加入してから労委に申し立てをするまでのプロセスが事例の形で紹介するとともに，利用する側から見た労働委員会利用の事情・背景も分析していて興味深い。併せて，（直井・成川1994a, 1994b）参照。

方,すなわち制度にとって予定外であるという意味での「間違った」使い方の中に,むしろ人びとの潜在的ニーズと制度設計のヒントが潜んでいるように思われる。ある意味でわれわれは利用しうるものを環境の中に探し実際に使い,しばしば「間違った」使い方をすることで生活のマネジメント・スキルを発達させてきたように思われるが,同じことが法・紛争処理制度にも当てはまるのではないだろうか。そしてじつは,「使われる」ことを通して,制度もまた進化していくように思われる。より良い環境は,制度側だけでは達成できない。むしろ,誤用も含めて利用者に使われることを通してのみ作られていくものではないだろうか。

　これら今後に残された研究課題への取り組みが,人びとに利用される法・紛争処理制度,そして使われることを通してたえず進化していく制度模索のきっかけの一つになればと考える。

第Ⅱ部

領有からはみ出す声とからだ

第6章 身構えとしての声
交渉秩序の反照的生成

1 ▶ 声に現れる日常と法

　本章は，ある医療過誤訴訟を素材に，苦痛や問題を感じる人びとの声がどのように法と出会うのか，法はその声をどのように聞くのかについて，当事者間の交渉過程の分析を通して検討しようとするものである。

　ここで"人びとの声"というとき，それを法以前，法以外の語りの住処としての日常世界に結びつけたり同一視したりする必要はない。同様に，たとえば法廷を法的推論だけが支配する場所と考える必要もない。そうしないと，日常のなかに法的なものが，法のなかに日常的な何かが潜り込んでいる事態を理解することができなくなる。[*1)]

　これまで行われてきた紛争過程の言説分析において，たとえばルール志向／関係志向，普遍・脱文脈的／状況・文脈的といった対照によって法と非法の性質や対抗関係が論じられてきた。しかしこうした特徴づけから，法の外にあらかじめ人びとの日常的な言語実践空間があるとか，日常世界とは切れたところに法の言説空間があるといったイメージを引き出すとしたら，大きな混乱を生むように思われる。とくに，法と非法との相互依存ないし相互制御関係を分析するためには，法も日常も，あらかじめどこかにあるのではなく，人びとの声の活動のなかに現れるものと見なすところから出発するのが適切に思われる。[*2)]

　こうした前提に立って和田は，医療過誤訴訟の言説分析を通して，法と日常の関わりを動態的に分析する際の新しい視角を提供する（和田仁孝2001）。一般に法廷では，法言説が日常的言説を一方的に支配・抑圧し，素人当事者の声は

---

*1) 法と日常の相互依存関係について，本章は，たとえば教育サービスをめぐる障害児童と両親の生活実践を分析する（Engel 1993）等と基本的立場を共有する。

*2) 法廷ではなく日常的交渉場面における法の現れ方を分析するものとして，（西田2003）参照。

129

法的な語り構造に吸収し得るもの（として）しか取り扱われないとする見方がある。しかし，日常的な語りは，法の語り様式に強く規制されながらも，「密かに法的評価のなかに浸透し」（同前: 44），法的判断に強い影響を与えていく。そこでは，子どもを失った両親の訴えが，たとえば「不慮の死をめぐる苦悩」あるいは「母と子」といったアレゴリーを喚起することで，固有の位置をもった当事者の迫力ある声として聞かれ理解される可能性が説得力をもって示される。ここから和田は，アレゴリー作用によって，日常的言説と法言説が支配や対抗関係を超えて架橋される可能性の示唆へと論を展開する。

　このアレゴリー論のおもしろさの中心は，個別的な体験や痛みが，抽象化や脱文脈化によって加工・回収されることなく，アレゴリー作用を通してそのままの形で「理解」される可能性を提示する点にある。もっとも，ここでの理解にはさまざまな位相があり得るのであって，それが明快なアレゴリー喚起力によって「理解可能な話」としてきれいに了解されればされるほど，逆に語りの迫力が薄れてしまうという矛盾に陥る危険性もあるように思われる。こうした危険は，苦悩や痛みをめぐる当事者の語りが，苦痛のもととなった出来事に関わりをもつ者の目の前で展開されるときにとくに重大なものになりうる。

　和田が考察した医療過誤訴訟に現れた母親の語りが一定の迫力をもって理解されたとすれば，それはアレゴリーの単独作用というよりも，別の隠れた語りの力との共働によってもたらされたのではないかとの仮説から，媒介なしで出来事を直接知覚させる声の力について考える。

　以下では，和田が考察したのと同じ事件を素材とし，とくに過去に起こった出来事をどう記述するかをめぐるやりとりの分析に焦点を当て，迫力をもって他者に働きかけるもうひとつの声の可能性を示してみたい。そして，この語り口が日常世界から「持ち込まれた」のではなく，まさに法的な語り口との接触を通して現れてくるさまも同時に示してみたい。

2 ▶ 記述される事実

2.1 ▶ 法の記述様式

　まず，事件の概略について簡単に説明する。高校2年生の少年M君は，交通

事故で腹部，頭部など全身を強く打ち救急病院に搬送された。入院時から激しい腹痛を訴え，翌朝，膿盆2杯の吐血をした[*3]。同日のX線とCTの検査では異常所見なしと診断された。腹痛が続いていたが，打撲との見立てのもと，食事の指示も出された。入院9日目に行われた造影検査で十二指腸後腹膜破裂が疑われ緊急手術を受けたが，すでに治療困難な状態に陥っていた。その4日後，両親はM君を別の病院に転院させたが，MRSA感染もあり，播種性血管内凝固症を併発し亡くなった。以上が入院から死亡までの概略である。

　両親は，「葬儀をすませたあと，まき込まれた混乱のうちに過ぎた状況をじっくりと見つめなおし，整理を始め」，「どうしてあんな死に至ることになったのか。真実が知りたい。」「考えれば考えるほど，不可解なことが多すぎる。」「提訴することで，息子の死の原因はいったいどこにあったのか，その真相を法廷の場で明らかにすること」（佐々木孝子 2000: 26-28）を決断した。その後，図書館や書店を回り医学書を独学する過程で医療裁判に詳しい弁護士を見つけ，証拠保全手続，提訴へと進む。

　どうして亡くなったのか。死に至るまでの事実経過を記述することは，起こった出来事の一切合切をただ時系列的に並べることではあり得ない。そもそも，すべての事実というものが存在しない以上，どの事実を重要事実として切り取りつなぎ合わせていくかは，一定の見通し，目論見（plot）によって初めて導かれる[*4]。この見通しなしでは，出来事は記述され得ない。さらにいえば，一定の想定解決策に沿って出来事（事実）が定義・構成されるのであって，歴然とした事実がまずあって，その後に解決策が探られるわけではない[*5]。

---

*3) 裁判所の事実認定では，「Mは，黒茶色の液体を，膿盆に二回に分けて嘔吐した」として，吐血ではなく嘔吐としているが，原告がたどった経験にそって一連の交渉を分析するという関心から，証拠保全手続申立ての疎明資料として添付された陳述書および訴状の記述に従って，あえて吐血として取り扱う。なお，本稿執筆に当たって，原告両親から膨大な裁判資料の閲覧をさせていただいた。そのご厚意にこの場を借りて謝意を表したい。

*4) 棚瀬孝雄は，事実認定の物語性を論じるなかで，日常の語りのなかで出来事の記述と規範的な評価とが「不可分なものとして同時に存在している」ことを指摘する（棚瀬1995: 868; 棚瀬2002: 159）。

*5) 土井隆義は「事件の定義がされた後に，しかるべき解決策が模索されるわけではない」（土井2001: 139）と述べる。もっとも，本稿の事件における解決策を，医療過誤にもとづく損害賠償の請求と限定的に解した場合，これをもって，原告両親の事件定義活動を導

さて、この真相の究明が、たとえば病院側との示談交渉の場ではなく医療過誤訴訟として法廷で行われることとなった時点において、出来事の記述を導き制御する見通しとは、具体的には医師の「過失」の立証、そしてそれと死亡との「因果関係」の立証に焦点化される。事実関係は、いわゆる要件事実的な出来事記述、すなわち過失と因果関係を明らかにするのに必要な情報としてのみ述べられることが期待される。

医療ミスを見つけ出し立証する作業が、弁護士も含めた医学の素人にとっていかに重い負担かということは改めて述べるまでもないが、過失と因果関係の立証という出来事記述の初期条件が、両親のもやもやした疑念を解きほぐし、不可解な2週間を明らかにするときの一つの導き手になったことは確かであろう[*6]。もちろんそれが、法によって問うことのできる責任でしかないとしても。

いずれにせよ、過失と因果関係の立証という着地点をめざし、事実は組織化され記述されていく。

2.2 ▶ 語る資格

まず訴状において、病院の過失とその死亡との因果関係に関わる事実が、被告の過失と混じり合う形で述べられる。これに対し被告側は、入院から転院までの治療経過と医学的な解説を交えて反論する。すなわち、「後腹膜部の十二指腸穿孔を疑うことができなかった」が、その「診断の困難性が指摘されている」とし、「過失とともに結果回避可能性の有無・程度も争う」（答弁書）と。

病院側は、二つの法的争点「過失」「因果関係」にきちんと押さえをする一方、原告が呈示するのとは別のプロットを呈示した。M君は自動二輪で走行中、駐

▷いた見通しと即断することはできない。むしろ、ここでは医療者の「過失を明らかにする」という位相での解決策ととらえるのが適切に思われる。

*6) 言語を社会・文化的コンテクストから研究するワーチは、文化的道具（cultural tools）としての言語には、行為を可能化し力を与える側面と制約・制限する側面とが共在することを強調し（ワーチ2002: 42-47)、前者の行為の可能化について、ギブソンのアフォーダンス概念と結びつけて説明する。もっとも、アフォーダンスは、行為の可能化と制約の両方を含んだものとして、行為制御するものと考えるべきであろう。ギブソンのアフォーダンス概念については（ギブソン1985）を、またその紹介と応用に関しては（佐々木正人2000）参照。

車中のトラックに接触して転倒したのであるが，被告側は，「本件の不幸な結果」の原因は交通事故であり，衝突したトラックが違法駐車であるなら，そちらに対して責任を追及すべきと主張する。つまり，事件の始点を病院への搬送から交通事故に，終点を死亡ではなく「特殊な十二指腸損傷」へとそれぞれ時間的に遡及させ，その中間に「困難な傷害を発生させたこととはまったく無関係」な者としてたまたま介在したという位置づけを示す。

　こうした出来事構成と同時に，答弁書以降の書面に一貫する病院側のもう一つの言説戦略が，「専門家／素人」軸の設定である。たとえば，見落としのあった病名として原告側があげた腹腔内損傷について病院側は，「原告の主張には，本件十二指腸損傷についての誤解があるようである。この損傷についての基礎的な文献を提出するが，本件のそれは腹腔内破裂（損傷）ではなく，後腹膜（腔内）破裂である。」(答弁書)と述べる。事実の訂正というしぐさで行う教示であり，これから始まる攻防における「語る者の資格の違い」の宣言である。これは，言っていることの信憑性を根底から否定するための戦略であるが，と同時に，何がしか動かしがたい「正しさ」（たとえば2の3乗＝8のような）があること，そしてそれを知る者のみがものをいうことが許されるとする交渉ルールの一方的設定でもある。これ以降も，被告病院側は医学上の資料とその説明に頁を費やしながら，専門知というハードルを次々と原告の前に立てていく。

　原告側は，要件事実的出来事記述という初期条件に加え，このハードル越えの挑戦に応じる形で，医師の協力も求めながら過失を明らかにしようとする。しかし，どの時期にどんな落ち度があったのかを特定することは並大抵のことではない。

　こうした手詰まり状態のなか，専門家のミスを専門家の知見で明らかにする作業とは別に，入院中13日間ずっと母親がつけていた日記をもとに，事実関係を整理し直すことを思いついた。日記というのは，M君の容態，体温から医師の診断や薬剤名，食事，分量，医師・看護婦の動きややりとり，そして母親のそのときどきの思いや願いが詳細に綴られたものである。これらを時間と項目のマトリクス表に分類し，その横に証拠保全したカルテや看護記録を並べて貼り付けてみると，「一枚ごとの紙の上で，その日一日の様子がはっきりと把握できるように浮かび上がってきた」(佐々木孝子2000: 52)という。そしてここか

ら，新たな見通しを得て，それを裏付ける証拠を求めて全国を歩き回り，決定的となる証拠にたどり着く。それは入院翌日の単純X線写真に写し出された気腫像で，十二指腸破裂を疑うべき像であった。

日記をもとにした事実の見直しによって，おそらく両親は要件事実や専門知の縛りから一旦ほどかれ，初期段階での医師の落ち度を見つけるための，ある直観のようなものを得たように思われる。被告病院側の準備書面を埋め尽くす専門知識とそれによる素人（考え）の排除は，専門家に対抗するための専門知識の必要を認識させるに十分であったが，被告側が原告に押しつける素人としての主体像が，いわば反照的に[*7]，入院中ずっとそばに付き添って見守った素人たる自分（特に母親）こそ，息子の容態を最もよく知る立場にあることの気づきを導いたように思われる。

2.3 ▶ 要件事実に乗らない事実

この気腫像発見はさっそく弁護士に伝えられ，第4準備書面として提出された。病院側は，気腫像があることは認めたものの，このX線写真の読影から十二指腸破裂を疑うことの困難性を主張し過失を否定する。決定的証拠だと確信する両親は，すかさず陳述書を書いて提出を弁護士に依頼する。その前半では，「医療過誤立証の困難」「気腫像」に関する意見が述べられているが，後半部分にはこうした過失の立証に直接関連しない，その意味でこれまでの準備書面では表明できなかった重要事実と意見が明かされている。

なかでも，「3.ベテラン医師について」の部分には，担当医師の能力に対する不信が強く表明されている。

> 被告側書面によれば，「老練の外科医と中堅の外科医が誠実に診療を担当している」とか「両名とも十分の経験を積んだ外科専門医」だとベテランぶりを主張している反面で，「初めて経験する症例であった」とか「能力を超えた症例だった」と医師とし

[*7] ここでの反照化という機制イメージについては，以下の別役実の舞台論から示唆を得た。「上手側に立っているAが，上手奥を向いてうずくまり，下手側に立っているBが，『どうしたんだい』というように体をそちらに向けると，『閉じた存在』であるAと，その『照り返し』としてのBとの間に，ある『関係』が生じ，空間に奥行きと重層感が生まれる。」（別役2002: 39）。

て恥ずかしい言い逃れをし（中略）ている。
　それであれば，失礼ながら老練というのは，ただ年がいっているというだけで，中堅とは中途半端な外科医ということになります。（陳述書その1）。

　過失否定のための"専門家＝優秀な医師"像のディスプレイが，逆に，専門家であればなおのこと見落とすはずのないミスを犯した，つまり優秀でない専門家という批判を導くことになった。
　さらに後段では，吐血後の母親と医師とのやりとりが，具体的な会話として呈示される。

　　急性腹症の症状を呈し，吐血をしたので医師には内臓破裂と違いますかと何度も尋ねましたが，「心配せんでいいですよ，打撲やから」と言われ内心安堵もしました。だから，湿布やビオフェルミンの投与等，今にして思えばマンガチックにさえ思われる施療にも何の抵抗もありませんでした。（原告陳述書その1）

　ベテラン医師の内実を嗤う前段に続くこの会話事実の言及は，医師の能力不足，さらにその先の過失を照らし出すための傍証なのだろうか。おそらくそれだけではあるまい。過失立証という点では，吐血の原因究明を怠ったことよりもX線写真の気腫像の看過のほうがずっと有効だったのだから。
　じつは，提訴前の証拠保全手続申立ての疎明資料として添付された陳述書，つまり最初期にすでに，「吐血については鼻血を飲んだせいだと言い」として，部分的にではあるが具体的な会話として触れられていた。ところが，訴状以降弁護士によって作成された準備書面では，吐血はいくつかの注意義務違反の一つとして触れられるに留まり，過失立証の上では二次的なものとなり，さらに有力証拠発見後は吐血事実そのものが後景化していった。しかし，もはや補助的なものとなったかに見えた吐血の出来事は，両親自身の手になる陳述書において，しかも専門家／素人の過剰なまでの強調への返歌という文脈のなかで，吐血自体ではなくそれを取り囲む具体的な会話事実として呼び戻され再び前景化することになった。

3 ▶ 出来事を出来事以外で語ること

3.1▶ 証人尋問

　皮肉にも，X線写真という有力証拠の発見は，両親の予想に反し，判決に向けた訴訟進行の加速ではなく，逆に和解による解決へと大きく軌道をそらす方向に働いた。事件の全貌がほぼ見えてきたと判断したのだろう，有力証拠提出の2ヶ月後，裁判官から和解の勧告があった。両親はこれを断固拒否し，さらに，同じく和解を勧める弁護士をも解任することになった。

　両親があくまで判決にこだわった理由は，解任された弁護士の次の言葉によって確かめることができる。

　　「お医者さんを法廷に呼んで，自ら尋問を直接することによって，彼女（母親）の気が少しでもおさまる，気が済む。」「たとえ判決の場合でも，（中略）普通の弁護士がやる証人尋問，見落としを立証していく，あるいは過失を立証していくということを，普通に，というか私たちの進め方で進めていったのでは，彼女にとっては，きれい事になってしまって，それでは気が済まなかったんだろうと思います。」（毎日放送 1997）

　本人訴訟となって以降，両親は手作りの準備書面を二ヶ月半の間に10通というペースで提出した後，医師を直接尋問する日を迎える。尋問は，X線の気腫像の見落としの追及のあと，吐血をめぐる会話の再生へと展開する。

（母親）そのときに本当に苦しんでおりまして，これは急性腹症，大変だということを本当は考えて診てほしかったんですね。そして明くる日，朝ですけれども7時50分，吐血をしました。膿盆に二杯ほどの黒褐色の吐血をしたんですけども。
（A医師）看護日誌によりますと，膿盆に二分の一ということなんですが。
（母親）二回取ったんです，私が。そのときにいらしたんですけれども，そのときに私が，これは内臓破裂と違うかなと言ったら，先生はどうおっしゃったんですか。
（A医師）そのことは私自身今記憶ないんですけれども，（中略）今後の経過によってまた違った状態になることがあるということはお話ししたと思います。
（母親）だけど，鼻血を飲み込んだもんだ，お母さん，大丈夫ですよとおっしゃいませんでしたか。
（A医師）私自身は大丈夫だとは言った記憶はないです。私自身，そういう腹部外傷

に関してはいろいろつらい経験もしてますので，大丈夫ですという表現は一切使わなかったと思います。(証人調書1)

具体的な会話再生は，1ヶ月後のB医師に対する証人尋問でも聞かれた。

(母親) だけど先生は，私が先生大丈夫ですかと聞くと，いつも打撲だから大丈夫とおっしゃいましたけれども，何を根拠に打撲だと思われたんですか。
(B医師) お母さんが私に聞きにこられたのは，21日の昼前に，ほかの病室を回診しているときにどうですかと。それで大丈夫なように思いますよと，とにかくそう申し上げたと思うんですが，たんなる打撲やから大丈夫という言い方をした覚えはありません。
(母親) 大丈夫っておっしゃいました。そのとき私は医学を信じたんじゃなくて，医者，しかもあなたを信じたんです。(証人調書2)

もはや吐血問題が，たんなる過失特定のための主要事実などでないことは明らかであろう。ここに現れたのは，要件事実的な出来事記述には収まりきらない，しかし両親にとっての真実究明作業に欠かすことのできない声であり，誰によっても何によっても代理することのできない当事者の声である。

それまで，被告側からは医療の素人として語る資格を否定され，裁判官・弁護士からは法実務で「普通に」行われる解決としての和解を何度か勧められたことが，法と医療という二つの専門（家）への見切りと，逆に素人としての両親のアイデンティティ再構築を刺激したように思われる。

この事件における母親の位置は，医療事故で子どもを失った母親一般でもなければ，知らぬ間に子どもを失った親でもない。入院した深夜から一睡もせず，激しい腹痛で苦しむ息子を見かねて三度のナースコールをし，朝には膿盆をあてがって二回に分けて吐血を受け，駆けつけた医師に内臓破裂ではないかと確かめた限りで，母親はもはや看護だけでなく救命にさえ関わった素人，しかし医師よりも息子の容態をよく知る素人であった。このことが，「膿盆に二分の一ということなんですが」という発言によって反照的に明らかにされたのである。

病気のことは医者にしかわからないというわけでは全くない。顔色，表情，動作，痛みの訴え，吐血等，異常を知らせるしるしをわれわれは日常的に理解・経験している。おそらく，要件事実という記述条件と医学的知識による立証という与件に従って進めてきた訴訟が手詰まりに見えたとき，そこで整理し直した13日分の紙は，M君の容態変化だけでなく，それを見守る母親自身の位置と

軌跡をも映し出していたに違いない。

3.2▶ 出来事の陳腐化への抵抗

証人尋問において，要件事実志向の記述方法からも医学的知見に裏付けられた記述からも離れ，やりとりされた会話を何度も再生しようとしたことにはどんな意味合いがあるだろうか。

この点について，映画『SHOAHショアー』を撮ったクロード・ランズマンの〈方法〉と，その解釈から生まれた高木光太郎の「身構え」論に依拠して考える。

息子の死のいきさつを知ること，そしてそれを担当医師に知らしめること。おそらく，有力証拠発見までの事実関係の究明は，過失を法的・医学的に証明することで達成されるはずのものであり，実際それは結果においてほぼ達成された。

しかしこうした「知り方」，すなわち因果論的で必然的な出来事として説明されればされるほど，出来事は陳腐化されてしまう。ランズマンがこだわったのも，この出来事の陳腐化をどうやって排除するかであった。ランズマンは，「ホロコーストをとりあげようとしたすべての作品は，歴史と年代記の助けを借りて，この出来事が自然のうちに出現したかのように描く」試みだと批判する。「まず，1933年，ナチの権力掌握から話をはじめる。(中略) 年を追い，段階を追って，いわばほとんど予定調和的に絶滅政策まで行き着こうと試みるのだ。あたかも，600万の男女と子供たちの殲滅が，これほどの大量殺戮が自然に生み落とされることが可能だとでもいうように。」(ランズマン1995a: 3)。「出来事を出来事以外」の何かで語ることは，「どのように慎重」に行われたとしても，出来事を言語的表象のなかで再構成し神話化することである (高木1996a: 222, 227)。

ランズマンは，再構成ではなく，ホロコーストという出来事を実物大に復元するための「新しい形式」をつくり出した (ランズマン1995b: 122)。たとえば，絶滅収容所の希有な生存者スレブニクに対し，当時を回想して語ることではなく，当時と同じ川を小舟で上りながらあのときと同じ歌を歌うことを求める。高木は「『歌』という身ぶりの反復を求めることで，場とスレブニクの間に想起が侵入することを制止」し，そこに蘇ったスレブニクの身構えを通して，「ホ

ロコーストを直接知覚可能なものとして示す」(高木1996a: 230) というランズマンの〈方法〉の核心から「身構えの回復」を展開する。

　ことばのやりとりを声によって再生 (recite) すること，すなわち証人尋問の場で医師との会話を自ら復唱し，また医師にも復唱させようとした母親の声は，出来事を表象なしで呈示するスレブニクの歌として聞くことができる。

　これに対し，要件事実的な出来事記述は，事故から死までの16日間の出来事を「わかりやすいもの」にすることと引き替えに，出来事の一回性，固有性を切り捨ててしまう。たとえば，「バイクを運転中転倒して十二指腸後腹膜を破裂した者が後腹膜膿症を発生，憎悪させ死亡した場合につき，担当医師に適切な診断治療を怠った過失が認められた事例」(判例時報1620号: 104) といった記述は，法が現実をつかみ取るときの手つきを最も純粋に示している。

　もちろん，要件事実的な出来事記述に規律された法廷において，固有の位置を占める当事者の声が聞かれないわけではない。第1款で見たように，当事者の個人的な体験の語りが「アレゴリー的位相を通して我々に普遍的な「理解」をもたらす」(和田仁孝2001: 67)可能性は十分にある。しかしながらそこには，「不慮の事故で子を失った母親」といったアレゴリーも，場合によっては「わかりやすい話」として受け取られてしまう危険性もあるように思われる。

　この陳腐化の危険から語りの迫真性を救出したものこそ，母親による過去の声の再生であった。何よりもまず声の復唱は，聞く者に，位置づけられた主体間の一回の出来事を直接知覚させる。くわえて，その出来事に関わった者に当時と同じ身構えを回復することを迫る。もちろん，ここで声によって関わりの現場を再現することは，たんなる復元作業に留まらないことはいうまでもない。「しかもあなたを信じたんです」という声によって，母親と医師との関わりが，まさに今なお重なりながら継続するものとして問い直され確かめられているのである。こうして，裁判官をはじめとする聞き手も，「子を失った母」というアレゴリー理解の上に，「子を失った母とあなたとの関係」として，母親の声を聞くことになるのである。

4 ▶ 交渉秩序の反照的生成

　声という身振りによって出来事を直接知覚させること，何もこれはM君の母親の独創ではなく，むしろ人びとが日常的にしていることなのかもしれない。しかし重要なことは，この会話の復唱が，法廷でなされたことの意義といきさつであろう。

　まず，いきさつのほうから述べる。この声がどこから来たかについては，いくつかの見方が可能である。たとえば，法の外の世界にあらかじめあった言説が法廷に「持ち込まれた」と見る仮説もあるかもしれない。しかしながら，この見方は，法と日常を予定調和的に対比対置させる以上の意味をもたないように思われる。

　そうではなく，法廷で聞かれるあらゆる声は，法の外や日常からでなく，法廷なら法廷という場を通して展開される交渉活動のなかから生まれてきたものである。両親が医学の素人であることは，裁判以前からの一般的知識である。しかし，被告から繰り出される専門医学的知識からする素人定義，そして語る資格を否定された素人イメージは，まぎれもなくこの交渉の展開のなかから現れたものである。そしてこの，被告による素人排除，誠実で優秀な医師像ディスプレイによる専門家言説の特権化から，いわば反照的に，能力不足の医師という逆定義 → 吐血をめぐるやりとりの再前景化 → 会話の復唱による関与現場への呼び戻しへと展開していったことが重要なのである。

　紛争や葛藤の解決がたとえば法廷を通して進められるときも，その展開は，法廷の約束事や専門家の「普通の進め方」だけで規律されているわけではない。法廷の約束事や常識は，人びとの語りを抑圧することで同時に誘導もしているのである。このややこしい言い方も，たとえば「医学を信じたんじゃなくて，医者，しかもあなたを信じたんです。」とのことばが，要件事実志向の記述と医学的知見に裏付けられた記述に倦み，専門家の過剰強調から逆に担当医師の能力不足を確信しえた末にはじめて現れたことを考えれば理解されるであろう。

　そこで問題は，医師との関わりという出来事をその会話によってリサイトし

たことを法（廷）がどう受け止めようとしたかである。

　被告医師らがどこまで出来事を直接知覚したかはわからないが，担当医師は証人尋問の場ではじめて，救命が可能であった初期段階で十二指腸損傷を見抜けなかったことを認めた。

　じつは，第１準備書面から証人尋問までの間，被告側の言説は，「結果論からはどのようにでもいえるが」（被告第２準備書面）といった，過失からでなく出来事そのものから自己を切り離す物言いに終始していた。それは，今の私が何の関与もしていないかのように，あの時のあなたと私の関わりのみならず，あの時の私と今の私さえも切断してしまう。

　これは被告側が思いついた言説戦略というよりも，法と裁判がもつ「事実の取扱い方」に由来しているように思われる。すなわち，裁判においては，起こったことは「終わったこと」である。法廷における事実に関する語りは，すでに終わっている出来事について語る活動としてのみ聞かれ，それを語ることで当事者の関係づけが断続的に更新されているという点に法はほとんど関心がないように見える。

　自らを過去からも他者からも切り離そうとする者を現場に呼び戻し，裁判官や傍聴者にも出来事の現場を直接知覚させる母親の声は，強い当事者性，あるいは「語りの迫真性（narrative truth）」（Mink 1978: 143-144）をもって聞こえたはずであるが，裁判所はそれをどう受け止めたのか。

　証人尋問から半年後，この裁判は原告勝訴の形で終わった[8]。もちろん，母親の声の復唱によって予定調和的に勝訴にたどり着いたというつもりはない。むしろ，裁判所の受け止め方という点で注目されるのが下記の一文である。入院から死亡に至る出来事を時間の順序に従って詳細に事実認定しているなかで，次の一文だけはなぜか時間軸からはずれた場所に置かれている。

> なお，原告は，Mが吐血したことから，内臓破裂があったのではないかと心配したが，被告担当医らは，原告に対し，打撲であるから大丈夫，嘔吐物は鼻血を嚥下したものである旨の説明をした。

　本来であれば，20日午前7時50分の嘔吐の次に置かれるべきこのくだりは，

---

[8] じつはその後，被告側は控訴し2年間争った後に訴訟を取り下げ，原告と和解している。

翌21日の認定事実,「……1日3回,1回1錠のボルタレンが経口投薬された。」の後にただぽんと置かれている。捨ておくには意義深く,さりとてきちんと収まる場所のないこの記述は,配置場所と同時に,「　」(カギ括弧)ではなく"旨の"形式による会話の記述方法という点でも,不自然な印象を与える。ここには,人びとの声をどう取り扱ってよいのかについての,現在の法と裁判の無関心のようなものが示唆されているように感じられる。声を再現する声は,法の身構えをも変えうるだろうか。この小さな謎から始まる探索は本稿の問題設定と紙幅を超えるものであり,今後の検討課題としておきたい。

第7章　紛争過程における当事者の声
自主的解決支援の罠と可能性

1 ▶ はじめに

　紛争当事者による自主的問題解決をいかに支援するかは，紛争処理の研究と実践にとっての重要テーマとなっている。この主題は，弁護士論，言説分析をはじめとする棚瀬孝雄の一連の仕事の中でずっと追求されてきたものだが，比較的最近の研究の中でも，ケアに志向したADRモデルを提起するもの（和田仁孝2004），法主体像の観点から新しい支援のあり方を探るもの（山本2006），弁護士像と関連づけて自助支援の可能性を論じるもの（川嶋四郎2004），自己決定／正義の軸を超え出て支援のかたちを提案するもの（山本2004），具体的な関与実践の地点から当事者の声を聴く必要とその関わり方について検討するもの（中村1999, 2004）等，多様な視角から，当事者の自主的問題解決の支援の意義と可能性が論じられている。

　本章は，紛争に関与する実践の中で関与者がどんな困難に直面するのか，その機制の一端を明らかにすることを通して，この〈自主の支援〉のかたちを探る作業になにがしかを加えていこうとするものである。

　ここで，関与者が実践の中で直面する〈困難〉に焦点を当てるのは，次のような理由からである。紛争という活動を動かしていくものが当事者，関与者，関係者その他の間の多次元接触にあると考えるとすれば，当事者支援をめぐる研究課題の一つの方向はそうした〈接触の仕方〉の考察であり，弁護士をはじめとする関与実務家にとっての実践課題もその接触や出会い方のマネジメントということになるだろう。しかしながら，当事者支援をめぐる関心の高まりとともに理論モデルの構築と具体的関与技法の開発が進むにつれ，実践上の可能性と同時に困難も明らかになってきているように思われる。他方で，ADR関与者の主たる担い手と期待される弁護士のあいだに，ADRへの無関心ないし距離感があるのではないかとの報告もある（中村2007）。これらをあわせて考え

ると，機関や手続としてのADRに限らず当事者との新しい関わり方に対するこの距離感の背景に，当事者支援の困難が予感されているのではないかと思えてくる。

　以下では，そうした困難を乗り越え方までは無理でも，困難をあいまいなイメージから少しほどいてみることをしてみたいと思う。

　ここでの困難とは，端的にいって当事者の〈声を聴く〉ことの難しさである。いうまでもなく，〈声を聴く〉ことは当事者支援にとって最も基底的な活動である。当事者が語り／聴かれることは，それ自体として自律性の回復につながり，多様な問題化の可能性探索の契機ともなるものである。たとえば，この〈声を聴く〉ことの重要性にいち早く着目し，実務・実践の中からその可能性を模索してきた一人である中村芳彦弁護士は，「法的規範や法的思考で，目の前に展開される話を整理し，一定の評価や判断を行い，その方向にクライアントを誘導していく」(中村1999: 461) ASK型の法専門家役割から，「声を聴く法専門家」への変容の必要性を主張する。訊くことを中心にした従来型の役割意識から見れば，まとまりがつかず制御しがたい当事者の声に耳を傾ける作業が煩雑なものに映ったとしても不思議ではない。しかしそのままでは，「法的に問題を確定し，選ばれた紛争だけを解決する，という『理解』と『類型』の定式から抜け出て，紛争当事者達それぞれの『わからなさ』を尊重しながらも，一緒に問題解決の糸口を探し出していく」(同前: 462)関わり活動は一部の法専門家にのみ可能な特殊な作業とのイメージのまま放置されることになろう。

　法的な観点をひとまず相対化し棚上げしてもなお，というよりも法的な問題構成と知識の重装備を解除していけばいくほど，そこには関与者から見て制御しがたい当事者の動きが見えてくる。わからなさの尊重，受容という関与はどのようにして可能になるのか。法的な問題化，理解形式から離れて，まったくの手ぶらで，あるいは「丸腰」(和田仁孝2004: 198)で臨むことはいかにして可能か。この問題は，たとえば調停のように両当事者と接触する場面では，どうやって〈双方の声を聴く〉を聞くのかという問いとなって現れてくる。

　本稿では，当事者の自主的問題解決の支援をめざして行われる〈声を聴く作業〉のどこにどんな困難があるのか，その困難がどのようにして生まれてくるのかを事例分析を通じて明らかにすることで，当事者支援をあいまいなイメー

ジから理解可能なものに近づけていければと思う。

2 ▶ 事例

　考察の手がかりとして取り上げるのは，夫から離婚の申立のあった調停の事例である（石山1994）。調停の最初期に，離婚する（夫），しない（妻）で対立し，調停委員会は調査官にカウンセリングを命じた。調査官は，このケースは夫婦の性格に問題があるケースであること，夫は内向的で妻は勝ち気であること等の説明を調停委員から受けた。
　カウンセリングは，8ヶ月にわたり，夫妻それぞれに対して約20回の個別面接が行われ，最後に合同面接で終結した。以下は，担当調査官による面接経過報告（中原1994: 241-251）の要約である。

2.1 ▶ 夫との面接経過

　《第1回目》〔夫〕妻は，貯金や世帯主などあらゆる名義を夫から妻に変え，小学生の子どもに「ママが一番偉い。パパのいうことなど聞く必要はない」と教育している。離婚の誓約書や離婚届まで書かされ家を出されたが，その妻が離婚には応じないので，調停申立をした。〔調査官〕暗い沈んだ調子で，目を伏せ，ぽつりぽつり短くしか返答せず，「自分から積極的に訴えようという姿勢がない」面接状況をどう打開するかに苦慮した。
　《第3回目》　夫から「きわめて重大な告白」があった。〔夫〕「小さい頃一度余計なことをいって，父に口を裂かれそうになった。それから口をきくのが嫌になった。」「学校も出してもらえず，自分で働いて夜間高校を出た。淋しくて年上の女性にあこがれ，みさかいなく夢中になってしまった。誰か私のまわりでしゃべってくれて，明るい笑い声が聞きたかった。」〔調査官〕「それまで受け身で問われなければ語らなかった彼は，ここにいたって思いをこめて積極的に語りはじめた。」
　《第4回目》〔夫〕「自分はこんなにまで妻にとって無意味な存在かと思って涙が出た。今になって離婚を拒否されている。その悔しさや憎しみが高まって妻の顔を見ると何をするかわからない。」「どう脱出したらいいのかわからな

い」。〔調査官〕「夫はこの日初めてかすかな笑顔を見せ，積極的な感情表出も見られるようになった。」「問題解決へ模索の姿勢が芽生えはじめたことを感じさせた」。また，夫からは，子どもの頃から父親に認められず虐げられてきたことが詳しく語られた。

《第10回目以降》〔夫〕ついに決心し妻に電話をかけることができたが，妻とは口論になってしまう。「妻は壁のような存在で，壁の向こうまで声が通らない感じである」。〔調査官〕「しかし，それ以前の面接の暗いうち沈んだ調子が消え，かなり明るいはっきりした口調にかわり，視線が合っても以前のようにそらさないようになった。」「今の自分は以前の自分と変わったことを繰り返し語り，離婚する前に一度妻をへこましてやりたい気持ちを語った。」

《第20回目》 夫は，「この間，自分の逃避的な性格について考え続けたこと，今まではそうでもなかったのに，今日久しぶりに出頭するのが非常に重苦しい気分だった等，語った。

2.2 ▶ 妻との面接経過

《第1回目》 カウンセリングの趣旨を妻に説明し，これから週1回ペースでの面接を求めたが，妻はそれに応えず，一気にしゃべりはじめた。〔妻〕「私は"世間一般はこうだ"といってもらって解決したいのに，調停委員は"選んだ相手が悪かった"という。第三者が口出しすべきではない。私が"夫婦はお互いに努力すべきだ"といったら，夫の弁護士は"あなたのいうことは理屈に合っているが，理屈通りにはいかない"という。私は正しいから弁護士はいらない。夫は私に"仕事をやめて家庭に入れ，家庭に安らぎがない，勝手に働いている"等といい，その考えを改めようとしないが，私のほうが正しい」等猛然と調停委員や夫の弁護士や夫を非難し，自分の正当性を強調した。「私は勤めて長くなるし，世間体もある。そう簡単に別れられない。」「夫は誰と再婚してもうまくいかない。私は夫が分かるまで何十年でも待つ。それが夫に対する私の愛情だ。」

《第3～7回目》 妻は，「なぜ自分の言い分を夫に伝え，間に立って夫を説得しないのか」とカウンセリングに対する不満をぶつけてきた。「それでは問題は解決しないから，調停を中止してカウンセリングを始めたのであり，カウ

ンセリングではそういうことはしない」と返答。妻の迫力にたじたじであった。妻は「夫婦は対等の立場で協力すべきだ。封建的な生活は私には合わない。昔から亭主関白よりも嬶天下のほうがうまくいく。」とも語った。

《第8回目》　妻は，毎回の面接で繰り返し建前論を強調しつづけた。この建前論がいつ消失するかが，当時の私の関心事であった。遂にその転機が訪れた。冒頭，突然「どうしていいかかわらなくなった」との発言があった。その語調はきわめて弱々しく，頼りなげであった。

《第10回目》　夫から電話があった直後の面接では，妻は猛然と建前論に復帰し，条件次第では離婚してやる旨述べ，無一文で家を出された夫には到底不可能な「何百万円の慰謝料を払うべきだ」と強調した。

《第11回目》　妻は，沈黙がちの話しぶり。「子どもを夫に会わせてもいいという気持ちになった」旨語った。

〈その後数回の面接〉　妻の発言から理屈はほとんど消失し，「昨秋今頃夫は家を出た。寒い時期にひとりぽっちで何しているのかと思った。男の人はやはり電気のついた温かい部屋に帰りたいだろう。それは子どもだって同じだろう。」「子どもが夫の方に行ってしまったら，何を生き甲斐にすればいいのか。死んだ方がましだ。」等しみじみ語った。

〈その後数回の面接〉　妻の気持ちは大揺れにゆれた。猛然と夫を非難するかと思うと，「私のやり方が夫の気持ちを傷つけたのだろう。」としんみりした話しぶりに戻った。

2.3 ▶ 土壇場で即決

こうしてそれぞれ20回の個別面接が積み重ねられた段階で，調査官に転勤の内示があった。発令まで10日のゆとりもなく，「私は時期尚早と考えながら，あえて合同面接に踏み切った。これは私にとって，やむを得ざる賭であった」。

調査官は，「私の面接は今日限り終結せざるを得ない旨を告げ，二人の関係や今後の進め方をどうするかについて二人で話し合うこと」を指示した。しかし，夫婦は互いを非難し始め，一気に険悪な雰囲気になった。夫も妻も一歩も退かず，たちまち予定の1時間が経過し，次の面接の当事者が出頭した。1時間後にもどってくるまでこのまま話し合いを続行するよう指示し，1時間後急

いで部屋に戻った調査官は,「二人が虚脱したような顔つきで黙って向かい合っている姿」を発見した。「離婚することに決まった。」「子どもは引き続き妻の手元で養育する。夫は妻に対し,さしあたり20万円と毎月の養育費を支払う。夫がスキー等に行く機会には子どもを連れて行く。」とのこと。調査官は,その合意内容で調停を成立させることに双方異存のないことを確認し,カウンセリングの終結を告げた。

3 ▶ 望まれる声

3.1 ▶ カウンセリングの「成果」?

　最後の合同面接で急展開し直接の話し合いで一気に終結してしまったこのケースについて,カウンセリングを担当した中原調査官は,「調査官不在の席で,子どもに対する今後の協力関係についてまで話がつけられたこと」(中原1994: 249) を高く評価し,次のように述べている。

　夫は,今まで他人に語ることのなかった父親との関係を,「ついにカウンセリング場面でそれを語り,それを受容されることにより励まされて,くりかえし語り続ける。語るということでそれを客観化し,そのことが彼自身にもっている意味を自ら吟味する中で,彼は頭を上げ,視線をそらさず,思うことをはっきりいえる彼に成長していった。」(同前: 250)

　他方妻は,「従来通り建前論を振り回した。しかしカウンセラーは同調しなかった。カウンセラーは同調もしないけれども,彼女の語るすべてについて熱心に耳を傾け,受容し,共感しようとした。」「どうしたらいいか分からなくなったというきわめて弱々しい発言(中略)もまた受容され共感された。建前論から離れた人との関わりを体験し,建前論から離れて夫との関係や夫や自分の気持ちを見直し,それをカウンセリング場面で言語化し客観化できるところまで成長していった。」(同前: 250)。

　調査官は,この夫婦はともに「神経症的パーソナリティ」(同前: 249) であったと見る。夫は,対人恐怖症で,妻は強い不安から逃れるために職業と規律正しい生活に固執した。しかし,カウンセリング場面で語り,聴かれ,受容されることを通して自分自身を見つめ直すことができた。「カウンセリング過程で

の二人の変化」，つまりカウンセリングによるパーソナリティ変化が当事者自身による解決を生み出した，と解釈する。

　こうして担当した調査官自身は，8ヶ月にわたるカウンセリングの成果として「当事者自身による解決」が達成されたと評価する。さらにこの報告を受けた夫側弁護士も，「奇跡です。奇跡です。私は調停申立前から双方に会っているからよくわかるが，カウンセリングによってこんなにまで人間が成長するとは思わなかった」(同前: 249) と述べている。

　しかし，当事者による自主的な問題解決をいかにして支援するのか，いかにして〈当事者の声を聴く〉のかという本稿での問題関心から見たとき，この解決プロセスには楽観視できない原理的問題があるように思われる。

3.2 ▶ プロットの導入──非自律的パーソナリティの構築

　まず第一の素朴な疑問は，離婚調停の場でなぜ妻や子どもではなく父親との関係について語らなければならなかったのか，という点である。

　このケースは，「夫婦の性格に問題があるケース」として調停委員会からカウンセリングを命じられたもので，この時点ですでにカウンセリングの作業課題は方向づけられていた。ここでのカウンセラーの仕事は，対人恐怖症で正視恐怖を伴う「神経症的パーソナリティ」という何か不十分らしいパーソナリティから，「意味を自ら吟味し」「視線をそらさず，思うことをはっきりいえる」ものへと変えていくことに設定される。「自ら考えものがいえる」ことを自律的とよぶとすれば，このカウンセリングでは自律的パーソナリティへの成長物語というプロットが最初に敷かれた。そしてじっさい夫は3回目の面接以降次々と過去の被害体験を〈告白〉し〈受容〉され奇跡的なまでに〈成長〉していったという。

　おそらく夫にしても，今なぜ父親との過去について語るのかいくぶん不審に思ったではあろうが，しかしパーソナリティ成長の物語のためには夫は何よりもまず非自律的な私を証明することから始めなければならなかった。つまり，非自律的自己は，元々〈あった〉のではなく，20回にわたる調査官との面接の中で，物語プロットを受け入れ告白と受容という関わりを通して〈構築〉されていったものではなかったか。

カウンセリングに当たった調査官は，当事者による自主的な問題解決のためには何よりもまず自律的なパーソナリティが必要だと考えていたのであろう。ここには，外界から切り離された個体の〈中に〉，何か安定した能力や属性があって，それらが個々の状況で発揮される，という伝統的な個体能力主義的な思考方法が前提されている[*1]。

　しかし，当事者による自主的解決のために，必ずしも自律的〈パーソナリティ〉が必要だとは思えない。求められているのは，問題解決に取り組む関わりを通して〈生まれてくる〉自律的な〈動き〉であり，この動きを刺激する環境であろう。この立場からいえば，自律的自己への成長というプロットにどう応えていくかが主題となった本ケースでは，夫はそのぶんだけ自分たちの問題に向き合い関わる機会が失われていったといわざるをえない。

3.3 ▶ 転移のエスカレーション

　いずれにせよ，本ケースの夫は持ち込まれたプロットに応じ，告白と受容の中で成長へと向かうことになった。

　当事者の自主的問題解決をめざすときの関与第三者の関わり方として，当事者を指導したり支配したりすべきではないといわれる。もし夫の告白が調査官の提示する物語プロットによって一方的に強いられたのであれば，本ケースのような関与者からの課題導入を禁欲すればそれでよいということになるのかも知れない。

　実際，自律的自己への成長物語というプロットに導かれたこのカウンセリングに対して，妻はいくども強く抵抗した。少なくとも，夫のように生育史を語った様子はない。夫は，これを受け入れた。それも，いともたやすく，積極的に。それはなぜなのか，というのが第2の疑問点である。

　この点に関して，本ケースに関する奥山調査官の分析が重要な手がかりになる（奥山1994）。奥山は「転移」という心理学的機制から，本ケースにおける第

[*1] 学習や認知に関する状況論的アプローチでは，伝統的心理学の「裸の能力」という実在論的想定を批判するものとして（石黒2001）参照。人間をパーソナリティや能力といった安定したカテゴリーで取り扱うことを批判し，状況的認知論の視点から実践レベルの紛争過程について検討するものとして（西田2006）参照。

三者関与のあり方を批判的に検討する。奥山のいう転移とは,「当事者の問題解決とは本来何の関係もなかった調停委員会が,調停を続けるうちに,いつのまにか当事者の感情の嵐に巻き込まれ,当事者は調停委員会との感情的やりとりに密かな満足を覚え,当事者自身の問題解決が忘れられる状態」（同前: 264）のことであり,本ケースの夫と調査官のあいだにはこの転移が起こったと見る。

奥山は,第3回目の父との関係についての重大な告白,とくに「父に口をさかれそうになったから無口になった」というのは「話がウマすぎる」と述べる。その後の面接でも,夫は「妻に電話をかけたが壁のようで通らなかった」といった「中原調査官好みの材料を,次々と提供することになった」点に注目し,抜き差しならない転移が生じていることを指摘する（同前: 264）。

つまり,夫の告白は調査官（の課題）から一方的に強いられたというよりも,夫のほうからも聴かれうる声を積極的に持ち込んだというわけである。共犯ではないにせよ,夫も積極的に加担していったことは確かであろう。そして,調査官のほうもまた一連の夫の告白に「乗った」（同前: 268）のである。

つまり,告白＝受容作業は,調査官から一方的に求められ強いられたのではなく,夫の側も積極的にそれを受け入れていったと見られる。そして,調査官による課題の設定,夫の告白,さらなる証拠提供の期待,再告白というエスカレーションによって,依存的な依頼者が生み出され,「問題」の中心が調査官との関係のほうにずれていったと考えられる。

3.4 ▶ さぐり＝当たり

さて,告白が調査官によって一方的に強いられたのではなく夫の側からも積極的飛びついたとして,それはなぜなのか。この点について奥山は,「夫としては,カウンセリングを続けてもらうことが必要であった,というより,調停のときと同じように裁判所を味方につけておきたかった」（同前: 269）のではないかと推察する。

たしかに,調停委員であれ調査官であれ,ひとたび第三者が関与することになれば,そこに何らかの影響を与えたい,味方につけたいと思うことは自然なこととして理解できる。しかしそれだけでは説明がつかない。なぜなら,味方につけたいとの思いは妻の側にもなにがしかあったと考えるのが自然だが,妻

とのあいだには夫のような形での転移が起こった様子は見られない。奥山は，「さらにもう少し深く夫の心理を推察してみると，(中略)調査官がこの夫を『消極的で逃避的』とみる時，夫は自分が一段下に見られていると感じたのではないでしょうか。実はこれこそ夫にとって最も耐えられないことだった」(同前：269)とみる。

　夫は調査官との関わりに密かな満足を覚えていただけでなく，依存的自己をディスプレイするしぐさの中で同時に調査官に〈対抗〉していた，との洞察は説得的なものに思われる。しかしこれは，調査官との関わりから〈降りられなくなった〉事情を説明するときに最もよく妥当するものではないだろうか。

　ここでの問いは，夫がなぜ〈乗っていった〉のかである。もしかして担当のこの調査官ならこう説明するであろうか。夫は元々依存的で，非自律的パーソナリティであったから，と。関係性の厄介さに生涯取り組んだベイトソンなら，それはあいだで起こったことだというに違いない。[*2]

　夫が〈乗っていった〉のは，調査官とのやりとりの中で，「乗れそうだ」と確かめられたからではなかったろうか。第3回目の，しかも後半に突如現れた最初の重大告白は，いわば〈さぐり〉として繰り出されたものと思われる。少なくとも，以後何回か続くであろうカウンセリング場面に対する何らかの戦略的見通しから出たものではなく，〈この〉調査官が味方につきうるかどうかを試す形で，口走ってみたのだと推察する。そして実際，この〈さぐり〉は調査官に，当たった。

　この推量が必ずしも根拠のないものでないことは，転移が起こる機制についての臨床心理学の知見から知ることができる。河合隼雄は，転移が知らぬ間に起こるのはなぜなのか，その事情についてこう説明している。「たとえば，約束の時間より長くクライアントが話し込んでしまうとき，せっかく話しているからと，30分延長して聞いている。次にクライアントが約束の時間より遅く行かせてもらうというと，結構です，やりましょうとこたえる。そういうことを

---

*2)「一個の人間を取り出して，その人間の"依存性"だとか"攻撃性"だとか"プライド"だとかを云々してみても，何の意味もない。これの語はみな人間同士の間で起こることに根ざしているのであって，何か個人が内にもっているものに根ざしているのではない」(ベイトソン1982：181)。

何気なくやっていると，そのために転移が非常に強くなるのです。なぜかと言いますと，（中略）カウンセリングというのは非常に厳しい関係です。クライアントは自分の力で立ち上がると言っていますが，自分の力で立ち上がることほど人間にとって厳しいものはありません。誰かが援（たす）けてくれるとうれしいのです。」「"絶対，先生は私のことを思ってくれているのでしょう"（中略）と言いたいわけです。ところが，それに関してカウンセラーは，あなたはすばらしいともあなたのために全力をつくすとも言わない。そうすると，クライアントとしては確かめたくなる。そこで一番よい確かめ方は，たとえば，時間や場所の制限をこえてカウンセラーが面接してくれるかを試してみることになります。」（河合隼雄1970: 212）

じつは夫は，1回目の面接に20分の遅刻をしていた。これが，不可避の遅刻でなく，〈さぐり〉の始まりだったかどうかはわからない[*3]。しかし，3回目の夫の"最初の重大告白"こそは，調査官を試す意味合いをもった〈さぐり〉であったとみることができよう。そして，この〈さぐり〉の言葉の先に手応えを感じ取ったことから転移的関係が始まったのと考えられる。

以上見てきたように，転移はカウンセラーの一方的押しつけではなく，プロットを受け入れた当事者が〈さぐり〉を入れ，カウンセラーがまたそれに乗って手応えを与え，当事者は聴かれうる声を次々と探していった，ここに問題の厄介さがある[*4]。

---

*3) 夫は，18回目の面接時に，会社の出先機関に赴任することになり出頭が困難であることを調査官に告げている。奥山はこれを「わがまま」と呼ぶが，この段階での揺さぶりも「乗ってしまった」ことの確認としての〈さぐり〉の一つと見ることもできる。

*4) ここで厄介と呼ぶのは，本人の問題に取り組むこと可能性を自ら縮減したという意味であり，この夫の声が「本当の声」ではないからではない。「本当の声」というとき，そこには関与以前の自然な生の声がまず確定的にあって，それが発話・発信されるという前提がある。しかし，声は他者との接触のそのさなかに発せられるものであり，この関わり抜きに声はあり得ない。本当の声と偽物の声を区別することはできないことを認めるところから出発しなければならない。インタビューというコミュニケーション形式に含まれる声の非純粋性について論じる桜井厚は，「意識するしないにかかわらず，（中略）インタビューに際して一定の構えをもっていることを常態であると認め」「自覚的」になることが必要であると主張する（桜井2001: 171）。聴かれることの影響なしの声の不能性について考察する（石川2003）は，この点をひきこもりへのインタビュー体験の分析を通して論じる。

4 ▶ 転移と支援——関与者とのあいだに生まれる特別な関係

4.1 ▶ 転移的関係の広がり——引っ張り込みの力と傾聴

　以上，ある種の自律性獲得というプロットに沿ったカウンセリングによって，逆に非自律的な自己イメージがエスカレーション的に協働構築されていくさまを見てきた。とりわけ一連の運動を駆動していった〈転移〉の機制は，当事者による自主的問題解決への支援という本稿の問題関心にとって重要な問題点となる。

　臨床心理学・カウンセリングにおける転移とは，本来幼少期の身近な他者との葛藤がカウンセラーに向けられることであり，たとえばADRや弁護士が扱う紛争の中でこの観点から検討されるべきケースはそれほど多いとは思えない。しかし，転移を緩く解して，当事者が"本来当事者に何の関わりもなかった関与者とのあいだにつくってしまう特別な関係"と捉えるならば，第三者が関与する紛争処理過程においてこうした転移的関係が起こる可能性はほとんど常にあるというべきであろう。むしろ，当事者の声を聴くという作業の中では，関与者はどんな意味においても，常に試され引き込まれることが予定されてさえいる。

　先に考察したように，転移的関係の中心にあるもの，端的にいってそれは当事者が関与者を引っ張り込もうとする力であり，それによって当事者の問題関心や関わるべき対象がずれたり見失われたりしていく危険である。この関係から逃れるためだけなら，聴かなければよい。しかし，調停等のADRあるいは諸種の相談活動，とりわけ〈当事者の声を聴く〉ことをめざす活動において，転移的関係を回避することは困難な課題に見えてくる。共感をもって当事者の

[*5] 一例として以下の定義を参照。「たとえば，分析に遅刻したり欠席すること。沈黙や議論，日常会話のような雑談に話が流れること。治療者に反抗したり甘えたりすることがある。こうした行動は症状を治療するという分析目的から考えるならば抵抗であり，治療者への態度という点では転移と考えられる。すなわち，ここにおいて患者は，幼少期において患者にとっての重要な人物である父，母などに対してとった行動パターンや，感情的葛藤を無意識的に繰り返して，治療者に向けてくる。これが転移である。」(小林司1993)

話を聞き，それを受容しようとする身動きは，当事者からは〈さぐり〉の機会と受け取られる可能性と紙一重であろう。

聴きながら引き込まれない関わり，それはいかにして可能か。ひとまずそれは転移的関係を呼び込まないことだといわれる。先のケースに戻っていえば，夫との間で転移的関係が起こるに至った初発動作は，パーソナリティ変容という課題の導入であった。転移の始まりは，パーソナリティの変容という課題設定をしてしまったことから来るものである。

しかしこれだけで起こったわけでないことはすでに見たとおりであり，夫の方から〈さぐり〉があり，それに調査官が乗ってから転移のエスカレーションが起こった。これは，たとえば面談の時間や場所の制限を超えて関わることといった行為次元での呼び込みとは位相が異なるものの，重大な呼び込みとなり，当事者と関与者が相互に取り入ろうとしていった。つまり，転移を避ける一つの方法はこうした呼び込みをしないことだった。

4.2 ▶ 当事者の位置取り

結局先のカウンセリングケースの問題点とは，転移的関係の中で聴かれる声だけを語っていくエスカレーションに巻き込まれながら問題の当の人であることが見失われていった点である。言い換えれば，当事者としての正当な位置に立つことができなかった点である。それは夫の立ち位置だけでなく，妻の位置取りの問題でもあり，さらにはどうやって〈双方の声を聴く〉のかという関与者の中立性にもつながる重要な問題である。

---

*6) 声の関係は状況的なものであり，あらかじめそこに安心できる書き割りなど設定できないという降り方もあるだろうし，そもそも転移的関係な関係を避けるべきこととしない立場もあるかもしれない。河合隼雄はカウンセラーが実践で直面する問題の一つである転移について，「別になくてもよい」「起こらない方がよい」（河合隼雄1970: 210）と述べている。しかし，当事者の自主的問題解決が置き去りにされるとしたらそれは回避されるべきものだろう。ちなみに，臨床心理学者の森岡正芳は「今ここで語っていることと語られた出来事」が「転移（うつし）」してつながるとき，語りは表現に高まり，クライアントは自己の過去の出来事を自分のものとして体験におさめていくことが可能になると述べる。ここでいう転移的関係とは概念と文脈が異なるが，転移を積極的に捉えている（森岡2005）。

関与者との関わり方という点で,妻と夫は非対称だったことは明らかである。建前論から離れて夫の気持ちを理解できる地点まで成長する,という到達地点こそ違え,パーソナリティの変容をめざす課題は妻にも提示された。しかし,妻と関与者とのあいだには夫のような形での転移は起こらなかった。妻の方にも,調査官を味方につけたいとの思いはあったであろう。その意味では,妻にも転移的関係に陥る「チャンス」はあった。たとえば「どうしたらいいか分からなくなったというきわめて弱々しい発言」は,〈さぐり〉だったとも取れる。

　しかし,結局当たらなかった。3回目の面接時点で,夫が重大な告白をして〈乗っていった〉3回目の面接と同じ時期に,妻は「なぜ自分の言い分を夫に伝え,間に立って夫を説得しないのかとカウンセリングに対する不満をぶつけてきた。」。ここで妻は,味方についたとしても声は聴かれないと見限ったに違いない。「私は夫が分かるまで何十年でも待つ。それが夫に対する私の愛情だ。」「到底不可能な何百万円の慰謝料を払うべきだ。」「子どもが夫の方に行ってしまったら,何を生き甲斐にすればいいのか。死んだ方がましだ。」「私のやり方が夫の気持ちを傷つけたのだろう。」。大揺れにゆれた8回目以降の妻の「猛然」と「しみじみ」との往復は,カウンセリングを含む調停そのものから降りるかどうかの迷いのでもあったと思われる。調査官は「どうしたらいいか分からなくなったというきわめて弱々しい発言もまた受容され共感された。」と述べているが,妻の揺れが何だったのか,上記の声から妻が何にこだわっているのかについて分析された様子はうかがえない。

　夫は聴かれ得る声を語ることで,当事者ではなく治療対象として調停に間違った足場を得てしまい,妻は聴かれる場も与えられず降りることもできずただ揺れ動く。たとえ望まれた声とはいえ,聴かれる関係ができた夫に比べ,妻には聴かれる関係ができそこなった点は明らかにバランスを欠いている。

　奥山調査官は,「調整活動の目的は,転移の処理(解消という段階に達するかどうかわからないので),私流にいえば距離を回復することにある」(奥山1994: 264)と主張する。つまり,転移的関係の処理は,紛争処理に当たるときの注意点の一つではなく目的であるというのであるが,むしろ当事者による自主的問題解決支援活動そのものと捉えるべきであろう。そして,距離は突き放しや謙抑から〈回復〉されるものではなく,さぐりや当たりや乗りといったそのつどの接

触の中で〈確かめ〉られながら調節されるものではないだろうか。

　転移の螺旋運動が臨界点なくエスカレーションし，定量化しえないものであれば，他方当事者である妻との関わりとのバランスを取ることは土台無理な相談であった。〈双方の声を聴く〉こととは，どちらにも転移的関係を起こさせないこと抜きではあり得ないだろう。

　自主的問題解決の支援をめざすADRモデルとしての"相互性・過程性・応答性"をコンポーネントとしたケア・モデルを提起する和田仁孝は，中立性についても新たなコンセプトが必要になると論じている（和田仁孝2004）。ケア志向のADR第三者に求められる中立性とは，個別具体的な関わり行為を通じて構築される「関係志向的な中立性」（同前: 194-199）だと述べる。これは，自己の位置を固定し両当事者から等分な距離を堅持する裁判官型の「静態構造的な中立性」でも，弁護士が法規範を志向しつつ党派的弁護活動を行うときの「規範志向的・過程動態的な中立性」とも決定的に異なる。

　この中立性概念の新しみは，こうした違いだけでなく，従来のそれが維持すべき〈目標〉や守るべき〈条件〉であったのに対して，ケア型のそれは，当事者の声を聴き受け止め気づきを促すケア的関わりの中から生まれる〈効果〉だとする点にもある。裏返していえば，ケア型の中立性もまたこの関わりの仕方から生まれる。

　本稿で検討してきた転移的関係の処理こそ，この関わり方の実質部分に他ならない。当事者の声を聴きつつ，しかしその問題関心が関与者との特別な関係という罠から遠ざけて自主的問題解決に取り組めるように関わることがそのまま，支援の実体であり中立性の源泉となるのである。繰り返しになるが，転移的関係の処理は，関与第三者にとっての当事者による自主的問題解決支援活動そのものなのである。そして，当事者に当事者としての正当な立ち位置を与えることができて初めて当事者が尊重されるのではないだろうか。

5 ▶ おわりに

　以上，当事者の自主的問題解決の支援をめざして行われる〈声を聴く作業〉の困難，とくに当事者が関与者とのあいだに生まれてしまう転移的関係に焦点

を当てて検討してきた。

　当事者支援の作業につきまとう何か煩雑なイメージの一部でも理解可能なものに近づいたかどうかはわからないが，実践の中で生まれる厄介さとその機制の一端を提示することは意味あることだと考える。

　もちろん提示止まりでよい，と考えているわけではない。ひとまず，今回のテーマの中で取り上げることができなかった重要な作業課題をあげておきたい。

　一つは，転移的関係の意義づけに関する検討である。本稿では，転移を避けるべきものと位置づけて論じてきた。しかし同時に，特別な関係を生み出してしまう機制の背景にある当事者の〈事情やこだわり〉の中にまた，自主的な問題解決の可能性が含まれているのではないかとの予感もある。そもそも転移そのものについても，カウンセリングの分野でこれを肯定的に扱う立場もあるようだが，少なくとも紛争処理における転移的関係は避けるべきと考える。問題は，転移的関係が起こるについての当事者の側の〈事情やこだわり〉，当事者間の関わりの中から生まれる〈事情やこだわり〉には，たんに関与者を味方につけたいといったこと以上のさまざま事柄が絡んでいるような気がする。この可能性の契機がどこにあるのか，どのようにして生まれてくるのかについて，具体的な事例分析を通して検討したいと考えている。

　もう一つは，これとタテヨコ的に交差するものであるが，関与者の接触の可能性，多様性を限りなく広げたところで，当事者の自主的問題解決支援との関係について考察する必要を感じている。というのは，たとえば傾聴技法をはじめとする具体的な関与スキルの洗練化は，一方で有効な指針となるとが，他方では〈して良いことと悪いこと〉の縛りとして受け止められかねない。これはスキルというものの受け止め方の問題ではあるが，そうした「誤読」の危険はつきまとう。かといって，すべては実践の中で苦しみながらあるいは偶発的に獲得されるとしてしまうと勢い神秘化してしまう。スキルの定形化でなく特別な誰かの名人芸でもない領域の拡大のために，日常的実践の中から「間違った」やり方を研究することが有効ではないかと考えている。そもそも正しいやり方など前もって知り得ないことを承知の上で，間違ったやり方と見なされているものの中に新しい可能性が見つけられそうな予感がある。

こうした課題設定自体が間違っているのかも知れないが，関与者の関わり行動も含めて，正誤はあとから後から確かめられることで，こうした誤接触*7)を恐れないことから広がる可能性に賭けてみたいと考えている。

---

*7) この「誤接触」は（高木2007）から借りたものである。高木光太郎は，子どもや知的障害者が法廷で証言を求められるときの関わり方，接触の仕方について論じている。高木は，語れないものと決めつけて矢継ぎ早の質問で証言を破綻させるのでなく，逆に優しい支援に閉じこめて法的主体となる可能性を奪うことでもない，第3の方法として，ヴィゴツキーの最近接発達領域を手がかりに，混乱と緊張を含んだ「眼差しの誤接触」（同: 94）の必要を提唱している。

第8章 ナラティヴとメディエーション
反物語の声

1 ▶ はじめに

　どのような立場やアプローチをとるにせよ，およそメディエーションにおいて紛争当事者の「語り（ナラティヴ）」を取り扱わないものはない。その意味で，メディエーションにとってナラティヴは自明の要素である。しかし，ナラティヴには，人びとによって語られるものという意味と同時に，そうした語りに意味を与える母型としての「物語（ナラティヴ）」という意味合いもある[*1)]。この「語り」と「物語」のダイナミズムに焦点を当て，当事者が新たな物語を語ることを通して問題解決をめざすのが，ジョン・ウィンズレイドとジェラルド・モンクが提唱するナラティヴ・メディエーションである（Winslade & Monk 2000, 2008）。
　以下ではこの比較的新しいメディエーション・モデルを検討素材に，そもそも物語を語ることがどのように問題解決につながるのかについて考えてみたい。その際，ナラティヴ・メディエーションの手続や技法の詳細よりも，当事者の語りを〈物語化〉していくというこのモデルの基本戦略自体の意義と課題について検討することにする。

---

*1) 本章では，文字や音によって記述されたものおよびその記述行為を「語り」，この個々の語りに意味を与える母型であり，語り手に参照されたりそれと知らずなぞられたりする雛形のことを「物語」と呼ぶことにする。「物語」は，一定のプロット（筋立て）を含んでおり，ストーリーとは区別される。ジェラルド・プリンスによれば，「王が死に，次いで王妃が死んだ」のように年代記的順序に重きを置いて物語を要約したものが「ストーリー」で，「王が死に，次いで王妃が悲しみの余り死んだ」のように因果性に重きを置いた物語の要約を「プロット」と呼ぶ（プリンス1997）。ナラティヴ・アプローチのキー概念である「ドミナント・ストーリー」「オルタナティヴ・ストーリー」等におけるストーリーは，この定義からいえばプロットだと考えられる。ちなみに，(宮坂2005: 65) には，ストーリー／プロット／ナラティヴの違いが，患者の語りの文脈でわかりやすく例示されている。

2 ▶ 〈問題〉の解決から〈物語〉の改訂へ

　ウィンズレイドらのナラティヴ・メディエーションは，紛争研究の分野で大きな影響力をもつフィッシャー＆ユーリーの〈問題解決アプローチ〉の批判から出発点する。ウィンズレイドらによれば，〈問題解決アプローチ〉は，①方法論的個人主義，②内面的動機の重視，③個人間のニーズの対立としての紛争，④客観的・中立的な調停者，といった前提が基礎にあるとし，そこから生まれる紛争観，すなわち一定のニーズをもった主体相互の利害が衝突したときに紛争が起こるとする考え方を全否定する（Winslade & Monk 2000: 32-35）。[*3]

　ナラティヴ・メディエーションでは，そもそも自己は他者とのコミュニケーション以前には存在せず，語りを通してそのつど構成され変容していくものとされる。人は物語に沿って出来事を経験し生を（その一部としての紛争や問題も）意味づけると見る。通常，人びとは歴史的・文化的・社会的に与えられた何らかの物語（雛形・母型）に依拠し，あるいは無自覚になぞりながら経験を語るのであるが，支配的な物語（ドミナント・ストーリー）にうまく自己（の経験）を定位できないとき，苦痛や葛藤を感じるのだと考える。

　問題が紛争当事者の側ではなく，「対立の染みついた」物語のほうにこそあるとするナラティヴ・メディエーションでは，支配的な物語から離脱し，自らの経験を語るのに適した別の物語（オルタナティヴ・ストーリー）への語り直し・書き直しを通じて，問題の乗り越えがめざされる。その結果，メディエーショ

---

*2) 同じように，「問題」の「解決」といった表層的な紛争理解を批判し，真の意味での当事者の主体性と関わりから生まれる自律型ADRの理念と形を提案するものとして（和田仁孝2005）参照。

*3) ウィンズレイドらは，ナラティヴ・メディエーション理論の前提・特徴として，次の9項目をあげている。①人は物語を通して生きる，②反本質主義，③複数の物語を聴くこと，④会話を外在化する，⑤問題克服という抑圧，⑥役割ではなく言説上のポジショニングの重視，⑦オルタナティヴ・ストーリーの発見，⑧関係的物語の再著述，⑨文書化することの価値（Winslade & Monk 2008: 1-39）。これらのほとんどは，ケネス・ガーゲンらの社会構成主義およびマイケル・ホワイトらのナラティヴ・セラピー論に基礎を置いている（Gergen 1999; White & Epston 1990, 1992）。なお，外在化，再著述，ユニークな結果探しといったナラティヴ・セラピーの「肝」の部分については，（White 2007）に臨場感豊かに描かれている。

ンの役割は，この物語の書き換え作業の促進に焦点化される。

物語Aから物語Bへの書き換え作業は，物語る活動（storying）を一時中断することで行われる。具体的には，①まず問題と人とを分離し（問題の外在化），②次いでドミナント・ストーリーでは取り上げられなかった重要な出来事（ユニークな結果）を見つけ出し，③そこを起点にオルタナティヴ・ストーリーを両当事者と調停者が一緒になって描いていく。

こうして，当事者の語りを〈物語化〉する作業を通して問題解決へと導いていくのが，ナラティヴ・メディエーションの中核戦略である。しかし，人が物語を通して出来事を経験するという前提は承認しうるとしても，だからといってわれわれの語り＝生のすべてが物語に完全包囲されているとまではいえない。

物語る行為とは，一定のプロットのもと，無数の出来事から特定の出来事を選び出し配列していく作業である。特定の出来事を抽出する以上，物語化の作業はそこに盛り込まれない出来事を多く残すことになる。マイケル・ホワイトらのナラティヴ・セラピーにおける「ユニークな結果」とはまさに物語の外側に取り残された貴石であり，これを起点にオルタナティヴ・ストーリーを生み出そうとする。ドミナント・ストーリーにおいて逸脱として無視された出来事の中から「ユニークな結果」が探索され，その決定的出来事を資源にして新たな物語編成がめざされる。

こうしてナラティヴ・メディエーションでは，特定の物語から漏れ落ちたものも「ユニークな結果」探しの過程で見つけられる可能性をもつと仮定される。つまり，マイケル・ホワイトらが「在庫」と呼ぶこれら生きられた経験はどれも「未だ語られていない」だけであって（White & Epston 1990: 12），本来的に「語り得ないもの」は想定されていないように見える。

3 ▶ 混沌の語り

これに対し，決して物語化されることのない語りの存在を示すのが，アーサー・フランクのナラティヴ論である（Frank 1997）。フランクは，病いに関わる語りの中で今日支配的なものは，健康を正常と見なしそれを取り戻すことをめざす「回復の物語（restitution narrative）」だと論じる。諸々の出来事は，「昨日

私は健康であった。今日私は病気である。しかし，明日には再び健康になるであろう。」という回復のプロットのもとに組織化され意味づけられていく。病いを治療可能なものととらえるこの物語は，近代医療の臨床現場から市販薬の広告まで広く深く浸透し，病いはかく語られるべきだというイデオロギーとなって人びとを支配していく。

　しかし，死に到る病い，慢性の病気等，回復というドミナント・ストーリーで自己を語ることができない人びとも多くいる。フランクは，こうした語りのありようを「混沌の語り（chaos narrative）」と呼ぶ。混沌の語りは，因果関係や整合性といったプロット要素をもたないという意味で，正確には物語を語る行為（storytelling）とはいえない。混沌の語りにおいて，出来事は相互に関連づけられることなく，語り手が生を経験していくままに語られる。その意味で，混沌の語りはオルタナティヴ・ストーリーさえ見いだすことのできない物語の不能である。アルツハイマー病の母親を抱え，自身も慢性の病いをもつ女性ナンシーは，自身の〈問題〉をたとえば次のように語る。「それで，私が夕飯のしたくをしようとするでしょう。私はその時点ですでに気分がよくないのね。母が，冷蔵庫の前にいるの。それから母はオーヴンの中に手を突っ込もうとするの。私が火を入れたやつにね。それから母は電子レンジの前に行き，それからシルヴァーウェアの引き出しのところに行き，それで……。それでもし私が母を追い出したりしようものなら，もう狂ったように私にあたるの。そうなるともうひどいわ。それが本当に，本当に悪い時かしらね。」（フランク2002: 141）。

　このナンシーの語りの中に物語を聞き取ることは難しい。そこには，到達すべき将来（物語の終点）も，そこから逆算されて定位される過去の出来事（物語の始まり）もない[*4)]。あるのは，絶え間のない現在だけである。ナンシーの語りは，

---

*4) リクールによれば，物語には全体を見渡せる結末点から過去へと遡及する統合形象化の次元だけでなく，過去から現在に向かう時間に沿ったエピソード的次元の2つがあるという。後者では，「それで・・・それだから・・・」というようにエピソードが線形的につなげられていく（リクール2004: 119-123）。ホワイトらは，リクールの時間論を引用したりしているものの，ナラティヴ・アプローチにおける新たな物語が，「ユニークな結果」から線形的に生み出されるのか，統合形象化と組み合わされるのかといった論点には触れていない。

すぐれない気分，母親との格闘，こどものこと，犬のこと，保険事務所とのトラブル等々へと続くが，それらは関係づけられることもなく，「それから（and then)，それから，それから」という接続詞でただ積み重ねられていく。

ナラティヴ・アプローチなら，「それが，本当に悪い時かしらね。」と語るナンシーに対し，メディエーターから「お母さんとの暮らしで，今よりもよいと感じたときのことを考えることができますか？」という問いかけがされるはずである。*5) しかし混沌の語りは，ナラティヴ・アプローチのさまざまな技法を駆使しても，容易に物語化できそうにない。その理由の一つは，「混沌の真っ只中にあるとき，人はそれを言葉で語ることができない」点にある。「生きられた出来事は語りを媒介にして表出されるが，混沌の渦中には媒介する術がなく，直接性だけがある」(Frank 1997: 98)。ここで混沌の物語が示唆するのは，われわれは遂行途上の出来事を物語として語ることができないということ，言語を媒介として事象を語るためには一定の距離が必要だということである。

ならば，時間が経てば語りを可能にする距離は生み出されるだろうか。否，過去事象であっても，それとの間に距離をおくことができなければ，物語として語られることはない。

宗教学者安藤泰至は，精神分析の意義を語る中で，〈過去〉について次のように述べている。過去とは，「今ここにはないけれども，今の自分をかたちづくっているもの。完全には否定できなくて，何らかのかたちで対話したり折り合いをつけたりしながら，一緒に物語を紡いできたもの」である。しかしそれは，「捨てても捨てても時々甦っては復讐してくるもの。そうした『過去＝死者』とどう対話したらいいのか。」と問いかける（安藤2012: 65-66）。戦争，大災害，人の死に限らず，過去事象が何らかの強烈な体験と結びつくとき，われわれは時々どころかほとんど常に過去から復讐されることになる。忘れられないので

---

*5) この予想問題は，「ユニークな結果」を拾い出す質問法の一つとして例示された質問「隣人としての関係が今よりもよいと感じたときのことを考えることができますか？」を適用したものである（モンク2008: 207）。ところで，ナラティヴ・アプローチの質問方法はきわめてユニークである。実際の場面ではなかなか使いづらいとの印象は，たとえばカウンセラー高橋規子からさえも聞かれる（高橋・小森2012: 217）。もちろん，高橋が示唆するように，一見奇異な質問こそが見慣れた風景を「異国化」し新しい語りを誘発する力になるのであるが。

はなく，ずっと棲みついている過去。19年前に事故で息子を亡くしたある母親が，今でも思い出すことがあるかと人から尋ねられ，思い出さないと答える。「冷たい親だと言われますが，私，笑っています。本当に思い出さないのですよ。ということはいつもいつも忘れていないから，思い出す必要がないのです。片時も頭から離れたことはありません。思い出すということは，忘れているから思い出すのですものね。[*6]」

　肉親に限らず，紛争当事者が身体，家屋，仕事，財産，信頼，自尊心等々何かを失ってメディエーションの場に現れるとき，それぞれの物語の不能の前で，聞き手は何をなし得るのか。ナラティヴ・メディエーションの「外在化」技法は，まさに人と出来事の間に距離を作り出す作業であるが，過去が現在と強く結びついているとき，その引きはがしはそう簡単にはいかない。混沌の声にどう関わればよいのか。

　フランクは，「自分を援助者だと考えている人たちが真っ先にしようとするのは，語り手を混沌の物語から無理やり引き出すこと」（Frank 1997: 110）だと述べ，人を混沌の語りから性急に救出しようとするのを戒める。混沌は，受け容れられるべきものであって，克服されるものではないからだという。新しい物語が語られる以前に必要なことは，混沌を生きる者に敬意を払うこと，そして容易に物語化できない声を聴きとめることだと主張する。

　ところで，フランクのいう混沌の語りは，決してナラティヴの例外事態ではない。むしろ，およそ人が物語ろうとするときに常に引きずっているものと考えるべきである。したがって語りの不能は日常のメディエーション場面にも見え隠れしているはずであるが，そこで物語化しえない当事者の声をどのように聴きとめるのか。この点について考察する前に，物語化のもう一つの困難に触れておかなければならない。

---

　*6）これは，飲酒運転のトラックによる追突事故（命日判決でも知られる東名事故）で愛児2人を亡くした母親に宛てられた元自治会長の女性からの手紙の一節である（井上郁美 2009a: 47）。

第8章　ナラティヴとメディエーション　｜　165

4 ▶ 声の復唱

　混沌の物語が示すのは，物語BにもCにもXにも収まることのない，すなわち因果性をもった語りの母型に着地することのない，物語の不能である。これに対し，物語化のもう一つの困難は，皮肉なことに物語を語りおおせた後にもやってくる。すなわち，物語を「語れない」のではなく，物語に「語り尽くされてしまう」ことから生じる困難である。

　交通事故で救急病院に運ばれた息子が，入院9日目になって内臓破裂が発見され手遅れで数日後死亡したケースで，残された両親は病院を相手取って損害賠償請求の訴えを起こした（佐々木孝子2000; 西田2004）。決定的証拠（X線・CT画像）の発見によって，病院側の過失およびその死亡との因果関係を立証するという法の物語にほぼ完成見通しが立った後，二人の医師に対する証人尋問が行われた。そこで母親が強く語ったのは，入院翌朝の吐血をめぐる医師とのやりとりであった。「明くる日，朝ですけれども7時50分，吐血をしました。（中略）そのときに私が，これは内臓破裂と違うかなと言ったら，先生はどうおっしゃったんですか。（中略）鼻血を飲み込んだもんだ，お母さん，大丈夫ですよとおっしゃいませんでしたか。」「私自身は大丈夫だとは言った記憶はないです。」

　この母親の語りは，損害，過失，因果関係といった概念で出来事を意味づけたり説明したりするものではない。過失の立証という点では，すでに決定的証拠でほぼ達成されていた。しかしこうした裁判の物語の完結は，一連の出来事を「いつか聞いた物語」[*7]にしてしまう。その結果，出来事や経験のかけがえのなさは削り落とされ，痛みや無念は居場所を失う。[*8]

　ホロコーストを「実物大に復元する」ことをめざしたクロード・ランズマンは，語りによる出来事の「陳腐化」に歯止めをかけ，出来事がもつ重さや一回性を

[*7]「語られた途端に，書かれた途端に，過剰はその固有性を喪失して，いつか聞いた物語，いつか読んだ物語へと転落してしまう。」（井口1987: 198）。

[*8] 文脈はやや異なるが，コミュニティの物語への同調が，自らの経験を差異化しようとする動きと拮抗しながら成立していることを，障害者グループのフィールドワークから明らかにするものとして，（田垣2003）参照。

そのままに伝える方法をつくり出した（ランズマン1995a: 1-2）。たとえば，彼はある生存者に当時と同じ川を小舟で上り同じ歌を歌うことを求めている。高木光太郎は，「『歌』という身ぶりの反復を求めることで」「そこに蘇ったスレブニクの身構えを通して，ホロコーストを直接知覚可能なものとして示す」ことができると論じる（高木1996a: 230）。出来事を回顧的に説明することではなく，身構えを通して出来事を現前化する可能性と意義を提示する高木の「身構えの回復」論は，母親の声の解釈の重要な手がかりとなる。

物語を語るという因果論的説明によって，息子の死は他者にも説明・理解可能なものとなる。しかし同時に，出来事は陳腐化され自然化されてしまう。これに抗して繰り出されたのは，立証や説明ではなく，病室でのやりとりを〈そのまま〉再生する声であった。あの朝医師に尋ねた母親のことばがいま本人自身によって再生される。医師は，大丈夫と言ったとは認めていないが，そのことは問題ではない。母親の問いかけによって，医師もまた当時と同じ身構えを回復し，声を再生することを求められている点が重要である。終わったこととして距離を取る者に，声と身構えを通じて光景を現前化し，同じ身体配列に置くことで，その場に連れ戻す。母親の問いかけは，物語への帰着を拒み，この一回の出来事の痛みと重さをそのままに示し知らせる声であった。[*9)]

5 ▶ 声に立ち会うこと──声を物語に回収しない

5.1 ▶ さし出される声

この"そのままに"示し聴くことが，じつは混沌の語りにも要求される。フランクは，病いの語り，とくに混沌の語りが聴かれるためには，聞き手の側がそれを「証言」として聴くことがまずもって必要だという。

出来事をただ積み重ねていくナンシーの語りはバラバラのまま統合されず，聞き手は，何を言っているのか何が言いたいのか理解できない。しかし，圧倒

---

*9) 人類学者・菅原和孝は，身体的配置も含めて出来事を「実演し」「語り直すこと」で，「出来事の背後にある人間の関係性と感情生活の襞が照らしだ」され，「過去の出来事の場全体を，『いまここ』の相互行為の場へと接合」されることを，ボツアナの人びとの語り分析から明らかにしている（菅原2002）。

的な経験はこうした「破片や断片」のまま語らざるをえないことを，フランクはフェルマンの証言論を引きながら説明する。[*10]

　混沌の語り手はそれを証言として聴く者の前ではじめて証言者となる。聞き手に求められるのは，彼女が何を証言しているかを聴くことではなく，証言する彼女の声をそのままに受け取ることだという。難解かつ困難な話であるが，断片的な語りとして「さし出される（present）」声の前に，表象（represent）抜きで証人として「立ち会う」ことが要請されるということであろう。物語的に整序されすっかり居場所を与えられた過去ではなく，あのときあそこで起こったことを，断片化された声で今目の前で起こっていることとしてさし出されている光景を，聞き手は受け取り，ときに共演をすることが求められるのである。

　混沌の語りにおける，相互関係を欠いた出来事記述の連鎖。証人尋問における，声の再生・復唱によって出来事を現前化する語り。これら２つの反物語的語りは，①断片化された語りであり，②出来事の現前化であり，③それらを身体でもって行うことという点で共鳴している。どのような物語にも帰着しえない語りは，断片や破片として表出する。そして，そのザラザラした切断面（rough edge）（Frank 1997: 165）に，経験の固有性の手触りを感じ取るのである。

5.2 ▶ 証人の証人

　さし出し，受け取られる声。人はそれを証言として聴く者の前ではじめて，自らの経験の証人となる。そして，さし出された経験を受け取ることで，聞き手は他者の証言の証人となる。この関係性に語りの倫理を見いだすフランクは，その先に「他者との分かち合い」「共にあること」の可能性を展望する。しかし他方では痛みという経験の個別性の尊重も強調しており，ここで安易に当事者間の全面的な理解や和解を想定することはできない。[*11]

---

*10) ここでフランクが参照しているのは，「理解の中にもまた想起の中にも定着することのないところの出来事によって圧倒されてしまった記憶の破片と断片によって構成されるもの」というショシャナ・フェルマンによる「証言」の定義である（フランク 2002: 192）。

*11) フランクの『傷ついた物語の語り手』の訳者鈴木智之は，その「あとがき」で，次の理由から，全面的分かち合いを想定できないと述べている。「病いの経験を語る者は，自らの痛みを『完全に個人的な痛み』として見いだし，自分自身の置かれた状況を『自分

もちろん，同じ意識を共有しなくても，証言＝立ち会いを経験することで「それぞれに」変化がもたらされる可能性は十分ある。先の医療過誤訴訟に勝訴した母親は，裁判を振り返る中で次のように語っている。「今はもう許せているんです。医者も苦しんだと思うんですよ。証人尋問に来られたときに，やせておられたのを見て，やっぱり悩んだんだなと思いました。」（佐々木・山崎・川嶋2002: 24）。つらい経験を証言することもまた，痛みの経験である。しかし，そうした全身をつかった声の復唱，あるいは医師の痩せたすがたを一瞬認めることも含めた身体的な関わりを通して変化が生み出されることを，このケースは再認識させてくれる。

　ナラティヴ・メディエーションにおいて，家賃の支払いをめぐるマイクとクリスのケースを解説する中で，たとえば文法上同じ主語の位置に立つことができたこと等が問題解決の進展として強調されている（Winslade & Monk 2000: 192-197）。こうした指摘は，物語論的解決の手つきを示すものとして興味深い。たしかに，言語が〈問題〉を変容する力は大きいが，統辞法次元での物語達成だけで紛争が解決されるわけではないことに注意しなければならない。物語の生成・変容と同時に，語りの身体性を見ていく必要がある。

6 ▶ おわりに

　語りと物語がわれわれの生を意味づける基底的な活動形式であることは確かであり，紛争解決を物語化の運動の位相でとらえ，その実践上の諸手法を提案するナラティヴ・メディエーションは大きな可能性である。

　物語は混沌を覆い隠し，出来事どうしの辻褄合わせをする。そこにまた人は，聴かれる声を求めて物語を語ろうとする。しかし，物語化は出来事を終わったこととして説明を与える作業であり，出来事の再構成である。この点は，ドミナント・ストーリーであれ，オルタナティヴ・ストーリーであれ変わるところはない。むしろ，この再構成の力を梃子に紛争解決をめざすところに，ナラテ

◀自身のもの』として再発見する。」「人が自らの声で自らの物語を語るということは，経験をその個別性において受容するということを含意している。」（鈴木2002: 284）。

ィヴ・メディエーションの売りがあることも認めるが、断片化された反物語の声の前で十分立ち止まることなく、「ユニークな結果」をパーツ化し物語的成就だけで満足してしまうようなことがあれば、問題解決アプローチに向けた「表層の実体的問題は解決されたとしても、潜在的な敵意は残ったまま」（Winslade & Monk 2000: 77）という批判を自らに向けることになりかねない。物語化の運動の一方で、ときに反物語の声によって物語的安定に動揺を与え不安定にすることが求められるのである。

すでに和田仁孝は、当事者のナラティヴの向こうに常に潜む「語りえない想い」こそが物語書き換えのリソースであり、「語りえない想い」への気づきを対話の中で促すことがメディエーションの重要課題だと指摘している（和田仁孝2010）。本章は、この語りえない想いがどのように生み出されるのか、そして気づきの手がかりをどこに求めうるのかについての一つの応答仮説でもある。

先の医療過誤訴訟は原告勝訴で終わったが、吐血そのものも黒褐色の液体とだけ記述する判決文を見るまでもなく、過失・因果関係といった法的物語プロットに固められた法廷が反物語の声で揺さぶられた様子は見られない。では、メディエーションはどうであろうか。メディエーションこそ、こうした反物語化の声と身動きを受けとめる場であるはずである。[*12] もちろんメディエーションにもさまざまな立場やアプローチがあるが、それぞれの問題解決の過程で、反物語化の声がどのように現れどう取り扱われるのか。メディエーションの実践局面におけるこれらの検討は今後の課題としたい。

[*12] これに関連して注目されるのが、従来ADRであまり取り上げられなかった〈事実〉に光を当て、この事実をめぐる当事者の語りがどのように紛争解決につながるかを詳細に検討する中村芳彦の「ADRプラクティス論」である。そこでは「要件事実求心型」ではない、「当事者」としての事実認定のあり方がモデル化されており、物語化以前・以外の語りの有りようを知る上で重要な手がかりになる（中村2009: 607）。

第9章　痛みと償い
震えの声の前で

1 ▶ はじめに

　紛争処理研究の分野において，そこにどんな人間像を想定しているのかの問題は，それ自体が主題でない場合も研究に一定の方向性を与える。本稿では原発事故被害を中心に，取り替え不可能なものを奪われたときの救済とは何かについて考察するが，避難を強いられている人たちが何を問題と捉えどう解決しようとしているかを検討するときも，おのずと一定の主体イメージを意識することになる。

　和田仁孝が描く主体イメージ「しなやかでしたたかな主体」（和田仁孝1996c）は，こうした場合の重要な参照項の一つである。和田の解釈法社会学の核心にあるこの主体イメージは，鮮やかに造形され魅力的なモデルとなっているが，素手でその実像に迫ろうとするとすぐには掴ませてもらえないところもある。たとえば，現実の被害・紛争場面にある人びとの苦痛を扱おうとして「しなやかでしたたかな主体」を持ってくるとき，当然ながらモデルと個々の具体的人間とのあいだには，痛みとしなやかさ，迷いとしたたかさ，あるいは怒りやこだわりと一見スマートにも見える身ごなし等々，一定の隔たりがある。以下では，痛みのなかで先へ進もうとする人たちの声と身振りを手がかりに，救援のあり方について考察した後，主体イメージの問題にも触れていくことにする。

2 ▶ 問題の所在

　2011年3月発生の福島原発事故は，4年経過時点でなお10万を超える人たちが避難を強いられるなど，その被害は広く深い。生活を丸ごと奪われ，被曝不安を抱え将来見通しが立たないまま，時間が過ぎていく。

　こうした中，被害への補償・賠償を求める訴訟，ADR申立てが多数行われ

171

ているが，原発被害からの救済を求めるときの難しさの一つは，そもそもどんな被害を受けたのかをどのように名状・提示すべきかの困難にあるように思われる。直接交渉であれ訴訟やADRであれ，従来の賠償システムを前提とする限り，既成の損害項目に盛り込めない被害は行き場を失うか，あるいはないことにされてしまう。

　このような矛盾を前に，既存の賠償論から離れてこの原発事故被害の特殊性をあるがままに見ていくことの必要性がいわれ，「ふるさと喪失」など新しい損害概念も提起されている（淡路2013; 吉村2014; 除本2013; 淡路ほか2015）。ここでのふるさととは，たとえば花を育て直売所に出品し収入を得たり仲間と旅行したりといった，地域で長年築いてきた営みのすべてである（除本2013: 38）。これらの喪失は，「単に主観的な被害ではなく，農作業など，もとの土地に密着した数々の営みが実際に失われる」こと，「この『かけがえのない』ものを失うこと」と定義され，「多くの避難者に共通するもっとも基底的な被害」だとされる（同前: 36-37）[*1]。この新しいコンセプトは，個別の損害項目に該当せず，すべてを失ったとしか言いようのなかった苦痛の根っこにあるものを言い当て，かつ固有の土地・場所に基礎づけられている点で注目される。

　既存の損害概念で捉えることができない痛苦に光を当て原状回復あるいは完全賠償の実現につなげていくことは意義深い作業である。その上で，被害実態に見合った救済実現をさらに進めていくときに必要なことは，未収録分をゼロに近づけるという方向と同時に，それでもなお取り残されるものがあるとしたらそれは何かを問うことであろう。

　「何を失ったか」と問うとき，苦労して育てた牛，地域の祭り，釣りや山菜採りの楽しみ……等々，実体的なものとして喪失が掴まれその重みが計量される。他方，喪失はこれら大切なものを失ったという過去の出来事としてだけでなく，その喪失をどのように受け止めていくかというその後の意味づけのプロセスとしても在る。これは，仮に原状回復や完全賠償がなされたとしてもなく

---

*1）ふるさと喪失の概念は事故後の早い段階から除本理史によって提起されたもので，その後「地域」と「個別被害者」に分けてその回復のあり方を提案する等発展している（除本2015）。

なることのない，記憶であり，問い続ける過程である。

　全町避難を強いられている町の一つ，福島県富岡町から東京に避難している市村高志氏へのインタビューで，ふるさと喪失に話が及んだとき，「われわれは，ふるさとを失ったのではなくて，ふるさとにされてしまったんです」との言葉を聞いた[*2)]。何が失われたのかを語るだけでは尽くせない，生活の場から突然追い出されそこを遠くから思い続ける年月のことを想像せよと言われたようにも思う。

　本章では，損害として取り出される以前の，あるいは以外の喪失に焦点を当て，喪失過程を生きる人たちの声を聴くことの困難と意義について考えてみたい。

3 ▶ 意味づけプロセスとしての喪失

3.1 ▶ 喪失は〈終わったこと〉ではない

　そもそも喪失とはどのような経験なのか。死別，離別，失業，病気等々，長年グリーフ（喪失と悲嘆）セラピーに関わってきた心理学者ロバート・ニーマイヤーは，喪失は「持っていたものを失う」ことから，「失ったものを持つ」ことへの動きだと位置づける[*3)]。「喪失の痛みは決して完治しない」（ニーマイヤー2006: 99）としたら，グリーフへの対処とは，たんなる喪失からの回復でも受容でもなく，喪失を自分の人生の物語の中に統合していくことだと説く。

　この喪失の捉え方には次のような示唆が含まれている。まず出発点にあるのが，喪失は「終わったこと」ではなく，「生きられるもの」であるということ。第2に，喪失を生きるとは，「喪失を所有すること」（ニーマイヤー2007: 202）であり，そこに価値があるということ。第3に，喪失への対処として人が行うことは，自分自身の新しいストーリーへの書き換え作業であり，意味を再構成することである。

---

*2) 答えてくれたのは，市村高志氏（NPO法人とみおか子ども未来ネットワーク理事長）。インタビューは，2015年3月24日実施。

*3) 愛知県がんセンター中央病院「ニーマイヤー教授，喪失を語る」
http://www.pref.aichi.jp/cancer-center/hosp/15anti_cancer/special/02.html

これらの視点を事故被害からの救済・救援の文脈に当てはまるとき，何より
もまず，喪失を，失ったものとして見るのではなく，それを含めた当事者の意
味づけプロセスとして尊重することが必要である。しかし，被害者が喪失をど
う受け止めるかで苦しんでいるとき，既定の手順通り問題を処理し終わらせる
ことで解決とするやり方は，被害者を二度痛めつけることになる。半田保険金
殺人事件で弟を殺された男性の次のことばは，制度化された解決や決着への安
住が，被害者を時間の檻に捨て置く理不尽を象徴的に示している。

>　「その頃（名古屋地裁で死刑判決が言い渡される少し前），僕はこんなことをイメー
> ジしていました。明男（弟）と僕ら家族が長谷川君（加害者）たちの手で崖から突き落
> とされたイメージです。僕らは全身傷だらけで，明男は死んでいます。崖の上から，
> 司法関係者やマスコミや世間の人々が，僕らを高みの見物です。彼等は，崖の上の平
> らで広々としたところから，「痛いだろう。かわいそうに」そう言いながら，長谷川
> 君たちとその家族を突き落とそうとしています。僕も最初は長谷川君たちを自分たち
> と同じ目に遭わせたいと思っていました。
>　しかし，ふと気がつくと，僕が本当に望んでいることは違うことのようなのです。
> 僕も僕たち家族も，大勢の人が平穏に暮らしている崖の上の平らな土地にもう一度の
> ぼりたい，そう思っていることに気がついたのです。
>　ところが，崖の上にいる人たちは，誰一人として「おーい，ひきあげてやるぞー」
> とは言ってくれません。代わりに「おまえのいる崖の下に，こいつらも落としてやる
> からなー。それで気がすむだろう」被害者と加害者をともに崖の下に放り出して，崖
> の上では，何もなかったように，平和な時が流れているのです。自分で這い上がらな
> ければ，僕らは崖の上にはもどれません。しかし傷は負ったままなのです。」（原田
> 2004: 115-116）（カッコ内は西田による）

　ここには，およそ法制度が予定通り問題を処理し終わらせようとするときに，
救済を求める当事者を見事においてきぼりにし孤独に突き落とす理不尽が示さ
れている。崖は，喪失を終わったこととして処理する制度と，喪失の中で自分
なりの意味を探るプロセスの渦中にある者との圧倒的隔たりである。

3.2▶ プロセスとしての償い
【1】「解決」の先行
　崖の下の孤独は，原発事故被害でも起こっている。富岡町の市村氏は，福島
復興再生特別措置法において，政府が除染，帰還環境の整備，町外コミュニテ

ィ整備，産業と雇用の創出，医薬品・医療機器の開発拠点づくり等々の政策を掲げていることに関連して次のように述べる。

> 「国からすれば，今，このメニューを出していることが償いのつもりなんですよ。」「何兆円使うのも勝手だけれども，それはこちらの気持ちにお構いなしに勝手にやっているだけなんですよ。」(山下ほか2013: 251)
> 「説明できないことを説明しなければいけない状況に被災者自身が追い込まれて，その説明をつくっていかなければならない状況に陥っている。にもかかわらず，国や行政に勝手に物事を決定されているのが実情なわけです。」(市村2013: 184)（傍点は西田による）

市村氏が「勝手にやっている」と述べるときに見ているものもまた，崖の上の出来事である。何を必要としているのかを読み違えているのなら，それを正すことになる。そうではなく，何が失われ，何を求めればよいのか，それ自体を苦悩しながら探っているときに，喪失を終わったことだとして一方的に「解決」を提供しようとする。終わらせなければ，解決にならないとのイメージは，裁判だけでなく，多くのADRにもある。終わらない方がよいというわけではもちろんない。終わりにするかどうか，一つの区切りとするかどうかは，被害を負った側が決めることであろうに，そこを素通りして「解決」が先行する。

しかも，「解決」は被災者をただ素通りするのではなく，近くに来てことばを引き出し利用していく。

> 「マスメディアの報道を見ていると，じいちゃんやばあちゃんたちが涙ながらに『おらの故郷返してくれよ。帰りてえ。帰りてえ』という情景だけが映されている。」「カメラを回して小さな仮設住宅を映し，その後で年寄りだけ集めて，『なんとかしてくいよ』『賠償早くやってくいよ』と言っているところに大臣が手を繋いで『わかりました！やります！』とやる。もちろんこれが芝居だとは思いません。しかし『それだけじゃないだろう』と。そこがわかってもらえない。」(同前: 173)

【2】 償いの段取り

市村氏の場合，避難生活に対する月額10万円の慰謝料の受取りを留保している。もちろん，賠償の意義自体を否定しているわけではない。

> 「誤解してほしくないのは，俺らは賠償から話をスタートさせたいわけではないと

第9章 痛みと償い

いうこと。原則的には，原状回復だけれども，それがかなわない場合に金銭で代償する，それが基本だと。」(山下ほか2013: 108)

「そんなの，いくらコンテンツを並べても，それでは償いにはならない。プロセスが見えなければ。責任をどうするの？明確にしろと。明確にしたら償いなさい。そして償いが終わってから，はじめて許すという話になる。許したならば，じゃあ次は何をする？という話で，そのときにこういうもの（メニュー）が出てくるんであればいいんだよ。」(山下ほか2013: 251)

一般に，金銭賠償の問題点として，命や生活をお金に変えることへの抵抗・違和感がいわれるが，払うこと＝終わったこと＝解決という時制上の問題も大きい。この点は謝罪でも同じであるが，この償いの段取りへのこだわりは喪失の意味づけ作業という点で決して譲ることのできないものである。

【3】 無力化の虞

しかし，"損害 → 賠償"という一義的・直線的解決の流れを一旦減速し，「それだけじゃない」思いを伝える回路を据え付けるにはどうすればよいのか。たとえば，収束宣言は避難者から「被害者性」を剥奪するものだとして，「加害者は，補償打ち切りを急ぐのではなく，むしろ長い時間を要する解決過程と正面から向き合い，被害地域の住民・自治体とともに，その過程に主体的に参加していくことが求められる」（除本2013: 57-58）とする提言にも，「終わったことにする」という崖の上の解決理念の矛盾が指摘されている。

金額を確定し支払うことで，何事もなかったかのように崖の上の者の平穏な生活が続いてしまうから呼び続けているのだが，時間の経過のなかで，その呼びかける力が内側から失われるのではないかとの心配ももたれている。

「（最悪の状況として非常に危惧していることは）本当の意味での風化です。私自身が，何が起こったのか，何を思っているのかを言えなくなってしまうことです。そうした中で，無力感にさいなまれるようになるのが，最も恐れていることです。」(市村 2013: 183)

解決の独走と無力化のおそれのなかで，「何が起こったのか，何を思っているのか」をどのようにして語ることができるのか。どのように聞くことが求められているのか。

4 ▶ 理解から撹乱へ

4.1 ▶ 報告が詩に変わるとき

　2015年春，原発事故によって全町避難を強いられている福島県浪江町の復興支援シンポジウムが東京であった。弁護士・研究者等の報告の後に，同町職員の方による報告があった。分析や提案を主とする報告が多いなかで，「町民の精神的損害の実態」と題するこの報告は，その語り口において他と明らかに異なっていた。

　報告の冒頭では，説明もなく否応なしに始まった最初の避難，そしてその後の移動と避難の経過が，ゆっくり，力強く語られていく。「……放射能に曝されているとは夢にも思いませんでした。この事実を後で報道で知ったとき，本当にもう，目の前が真っ暗になって……」。立ち見も出る満員の会場の後方席からは，どこに報告者がいるのかを目でとらえることができず，報告レジメを探すのも諦め，うつむいて天井スピーカーからの声に集中することになった。「みんなあのとき，津島で被曝したのではないか，将来大丈夫かと，本当に心配になり……」。メモを取ろうとするが，うまく取れない。「町は次に二本松市に移動するのですが，この頃になると，避難が長くなるのではないかと感じ始め，着の身着のままの避難生活に不安を覚え始めます。」。

　「子どもの学校，病院，介護者，通帳，印鑑，権利証，車，ローン，置いてきたペット，家畜。」もはや，ペンとノートは用なしになっていた。メモが取れないのは，顔が見えないからでも資料を手元に置いてないからでもなかった。このとき私が聞いたのは，いわゆる報告ではなく，何か詩の朗読のようなものだったのではないかと思う。

　詩であれば，書き取ったり，まして番号や矢印を入れたりするものではない。この場には声だけがあり，静寂と圧倒的受動性のなかで私にできたことは，ただ声についていくことだけであった。そして，論旨の理解や予測をしようとするいつもの動作は完全に封じられた。物理的な力を使わず，音だけでからだの動きが止められてしまったのである。いったい何が起こったのか。

4.2 ▶ 意味取り回路の切断

このことについて考えるには，声がもっている不思議な力に触れる必要がありそうである。

【1】 吐く息：尾崎豊

トラウマ概念を手がかりに言語・記憶・歴史を研究している下河辺美知子は，尾崎豊の歌唱法のなかに，声が言語＝意味に反乱を起こす可能性を見出す。

人の言語習得の初期段階のことばに，クーイングや喃語といった無意味言語がある。下河辺によれば，これは生後すぐは１：１であった「吸う／吐くの時間比」が，１：２くらいになって長音が出せるようになって現れるが，この段階の子どもの要求は，アーという発声だけで，周囲の大人によって満たしてもらえる。ところが，次の段階に進むには，子どもは声を言語音に加工し，文法に則って並べる技術を習得しなければならない。こうして，自分の思惑とは無関係の網のように張り巡らされた言語の掟に従い，「生のままの自分の息を，抑圧と監視の場に引きずり出して言語に変換する」旅が始まるのである。これ以降は，「言葉になってしまえば，それはもはや自分とはかけ離れたものとなり，自分の息が作り上げたものであるにもかかわらず，人は，その音声に『意味』という枷がはめられてしまうのをなすすべなく見守るほかないのである。」（下河辺2000: 145）

しかし尾崎の声の発し方には，この意味のしがらみを破る独特の息づかいがあるという。たとえば，「Freeze Moon」の中のフレーズ，「なにもかもがちがう」。日本語の掟では，「なにも／かもが／ちがう」と傍点にアクセントが来るところ，「なにも／かもが／ちがう」と歌うことで，「自分の息が作り出す言葉が，意味に届くその回路を切断」（同前: 146）しているのだというのである。

ここに示唆されているのは，音のハズしを行うことで，音＝意味の仕組みに穴を開け，しがらみから少し自由になる可能性である。もちろん，完全にこのシステムから離脱することはできないのであるが，高低なり強弱のずらしを行うことでそこになにかしらの手触りや痛みをのぞかせる効果が生まれる。小さな違反によって母語を異国語化することはまさに特定のことばの臣民の一つの抵抗戦術となる。

【2】 音列の暗唱と再生

　この異国語化による意味への抵抗をさらに徹底させる出来事が，ある映画のなかで起こった。映画『ヒロシマ私の恋人』（邦題『二十四時間の情事』）を題材に，文化間のトラウマ的境界を越えて人が応答し合う可能性を考察した「文学と記憶の上演」（カルース2005: 36-82）のエピローグで，キャシー・カルースはフランス語がまったく使えない主演の岡田英次が映画のなかで美しいフランス語で話し役を演じきったことを取り上げ，興味深い分析をしている。

　岡田は「彼にとっては文法的には何の意味もなさない音声としてそのセリフを覚えて暗唱した。」「音声を音として発話すると，彼自身の存在が空になってしまうかというと，実はその反対である。」「オカダは，自分の話している言語の意味を所有したり，支配したりするのではなく，その声の差異を比類なきかたちで伝達する話し方を映画に導入した。」「オカダの話し方は，声と意味の分離，あるいは意味を作らぬ発話という点で，表象のレベルで伝達することができる範囲をこえた特異性，単一性をこの映画に持ち込んでいる。」（同前: 73-75）（傍点は西田による）

　ここでも，声を意味の桎梏から引き離そうとする身振りが「特異性，単一性」（specificity and singularity）（Caruth 1996: 52）を生み出す可能性が示唆されている。カルースは，岡田による徹底的に純化された音列再生という方法とともに，岡田演じる日本人男性がフランス人女性に平手打ちを加えるシーンにおいても，音声が意味から切り離されていることを指摘している。

　音を意味から切り離す方法は，アクセントずらしや音列再生以外にもいろんなバリエーションがあるのだろう。しかしそれが何であれ，その根底にあるのは，声がからだにつなぎ止められているという点であろう。意味から離れた声は中空にある音ではなく，平手打ちをくわえた手にしっかりと設置されている。アーというからだの音で世界に関わることのできた喃語から旅立った声は，じつは故郷を捨てたのではなく，からだという故郷と「ともに」法の国にいるということではないだろうか。痛みの語りとは，身振りとしての声によって，意味を〈とらせず〉に話すこと，理解〈されない〉ように語ることで，聴く者に混乱を与え小パニックを起こすのである。

【3】 混乱誘発としてのたたみかけ

　さて，先の「町民の精神的損害の実態」報告に戻ろう。この報告には音列暗唱や息づかい唱法のような特別な技法があったわけではもちろんない。しかしそれでも私は，この報告に衝撃を受けた。
　一定の音量，ゆったりしたテンポ，乱れないリズム等々，全体的に見て，報告にはある種の抑制があったが，ところどころ福島アクセントが混じり，おそらく原稿があってそれを読んでいたと思われるが何度かアドリブでことばを探っているような揺れの場面もあった。さらに，複数の主語。担当の避難所をもち，仮設庁舎で町民からの鳴り止まない電話を受ける町職員としての私。プライバシーなどほとんどないところで辛い思いをした個人としての私。そして，転々と一緒に移動した私たち，「私たちは決して諦めません」というときの私たち等々。一つの声のなかに複数の声＝主体が入れ替わりながら姿を現し，聴く者の立ち位置はそのつど揺さぶられる。まさにバフチンのいう腹話術に溢れ，ポリフォニーが上演されていた（バフチン1995）。
　しかし何と言っても最大の衝撃源は，「子どもの学校，病院，介護者，通帳，印鑑，権利証，車，ローン，置いてきたペット，家畜」の行である。韻律とか難しいことを言うまでもなく，たたみかけるように放たれる音の礫。相互に必ずしも因果関係や前後関係のないそれらが次々と絵になって視界を横切り，意味を取ろうとする頭は混乱する。
　後で気がついたことだが，ここで重要なことは，この混乱は，そっくりそのまま当時の被災者を襲った混乱だったということである。「これは長くなるかもしれない」という空恐ろしい予感がした瞬間，次々と目の前に浮かんできたのが，子どもの学校であり，通帳であり，家畜だったのであろう。意味を説明したところで何ほどのものであろうか，混乱のうちに見たものをぶつけ，聞くものをも混乱に陥れる声の力から見れば。
　詩を聴くこと，詩として聞こえたことで，被災・避難している人たちの苦痛を理解しえたとかいった問題ではない。強調しなければならないのは，理解より何より，短時間とはいえからだの動きを封じられ，調子が狂い，混乱させられたこと。そして，どんな困難があるのか，どんな助けが必要なのか等々，意味取りに向かう腕の関節をはずされ，音だけを聞くことで，意味を超えた経験

の唯一性，すなわち痛むからだの前に立たされたという事実である。

【4】 震えの声の前で

　浪江町が，精神的苦痛に対する賠償額増額を求め，原発ADR（原子力損害賠償紛争解決センター）に集団申立てをした目的の一つは，「被害の実態を明らかにし，社会に訴えていくこと」，とくに「避難によるこころの痛みは時間とともに軽減しないことを明らかにする」[*4]ことであった。この訴えの一環として行われた上記シンポジウムは大きな成果を収めたと思う。

　しかし，いうまでもなく，町民の痛みの声は東電や国にこそ直接届けなければならない。町民の7割を超える1万5千人以上が申立人となる集団申立てに対し，解決センターは，町民の意見陳述や現地調査の手順を踏み，被害実態を踏まえ，月5万円の慰謝料増額等を内容とする和解案を提示した。町はこれを受け入れることにしたが，東京電力は受け入れを拒否した。その後，センターから異例の和解案提示理由書まで提示されたが，東電は拒否の姿勢を変えない。

　この浪江町のADR手続では，仲介委員が現地を訪問し町民の話を聴くという手順が踏まれている。これが増額を認める案の提示に結びついたかどうかはわからないが，身をもって話を聞き，それを受け止め提案するという姿勢は町民から評価されていると聞く。他方で，審査会や東電にはこうした身体性の契機が決定的に欠けている。痛むからだの前に立ち，震えの声を聴く場を設定することは，意味のない非現実的な夢想なのだろうか。

5 ▶ おわりに──振舞いの即興性

　ここまで，喪失の痛みのなかから前に進もうとする人たちの声と身動きを追いながら，補償・賠償・救済を考えるときにどんな視点が必要かについて考えてきた。これと重ねながら，和田の主体イメージの含意について考えてみる。

　たとえば紛争処理モデルの構想において当事者をどう位置づけるのかに関して，当事者自身の動きを広く認めていくのか，法や第三者関与の度合いを大き

---

*4) 浪江町「精神的損害に対する浪江町集団申立てについて」http://www.town.namie.fukushima.jp/uploaded/attachment/1692.pdf

くするのかといった二分法があるとすると，和田モデルはもちろん前者の立場に立っている。もっとも，これは人びとが自力で問題解決する能力をもっているからではなく，何が解決かを決めるのは最終的に当事者しかなく，そこに向かおうとする動きを止めることはできないからとの考えからではないかと想像する。

　当事者はあらかじめ自分のニーズを知っていたり，自分のやり方をもっていたりするわけではない。解決方向を見定められず迷い，法の制度，法の人，法のことばに期待しつつ，そこに違和感や落胆を覚えてもがいた末に何かをなそうする。説明できないことを説明しなければいけない状況に追い込まれ，説明のつくものにしようともがいた先に声が生まれる。「歌心というのは元々，あらゆる生き物がそれぞれ生きようとしてもがいている，そのもがきなんだから」との鶴見俊輔の定義に乗っかるなら，この声が知らない国のことば＝詩として聞こえることは自然なことである。

　話すことは離す＝放すことだと言われるとき，ここにも語りが一定のもがきの時間の後に痛みをもって現れることが含意されている（田中2014: 236）。医療過誤訴訟で，弁護士を解任し本人訴訟を闘い抜いた母親の力も，元々もっていた何かではなく，法のことばで語ることに挫折し見切りをつけた後に生まれたものであることは，その訴訟の言説分析で鮮やかに描き出されていた（和田仁孝2001）。

　結局のところ，和田法社会学にとって，どんな属性や能力を「もった」主体を前提とするかは主たる関心事ではない。それでも主体イメージがもし必要だとしたら，それは「○○である」「○○をもっている」ものとして描かれる主体像ではなく，「○○しつつある」主体ということになるであろう。しなやかでしたたかな主体像の核心は，即興的に生み出される動き，予測を超えるこだわりや身動きにこそあるというべきであろう。和田の主体描写の根底にあるのは，出来上がったもの，完成品に対する嫌悪であり，できつつあるものへの慈しみのようなものではないだろうか。

　ここまでおいでといわれ何とか行ってみると，もうそこにはおらず，別の木の上でにこにこしながら枝葉を揺すってる。追うのをやめてると，不意に現れ，見事な跳躍力でまたどこかへ。目の前にいるとき，じっとそこにいない。いな

いときも，そこにいる。

　これは和田法社会学についての私のイメージだが，この捕まえられなさこそ和田が描く「しなやかでしたたかな主体」の本領あるいは身ごなしの癖なのではないかと思えてくる。本稿で検討した被災者の身振りと声に寄せて言えば，こうした即興が生まれるプロセスは必ずしもスマートなものではない。それどころか，何が起こったのか，何が必要なのかを簡単に説明できないのにそれを説明することを強いられ，都合よく「理解」され「勝手に解決」されてしまう。その流れに待ったをかけようと絞り出される声。追い詰められ，それでも納得のいかなさに踏みとどまったときに出てくる声と息。人と制度の接面にこうした音を立てて現れる振舞いの即興性を慈しみ，捕まえにくさと付き合っていくことが，解釈法社会学に求められ，解釈法社会学が求めているものなのかもしれない。

第10章 痛みと紛争解決
混沌の声に立ち会う

1 ▶ 問題の所在

1.1 ▶ 痛みの損害化とその余剰

　東日本大震災と原発事故によって，多くの人が避難，それも幾度にもわたる避難を強いられ，今も各地で困難な生活を余儀なくされている。ある実態調査で，「原発事故から現在までの避難生活で特に苦痛だったこと」を尋ねている。質問通り，「特に苦痛」なことに絞って記述する回答が多い中，ある回答では，経験した苦痛が14項目（避難所でのストレス，親戚宅での気疲れ，事故のために解雇された不安と苦痛，偏見の目で見られる苦痛，将来設計が決まらない不安など）にわたって記されている（和田・西田・中西 2013: 110）。

　法的解決枠組のもとでは，こうした苦痛は「精神的損害」として賠償の検討可能対象となり，現に法律家の支援を得てその具体化に向けた作業が進められている。苦痛が損害として特定され，しかるべき賠償（あるいは補償）へと形をなしていく流れの一方で，損害化されない痛みが予感されている点も見逃すことはできない。じつは上記回答には後半部分があり，14項目にきちんと整理されたかに見えた苦痛の後にこう記されている。「絶望感がぬぐえず，生き地獄とさえ感じる。心が潰され殺される思いだ。精神的苦痛は，一言では表すことはできません。すべて元通りにして欲しい。その代償は，お金に代えることのできないほど大きなもの。苦痛はこうしている間にも続いている」。ここには，数え切ることも賠償し切ることもできない痛みの底知れなさだけでなく，そもそも痛みを，終わったものとし実体として捉えること自体の不可能が表明されている。

　たとえば事故で人が亡くなるケースで，「人の命をお金に換えるのか」という問いかけがなされるとき，「じゃあ，金銭ではなく謝罪ですか」と返されると一瞬答えに窮してしまう。このとき，被害者が感じているのは，〈何〉で賠償・

返答してほしいかの迷い以上に，そもそも苦痛を実体と見なしそれを損害として客観化する思考自体への強い違和感であろう。痛みを精神的苦痛という実体として捕まえる手つきは，何で補償・賠償するのかという思考と初めから結びつけられている。端的にまず損害があり，その賠償・補償が検討されるのではなく，賠償・補償から損害が見つけられ切り出されるとき，損害化されない痛みは行き場を失う。

これまで損害として取り上げられ，あるいは取り残されてきた〈痛み〉に着目し，そこから紛争・解決のありようを一度見直してみる必要がある。モノ的につかまえることを拒む痛みをどのように理解し，紛争・解決過程にどう位置づければよいのか。

1.2 ▶ 痛みの〈と〉紛争解決モデル

こうした作業の導き手の一つを，棚瀬孝雄の「共同体的正義」論に見出すことができる。不法行為制度をめぐる議論の中で，「個人的正義」「全体的正義」への批判として提起されたのが，自己と他者とのつながりを道徳的基盤とする共同体的正義モデルである。その紛争解決過程は，「当事者が一個の人間として向き合う関係」(棚瀬1994b: 17)の上で，「加害者が被害者の痛みを直接に，人間的共感をもって感ずる」(同前: 18)こと，「加害者が，被害者と向き合い，その苦痛を除去するために自分として何ができるかを考えていく」ことを通した「不法からの回復プロセス」(同前: 20)として描かれる。

他方，同じ不法行為法の文脈で，和田仁孝は責任負担のあり方として，従来の「損害志向的回復要請」に対して「関係志向的責任負担」モデルを提案する。前者は，〈損失〉の〈回復〉によって責任負担するのに対し，後者は「被害によって生じた『苦痛』の，いわば人間としての『共有義務』」を本性」とするもので，「人間としての一種の『共感』に根ざしつつ，加害者側も「痛み」を負担すること，それによって当事者各々の事故によって損なわれた日常の社会的関係性を再構築していくこと」が必要だと説く(和田仁孝1994: 107)。

両モデルに共通するのは，被害者の痛みに照準して紛争解決を構想すること，解決の契機を〈痛みの共感・共有〉という関係・関わり合いに求めようとする視角である。以下では，紛争解決における痛みの取り扱い方，痛みの共感可能

性といった点に焦点を合わせて，痛みと紛争・解決の関わりについて考えてみたい。

2 ▶ 痛みは語れるか？

2.1 ▶ 不定で多面的な痛み

　国際疼痛学会は，痛みを「現実のまたは潜在的な組織損傷と結びついた，あるいはこれら損傷によって説明される不快な感覚・情動の経験」(IASP 1979: 250) と〈定義〉する。その〈注釈〉では，「痛みは常に主観的なものである。」とも述べる。痛みは，客観的実在としてではなく，「主観的」「経験」として捉えられている（としてしか捉えられない）。注釈ではさらに，「組織損傷ないし類似の病態生理学的原因がない場合にも痛みを訴える者が多くいる（通常これは心理学的理由から起こる）。自らの経験を痛みと見なし，組織損傷からくる痛みと同様の訴えをする場合，これを痛みと認めるべきである。」と解説されている。

　この定義に従えば，本稿で取り扱う当事者・被害者の痛みについて，それを身体的痛みと区別された"心の痛み"といったようなものに限定する必要はない。実際，第1款で取り上げた実態調査でも，多くの人たちがその痛みを，頭痛や腹痛といった身体的痛みと「ともに」経験・報告している[*1]。痛みは，身体的であり精神的である。

　さらに，痛みは個人のうちにありつつ，同時に社会性をもつ。たとえば交通事故でむち打ち症に苦しむ者が，まさにその事故の賠償をめぐる労苦によって痛みが増悪することも報告されている。麻酔専門医の外須美夫は「交通事故などで他人から与えられた痛みというのは，なかなか治らないことが多い。」「一つには，補償という問題が絡むことによって，『痛み』がつくられ，増幅していくような構図があります。」(外2013: 53) と述べる。痛みは，身体的・精神的かつ社会的である。

---

*1) たとえば，「『2人の子どもも原発事故の話をすると『頭が痛くなるから言わないで。』とか，『僕は今の学校へはあまり行きたくない。』と言っている。」「毎日子どもたちの今後のことを思うと，大人の私でも精神が不安定になり，原因不明の腹痛や不眠になる。」(和田・西田・中西2013: 84) といった記述参照。

そして痛みの最も厄介な点は，それを伝える困難にある。生理学的・生物学的に何ら異常がないときでも，当事者のなかでは確実なものとしてある痛み。あるいは喪失した四肢に感じる幻肢痛。外側から検知できない以上，痛みは当事者が自ら報告しなければならない。しかし，それが理解されないことがまた痛む者を苦しめる。国際疼痛学会は最近になって，「言葉で伝えられないからといって，個人が痛みを経験し適切な鎮痛処置を必要としているという可能性が否定されるわけではない」との一文を痛みの注釈に追加している。[*2]

2.2 ▶ 物語の不能——痛みを語る困難

痛みのただ中にあるとき，われわれは言葉を失う。痛みを〈経験〉と捉える立場に立つなら，痛みの報告とはそれを経験として語ることに他ならない。したがって，「痛みから身を引き離す余裕ができて，当事者がその痛みの第三者のような立場となって初めて，それを語ることが可能となる」（美馬2011: 185）。しかし，時間が経てば痛みを語るための距離や余裕が生まれるとは限らない。

病いのナラティヴをめぐるアーサー・フランクの議論（フランク2002）に，痛みを語ることの困難とその背景を見ることができる。病いをめぐる現代社会のドミナント・ストーリーは，健康を正常と見なしそれを取り戻すことをめざす「回復の物語（restitution narrative）」だとフランクは指摘する。回復というプロットに貫かれた物語は，病いはかく語られるべしとのイデオロギーとなって人びとを支配していく。他方で，自己を回復の物語で語ることができない者も多くいる。フランクが「混沌の語り（chaos narrative）」と呼ぶ語りは，因果関係や整合性，始まりや終わりといった要素を欠いており，オルタナティヴ・ストーリー[*3]さえ見いだすことのできない，不能の物語である。アルツハイマー病の母親を抱え，自身も慢性の病いをもつナンシーの語りは，次々起こる出来事

[*2] http://www.iasp-pain.org/Content/NavigationMenu/GeneralResourceLinks/PainDefinitions/default.htm#Pain

[*3] マイケル・ホワイトとデビッド・エプストンが始めたナラティヴ・セラピーは，有力なナラティヴ・アプローチとしてさまざまな領域に浸透している（White & Epston1990＝ホワイト・エプストン1992）。カウンセリングの具体的指針を示すものとして（White 2007＝ホワイト2009），調停への応用編として（Winslade & Monk 2008）参照。また，紛争解決論としてのナラティヴ・セラピーの可能性と疑問点については（西田2013）参照。

の羅列で，そこに物語を聞き取ることは難しい。そこには，物語の始まりも終わりもなく，絶え間のない現在だけがある。出来事は相互に関係づけられることなく，「それから（and then），それから」という接続詞でただ積み重ねられていく。痛みによって心身とその〈世界〉が解体される様を拷問等の実証分析を通して描くエレイン・スカリー（Scary 1985）が示唆するように，ナンシーにとって世界は解体したままで，それを一つのものとして所有することができない。被災以降の苦痛を綴った次のことばも，物語に定位しえない声として聞くことができる。

> こんなに引っ越しばかりの生活。今も自宅にたくさんの思い出や物をたくさん置いてきたまま。自宅で将来，親たちと共に暮らしてくはすだった。結婚も考えていたが，すべて白紙になり，今はどこで一生暮らして行くか，家族を支えていくか，放射能の影響で健康被害は大丈夫なのか，不安でいっぱい。新しい仕事も周りの人と状況が違うため，全てストレスに。友達もみんな遠くなってしまい，落ち込む毎日です。自分だけでなく，なぜ，被災した私たちが，こんな思いをし，悩まなければならないのか。今までも，これからも悩んでいるのが苦痛。いつのまにか寝不足に。寝ても疲れが取れない。充分寝れていない。毎日，体も心も重くなってしまった。すべてが苦痛に感じます。浪江町が大好きだった。（和田・西田・中西2013: 39）

自分のこと，親のこと，友達のこと，結婚も仕事も，過去の思い出も将来も，体も心も，と苦痛の場所が次々と指さされる。しかし，それらは立体的に関係づけられぬまま，「全て」として重く覆いかぶさってくる。何が起こったのか，これからどうなるのか。物語に不可欠の時間秩序を見いだせない中で「全て不安」と述べるときの不安とは，生を意味づける物語プロット自体の不在に他ならない。

3 ▶ 声に立ち会う──徹底的な受動性の中で

3.1 ▶ 物語的救出の無効

法的解決の枠組のもとでは，この痛みは個別具体的な損害に分節化され客観化されることになるが，それだけで痛みが軽減されるわけではない。痛みの損害化自体に問題があるのではない。そうした作業が，物語の〈再所有〉と結びつけられることが必要なのである。

「人は，赤裸々な現存の中に生きることは不可能である。」（ブーバー1979: 47）とは，世界を秩序づけ意味づける物語なしで人は生きられないということである。ならば，むき出しの現在＝混沌を生きる者に対して，回復や希望の物語を差しだすこと，あるいは物語の語り直しを促すことが有効になるはずである。
　しかしフランクは，「語り手を混沌の物語から引きずりだすセラピー」（Frank 1997: 100）を否定し，痛む者の救出を戒める。
　なぜ救出が役に立たないのか。新たな語りの支援のどこに問題があるのか。フランクは，混沌は受け入れられるべきものであって，克服されるものではないという。物語化できず混沌を生きる者にまず敬意を払うこと，そしてその声を〈証言〉として聞きとめることが必要だと主張する。
　この問題は，他者の痛みの共有と領有の議論と深く関連している。たとえば，岡真理は，他者と同じ痛みの共有は原理的に不可能だが，想像的な同一化は可能だと述べる。ところが，それはあくまでも想像的なことであり，「苦しむ者に対する他者の『共感』を促そうとして，その同一化を容易にするような言説戦略がとられるとき，被害者は，被害者の苦痛に同一化しようとする者たちのイメージに合致するように構成されてゆく」危険を指摘する（岡2000: 226-227）。
　この危険は，共感や同一化促進の戦略を意識的にとろうとしない場合にも起こる，およそ何かを表現しようとするときに混入する解釈という罠でもある。ホロコーストの生存者たちがありのままを証言しようと努めたとしても，「その後」を知っている現在の場所からする証言から「再構成」を完全排除することはできない[4]。他者の痛みを「理解」しようとする作業も，「わかることを」「わかりたいように」再構成してしまう危険と常に背中合わせである。この再構成が，痛む者自身の「協力」によって生起・加速されることも再確認しておかなければならない。聴く者を求め，「わかってもらえそうなことを」「わかってもらえるよう」語るとき，経験は物語に語り尽くされ，出来事の固有性，一回起性はきれいに削ぎ落とされてしまう[5]。たとえばそれが家族を失ったケースであ

---

[4] この困難にチャレンジして撮られたランズマンの壮大なドキュメンタリー『SHOAH』については（ランズマン1995a）参照。（高木1996a）は，『SHOAH』の証言行為を，言語的再構成ではなく身体の直接知覚として捉え，その手がかりを身構えに求めるという興味深い議論を展開する。

れば，こうした物語的成就は，過去＝亡くなった人を裏切ることにもつながる。

　痛みの想像的共有が，他者の痛みの「領有という暴力」(岩川2011: 103) となる危険の自覚とともに，混沌にある者の痛みがそもそも物語になじまないという点を正面から認めなければならない。吉田敦彦が，ブーバーの物語論解釈の中で，「人間は物語なしで生きることはできないが，物語のなかだけで生きることもできず，物語を切り開く出会いを必要とする」(吉田2003: 220) と述べているのも，物語化を受け付けられず苦しむ者に物語を充てがうことの愚を明らかにしている。

3.2▶　痛みの個別性

　他者の痛みへの関わりとして次に求められるのは，その痛みの声を〈個別性〉において聴くことである。病む者・痛む者は，「自分自身の苦しみがその個別性の中で認識されること」(フランク 2002: 29) を求める。つまり，症状や被害類型あるいは入通院日数といった一般性において苦痛を量ることではなく，〈この私〉の痛みを知ることが求められる。

　苦しむ者にとって痛みの理解・共感は強い願いである。しかしそれと同時に，苦しむ者は，その痛みがいかに理不尽に突然自分にやってきたものだったとしても，「私の痛みは私だけのもの」であり，この痛みを抱えて今を生きていることの承認をも求めようとする。一方で理解せよと言い，他方では本人しかわからないと言うのは，二重拘束であり矛盾のようにも見える。

　大澤真幸は，「簡単に『共感』されたとき，逆に，私たちは，『お前なんかにわかるはずがない』『それは違う』という気がする。『わかった』と言われれば言われるほど，疎外感を覚えてしまう」というアイロニーに触れた後，「他者の痛みへの真の共感」を「それは私にはわからない，私からはそこにどうしても到達できないということを，痛切に実感すること」(熊谷・大澤2011: 45) に見いだす。つまり，痛みは，理解の〈達成〉によってではなく，その〈不出来〉によって共感されるというわけである。[*6]

---

*5) 出来事の陳腐化への抵抗として生み出される身振りの可能性を「身構えとしての声」として論じたものとして（西田2004）参照。

他者の痛みへの共感について，「私が，彼女の苦しみを苦しむのではなく，私自身の苦しみを苦しんではじめて，ひとつの出来事が彼女と私のあいだで分有される，その可能性が生まれるのではないか。」(岡2000: 227)と岡真理が述べているのも，到達の不出来を言い表している。もちろん，この不出来は，個別性のうちに声を聴こうとする個別的な〈この私〉によって初めて可能になる。

3.3 ▶ ただ聴くという責任

　フランクが構想する，病いの語りの証言空間は，物語的な理解や共感の場ではない。とことん話し合って理解し合うこととはまったく異質な場所として理解しなければならない。むしろ，わかり合い，分かち合う困難と不可能が予感されたところから始まる。

　証言とは，「その出来事を経験しなかった者に，その経験を語り伝えることの圧倒的な困難」(鈴木2002: 286)への挑戦である。証言に立ち会う者に求められるのは，何を言おうとしているのか，その〈意味〉を取ることではない。これに関連して，熊野純彦は，言葉は何ものかの記号ではなく，「ひとが経験しているがままのことばが，そのものとしてつねに・すでに意味である。」「他者から発せられるのは，たんなる音列であるのではなく，他者が語ることばそのものが，すでに意味である。」(熊野2003: 152)と主張する。この視点は，混沌の語りを前にしたときにとくに重要となる。

　証言の本質とは，「身体をもった語り手がそこにいるということなのである。病いの物語は，互いに向き合っている者同士の相互作用を必要とする。語り手の苦しんでいる身体そのものが証言であり，その証言を受け取るためには，聴き手が潜在的にせよ苦しむことのできる身体としてそこにいなければならない。」(フランク2002: 200)。他者の痛みの共有の根源的不能を一般的に論じることではなく，「あなたの痛み」に触れようとして到達できない無力を認め，それを身をもって示すことが必要となる。理解や共感の達成ではなく，この向き

---

*6) 同じ痛みにたどり着けないことの承認から出発するという立場は，アダム・スミスの同感概念を基礎に，他者との間に埋められないリアリティの溝があることを認めることからリアリティ共有の可能性を探る(和田安弘2012)の紛争・解決・社会モデルと相通じる。

合いの身振りにこそ注目しなければならない。

3.4 ▶ 召喚——徹底的な受動性

痛みの声は，聴かれることを求める。その際，声は「呼ぶ声」として聴かれなければならない。では，その出会いはどのように開始されるのか。これに関して，山口美和は自身の看護師としての経験にレヴィナスの呼びかけと応答の思想を重ねながら次のように論じる。

> 患者の中には，大勢の看護師の中でなぜかまっすぐに「この私」に向かってくる者がいる。まっすぐに「私」を見つめる患者の視線のもとで，「看護師の衣」を着たまま患者に対応することができなくなる。これはサービスの提供者たる看護師の職務の遂行を阻害する危険な関係である。と同時に，患者と看護師である私との間に新しい可能性を拓く関係の始まりでもある。
> これは看護師にとって一種の「召喚」である。看護師は「ケアする人」として能動的に関係を結ぶ者ではなく，先に患者から呼びかけられ，受動的に応答した者である。
> 患者に呼びかけられて語りに引き込まれた私が，まともに応答しようとするなら，能動性から引きはがされた徹底的な受動性のうちに身を置かねばならない。（山口 2004: 170-171）

誰かのために進んで何かをするという能動の日常的確信は，固有性のまなざしによって揺さぶられ，無用となり，「誰にも代わってもらえない責任を負い」「逃れられない『この私』の唯一性を呼び覚まされる」（同前: 171）。召喚から始まる「徹底的な受動性」は，理解することや聴くことの意義も転換する。患者を何かで理解することは，「彼固有の現前を何らかの理解可能なカテゴリーに押し込める」（同前: 172）ことである。能動性を手離して他者と接触することから明らかになるのは，「私は〈他者〉自身には決して触れえないという事実」であり，「理解や解釈を拒む〈他者〉の前に私は曝されている。それが他者への応答としての〈聴く〉こと」（同前: 172）だと述べる。

混沌の中にいる者がそこから引きずり出されるのではなく，その外にいる者が混沌の声の前に呼び出され，語りに引きずり込まれていくのである。[*7]

[*7] このように，既成の役割関係とそれを支える物語が役立たずになり，ただ聴くことへの気づきを報告するものとして，中村・岡部・加藤（2004）。また，こうした気づき

4 ▶ 痛みの声と紛争解決

　以下では，紛争解決の文脈にそって，痛みの声に関するここまでの議論の意義を検討する。

4.1▶ 対面性の契機——個別性において出会うこと

　痛みの紛争解決にとって，被害者・加害者あるいは関係者の対面の契機は不可欠の要素である。もちろん，たんに顔を会わせることではない。すでに棚瀬の共同体的正義において示されているように，「当事者がお互い一個の人間として向き合う関係」(棚瀬1994b: 17) とは, 個別性において出会うことであり,「その関係からもはや失うものなしには撤退できない，そうした相手に対する配慮」(同前: 19) とは，「誰にも代わってもらえない」「逃れられない『この私』」(山口2004: 171）として関係に巻き込まれていくことを意味している。

　痛みは聴かれることが必要であり，いつも聴く者を必要としている。[*8]そしてこの呼ぶ声を受け取るべき相手は，当事者・加害者をおいて他にない。しかし，今さらながらではあるが，被害を受けて苦しむ者が共通にぶつかる壁こそ，この対面の回避である。直接の面会・交渉の拒絶,保険会社による示談交渉の代理,弁護士による訴訟代理等々，当事者どうしが会う機会は多くない。「一度会ってお話を聞いてほしいのですが」とのそれだけの申し出さえ,「どんなお話でしょうか」「弁護士さんに任せてありますので」との一言の前で一瞬立ち止まる。痛みの声のもとに相手を召喚することは決して簡単ではない。もちろん，弁護士等が代理することには重要な意味があるのであるが，それにしても当事者同士の対面確保は容易ではない。

　✉は，しばしば患者の怒り表出からもたらされる。毎日何度も「痛みはスケールでどれくらいですか？」ということばを繰り返す看護師たちに,「変わらないよ！」「いつも同じことを聞くんじゃない！」と怒鳴りつけた患者のケースの分析（西村2007: 209）参照。
　*8) 苦痛の声を聞きとめる相手の不在あるいは失うことからくる孤独については，保険金殺人事件で弟を失った原田正治氏の「寓話」によってよく知ることができる（原田2004: 115-116）。

その背景には，対面に対する一面化された固定的イメージがあるように思われる。一つは，対面＝対決・闘争・破壊といったイメージである。いわゆる隣人訴訟における三度の訪問とその拒絶にも示唆されるように，対面の申し出が非難・責任追及・糾弾の風景に直結されてしまうことから対面が避けられることが考えられる。他方で，対面することに全面的な理解や共感といったある種の道徳的課題とその達成困難を読み込んでしまうことで，対面が遠ざけられることもあるように思う。

　いずれも実際に起こりうることであり，怒鳴り合いになることもあれば涙の赦しが起こることもあるであろう。しかし，対決であれ全面的分かち合いであれ，それらはあり得る展開の一部ではあるが，すべてではない。対面には，敵対や友愛とは異なる関わりの可能性があることは**3.3**で見た通りである。

　混沌の語りは，少なくとも始まりにおいては誰に何をといった要求の形を取らない。聴く者に求められるのは，声に立ち会い，ただ聴くという責任である。そこに，何か特別の配慮といった徳性や心がけのようなものを想定する必要はないし[*9]，完全な共感や全面的理解といったものを想定することもできない。

　そもそも証言とは，同じ出来事を経験してない者にその出来事を伝えるという圧倒的困難のうえになされる賭けであった。痛みの声を発し＝それを聴く関係は，一つの〈共通の物語〉への幸福な邂逅など期待しない[*10]。鈴木智之が鋭く指摘するように，「病いの経験を語る者は，自らの痛みを『完全に個人的な痛み』として見いだし，自分自身の置かれた状況を『自分自身のもの』として再発見する。語りとは，それぞれに個別の経験を，それぞれに独自の位相において組織化するものである。」（鈴木2002: 284）。

---

*9) 共同体的正義の関係的配慮に対して，「それまで全く見知らぬ他人同士であった者に，例えば交通事故を契機として，突如として特別の配慮を負い合う共同体の絆を結ぶよう要求するのは無理である」（井上達夫1994: 283）との批判があるが，特別な配慮ではなく，ひとまず痛みの声を聴く関係に入ることならそれほど無理なことではないのではないだろうか。

*10) 依存症回復者施設ダルクには，「言いっぱなし・聞きっぱなし」と呼ばれるルールがある。ミーティングの場で，それぞれが自分の痛みの経験を語るが，周りは一切反応しない。「わかったという反応を示さない他者がそこにいる」ことが，逆説的に共感につながるとする大澤発言参照（熊谷・大澤2011: 46）。このダルクのやり方分析を含め，〈痛み〉の視角から当事者研究という実践の意義を問い直す（熊谷2013）が興味深い。

4.2 ▶ しるし——世界の再所有

　少しまとめると，痛む者にとっての紛争解決は，①事故・災害・事件等で物語的安定の衣を突然引き剝がされた者が，②混沌のなかで痛みの声を語り＝聴かれることを経て，③新たな意味秩序を見つけ世界を「自分自身のもの」として再所有するプロセスとして描くことができる。賠償や謝罪といった解決の具体化も，この〈痛みの紛争解決モデル〉の位相の上でそれぞれの意味が検討されなければならない。

　和田仁孝はその関係志向的責任負担モデルにおいて，加害者側に課せられる「苦痛の共有義務」は，「何らかの具体的な負担行為によって，シンボライズされ表現」される必要があると指摘する（和田仁孝1994a: 107）。その具体的表現として，「謝罪」「労役提供」「交渉への対応」「社会的非難の受容」「刑事罰の受容」「回復要請」「金銭的損害賠償」等をあげた上で，これらは当事者が意味を込める対象であって，所与の解決実体として制度に取り込まれるべきではないと強調する。重要なことは，「当事者の日常的責任観念の視角からする自律的な意味づけ」（同前: 114）であり，そのための過程の確保が必要だと主張する。

　この「自律的意味づけ」は，痛みの証言を経た後に始まる〈世界の再所有化〉のための重要な契機である。以下では，痛みを通して世界を自分のものにしようとするときの困難と可能性の一端に触れておきたい。

【1】　早すぎる謝罪，声を聴かない謝罪

　たとえば，解決の具体的表現として謝罪がなされる。それが心からのものかどうか，ことば，表情，口調等あらゆる角度からその真正性が試される。謝罪の〈中身〉と同時に，その〈タイミング〉も，それを評価するときの重要な基準となる。早すぎる謝罪は，被害者を激怒させる。たとえば，少年グループによるリンチ殺人事件で息子を亡くした両親は，公判休憩中の廊下で，突然被告少年の両親から一方的に謝罪と申し開きのことばを受ける。そこで，「息子がえらいことをしました。じつは私は病気持ちです。賠償するにもそのお金もありません。」の言葉に，被害少年の父は「ちょっと待てよ，と。まだそこまでの話に行ってないだろう。」とひどく悔しい思いをしたと語る（NHK 2011）。

　一般に，簡単に謝罪を受けられないのは，赦せないからということだけでなく，それを受けた瞬間に問題が終わったことになり，自分のものとして意味づ

けする契機が永遠に失われことへの恐れが背景にある。痛みの声が聴かれる場を経なければ、被害者・遺族は謝罪に何の意味も見いだすことはできない。世界の再所有の段においても、その時間進行を自分のものにできなければ謝罪も赦しもあり得ないことであろう。「解決」に向かって一方的に事が進んで行くとき、個々の解決表現の意味づけ以前の次元で、当事者は時間を自分のものにできずに取り残される。

【2】 15年という区切りの意味

　逆に、自らの手に時間（時期）を所有することが、世界の再所有のキッカケとなる。命日判決の名でも知られる東名高速飲酒運転事故のケースは、2人の幼児の死を忘れるなとのメッセージを定期金賠償に込めたものと言われている。両親は、「これだけの事故を起こした運転手がたった の懲役4年で社会復帰を許されるのであれば、民事では相手方に生涯かけて償うということを求めたい」（井上郁美2009b: 81）として、定期金賠償を求めることを決断した。毎年の命日に支払うという償いのしるしを、金銭賠償の枠組の中に埋め込んだ点において注目される。この点は改めて指摘するまでもない。

　ここで注目したいのは、その賠償期間を、子供たちが18歳になった年から「15年間に限った」点である。15という数字は、生涯かけて償わせるというにはあまりに具体的で短い印象を受ける。もちろん、同種の事件であまり前例のない定期金賠償自体を裁判所に認めさせるために、加害者本人の年齢その他を考慮する必要もあったであろう。「初回が十数年後で、加害者や運送会社の関係者よりはるかに歳若い娘たちの就労可能年齢を全うするまでの五十年間支払いを続けることを求めるのは、私たちを含めて今生きている関係者全員が支払い終了前に亡くなってしまう可能性が高く、現実的とは言えませんでした。」（同前: 85）ということで、15年という年限を切ったと母親は書いている。

　仮に無期限ないしそれに近い期間を求めたとすれば、償いの手触りは却って抽象の中に霧散してしまったかもしれない。さらに重要なことは、諸事情を考慮しながら年限を「自ら切った」ことにあると考える。懲役4年の量刑への不満は、そのあまりの短さだけでなく、期間の決定が自分の手の届かないところでなされたところにもあったはずである。消えることのない痛みを抱えながら世界を自分のものにしようと踏み出すには、時間という物語資源を外から与え

られるのではなく，自ら具体的な時間を設定し，そこに加害者を〈据えつける〉必要があったと考えられる。15年目の最後の支払いの年には，「加害者は80歳をとうに超えており，私たちももしかしたら加害者を許してもよいと思えるようになっているかもしれないと考えました。」という母親のことばには，時間と身体を伴った現実的な風景と，赦しの可能性という主題とが示されている。苦痛の中から，世界を再所有するための新しい物語がすでに見つけられている。

5 ▶ おわりに

　われわれは日常，物語的な意味の世界に慣れているために，混沌の語りはしばしば語りの失敗と見なされてしまう。紛争解決の文脈で言えば，こうした痛みの語りは，あるときはニーズを語れないがゆえにノイズとして廃棄され，あるときは損害に翻訳されて法的解決を与えられる。しかし後者の場合でも，十分な手当てを受けていない痛みはずっと残る。

　痛みの声を損害として認定していくことは重要なことである。しかし，こうした作業は，物語にならない個別性の声を聴くこととセットになったとき十全化され，強い実質を得る。痛みは聴かれることが必要であり，いつも聴く者を求めている。本稿で示唆した〈痛みの紛争解決モデル〉の中でも，とりわけ対面性の契機は重要である。固有の顔と名前で痛みの声を〈聴く〉こと，到達し得ない痛みを生きていることを〈知る〉こと，それを身をもって〈示す〉ことの意義をどう現実化していくか。その際，たとえば，対面回避をどう乗り越えるのか，個別性において声を聴く場をつくるのにどんな仕掛けや工夫が要るのか等々課題も多い。これらを含めて，痛みの紛争解決理論の実質化は今後の課題としたい。

第11章　身体的関わりと了解

1 ▶ 問題の所在

　2011年3月11日，大地震に伴う津波で，宮城県石巻市立大川小学校の児童70名が亡くなり4名が行方不明となっている。地震発生から津波来襲までの51分間，校舎から校庭に避難誘導された子どもたちは教員の指示のもとそこに留まり，津波来襲直前になって教員の指示に従って津波が迫る新北上川の三角地帯方向に移動し流されてしまった。[*1]

　この日列島各地で津波の危険にさらされた学校が多くあったなかで，なぜ大川小だけこれだけの犠牲者が出てしまったのか。[*2]学校管理下で，しかも地震から津波到達まで51分という時間があった中で，どうして子どもたちは避難できなかったのか。

　震災1ヶ月後の4月6日に開かれた市教委による保護者説明会は，親たちのこの問いかけに答える場となるはずのものであった。しかし，その後も断続的に行われた説明会は，事実と異なる証言，二転三転する説明等で遺族は何度も苦しめられた。[*3]

---

*1) 事故当日に学校にいた児童数については，遺族らによって以下のように確認されている。「当日欠席，早退，保護者が引き取りに来た児童がおり，最終的に校庭にいた児童は70数名で，4名だけが奇跡的に助かりました。教職員も助かったのは1名だけ。」（小さな命の意味を考える会（以下，小さな命と略記）2017: 14）。

*2) （中野・湯浅・粕淵2012）によれば，この東日本大震災で，「岩手，宮城，福島3県で園児・児童・生徒553名が亡くなった」が，そのうち「学校管理下で犠牲になったのは大川小学校（児童74名）のほかは14名に限られている」とのことである。ちなみに，大川小学校よりずっと河口近くに立地していた同じ石巻市の門脇小学校では，当日校内にいた240名の児童は教職員の誘導で近くの日和山に避難し全員無事避難している。

*3) 一連の説明会に対する遺族らの期待と不満については，たとえば（佐藤敏郎2017: 42-43），（佐藤和隆2017: 38-41）を参照。さらに，遺族の「思い」という視点から，一連のプロセスを詳細に分析する（土屋明広2018）も参照。

そんな中，文科省の肝いりで設置されたのが大川小学校事故検証委員会だった。しかし，こちらはこちらで，親たちが求める真相の解明に向かうよりも，むしろ大きな失望や不満を残して終了してしまう（佐藤和隆2017; 池上・加藤2014）。

こうした経緯の果て，事故から3年後の時効直前の2014年3月10日，児童23名の19遺族が，石巻市と宮城県を被告として損害賠償請求訴訟を提起した。[*4] 遺族が迷いのなか決意した訴訟だった。[*5]

2016年10月26日，仙台地裁は，「学校の教師らは，遅くとも津波が到達する7分前の15時30分までに大川小学校に津波が来ることを予見し得たのに，裏山ではなく三角地帯に移動させた過失がある」と認定し，市と県に対し連帯して児童一人当たり6,000〜6,500万円（合計14億円2,600万円余）の損害賠償金の支払いを命じる判決を言い渡した。

市・遺族双方控訴となった第二審では，事故当日の教員の行動だけでなく，学校・教育委員会の事前の防災対策にまで踏み込んで審理がなされ，震災前の2010年時点で児童らの安全を確保する義務を懈怠したとして学校・行政側の組織としての過失が認められ再び遺族側勝訴となった。[*6]

しかし，判決後の原告団記者会見場は，重い空気に包まれていた。[*7] もちろん，

---

*4）もっとも，遺族らが最初に弁護士に相談に行ったのは，事故の8ヶ月後で，弁護士からは機が熟するのを待ってから提訴するようにとの助言があった（パリー2018: 246）とのことで，周到に準備された末の提訴であった。事件番号は，国家賠償等請求事件　平成26年（ワ）第301号。

*5）地域社会のなかで，学校を相手取って裁判を起こすことには想像以上の圧力がかかる。この点についての原告代理人吉岡弁護士による「知らず知らずのうちに自分が非難されていると感じる」との指摘は，職場や学校で直接非難される以前に，想像された共同体の圧力が内面化されていることを改めて示している（パリー2018: 245）。もちろん，路上や家に押しかけるなどの現実の誹謗・中傷があったことも報告されている（第3回大川小学校研究会。2018年9月29日開催）。

*6）一審で勝訴した遺族らが控訴した事情について，原告代理人吉岡和弘弁護士は，①津波到達の予見時期を到達直前時点で認定したこと，②2007年の危機管理マニュアル改訂に伴い作成された大川小のマニュアルに法的意味を認めなかったこと，③従前の保険額算定式ではなく新しい損害論や事後責任等が否定されたこと等をあげている（吉岡2017: 124）。

*7）大川小事故を長く取材しているジャーナリストの池上正樹氏からの遺族への質問の前置きにも，「今日は勝訴であるはずなのに，何か釈然としないものを感じるのが伝わってきます」との感想があった。なお，私は判決当日，この記者会見を「小さな命の意味

ようやくたどり着いたこの判決が重要な区切りになるとの評価は遺族から異口同音に示されたが，その声や表情，そして会場全体には何か重要なものが未解決のまま取り残されているという大きな不足感が漂っていた。

学校・教育委員会の事前対策における過失責任まで認めた「画期的判決」[*8]によって引かれた法的責任の輪郭，しかしその抉り出す線の明確さの分だけ，背後にある未解明の闇の深さが逆暗示されているようにも感じる。その不明部分に横たわるものは，いったい何なのか。

本章では，大川小学校の事故をめぐる遺族の7年間の苦闘を追いながら，一連の解決手続を経てなお残る重要問題とは何なのか，勝訴だけで終わらない，勝訴から始めざるを得ない解決の道筋とは何かについて考察する。

この作業は，紛争処理の法社会学研究の観点からいえば，交渉（保護者説明会），ADR（第三者検証委員会），訴訟という主要な紛争処理手続の意義と限界を1つの事例を通して検討する作業と位置づけることができる。以下の分析では遺族や関係者の語りを中心に分析を進めるが[*9]，その際語りの中身だけでなく，語り行為の〈身体〉的側面にも光を当てる。それは，序章で触れたように，語り行為がからだを使った全身活動であり，複数の人間の身体配置や身体交渉を含めた相互作用過程から意味が生成するとの仮説に基づいている。そして，この"身体的関わり"のなかから，合意とも判決とも異なる"了解"[*10]という重要な解決契機が生まれる可能性を検討していく。

　「考える会 インフォメーション」のライブ配信で見た。

*8) 判決翌日の河北新報2018.4.27付朝刊には，「事前防災の過誤を明確に判断し，学校と市教委の組織的な義務違反を肯定した点で画期的な判決」とする米村滋人東京大学教授の談話が載せられている。

*9) 本章で取り上げる大川小学校事故とその後の経過については，個々に引用元を示したもののほかに，以下の機会にご遺族，関係者から伺ったことが重要な基礎となっている。遺族佐藤敏郎氏へのインタビュー（2017年6月18日），大川伝承の会主催「語り部ガイド」（2018年1月28日），小さな命の意味を考える会主催「座談会」（2018年1月28日）。苦痛の中で語っていただいた方々にこの場を借りて御礼申し上げる。

*10) 本章における「了解」の意味合いは，言語的に明確化された〈狭義の合意〉を背後から意味づける「多層的な言語化されない了解群」という「関係的了解」（和田仁孝2002: 16）をイメージの下敷きにしている。

2 ▶ からだで確かめる事実

2.1 ▶ 身体的軌跡のなぞり

　不慮の死の知らせ。そのとき，紛争はもちろん，事故かどうかも含め何もわからない。大川小6年生の娘みずほさんを亡くした佐藤敏郎氏は，勤務先中学校で被災し，学校に寝泊まりし生徒たちの安全を確保した。自身が高い場所に避難したのと同じように，娘は大川小の裏山に避難していて大丈夫と信じていた佐藤氏は，妻から連絡を受けたときのことを，「娘の名前と一緒に"遺体"や"引き上げ"という言葉。ピンと来なくて涙も出ませんでした。」(塩坂2018: 141)と語る。

　いったい何がどうなったというのか。朝送り出したことと死の知らせのあいだの圧倒的隔たり，その間に何が起こったのかがわからなければ悲しむこともできない。

　通常，時間の経過とともに徐々に事実関係が明らかになってくるものと考えるが，時が経てば事実が解明されるわけではない。別の事件だが，大教大付属池田小学校殺傷事件で小学2年の娘麻希さんを亡くした酒井肇・智惠夫妻は，亡くなるまでの具体的経緯が何ヶ月もまったくわからず，そのことにひどく苦しめられたという。事故から5日目に，副校長から言われた「最善を尽くしました」(酒井ほか2004: 175)の言葉，さらに1週間後に校長から言われた「慰霊祭を行いたい」(同前: 176)の言葉は，まだ何もわからない状況，すなわち何も終わっていない，それどころか何も始まっていない状況のなかで苦しんでいる夫妻をさらに傷つけた。

　"通り魔殺人によって子どもが犠牲になった"，"4箇所刺された"，といった事実は早い段階で知らされたが，それだけでは何も知ったことにはならない。「傷つけられたとき，麻希は何を見たのか。」「なぜ4箇所も刺されたのか。刺された後，麻希は何を思ったのか。」(同前: 164)「どこで刺されてどこで倒れたのか」等々，娘の「最期の様子は空白のまま取り残されていった」(同前: 177)。

　「被害に遭った，まさにそのときの麻希を全部受けとめてあげたい」(同前: 178)。この願いを叶える手がかりは，思いがけず，大阪府警による血痕のDNA鑑定によってもたらされた。麻希さんがいた2年西組の教室の後方出口

から始まる血痕は、廊下北側の壁伝いに西へ50メートルの児童用出口まで続いていた。途中刷毛で書いたような血の跡（体をこすりながら走った），最後の出口には血だまりと両手の跡とともに、左の手形には床を引っかいたような跡が残っていた。「一歩でも前に逃げようとしていたのだと思います。」（同前: 180）。鑑定によって明らかにされた〈事実〉によって、娘の「この世での最後の思いにやっとたどりつくことができました。」という（同前: 181）。

　血痕に沿って娘のからだの動きを一つひとつなぞり自分のからだで確かめる。そのことで、はじめて子どもの苦痛、恐怖、無念に近づき、悲しむことが可能になったということであろう。

2.2 ▶ 問いの焦点化

　死までの経過を一つ残らず「全部受けとめてあげたい」という思いは、大川小の遺族も同じであろう。子どもたちはどこで何を見、何を思ったのか。5年生の娘千聖さんを亡くした紫桃さよみ氏も、子どものすべてを知ることを求める。紫桃氏は、訴訟でいろんなことが明らかになる中で、なお明かされていない真実があるかと問われ、「そのとき起きたすべて」を「E先生[*11]」から聞きたいと即答し、「どんな空だったのか？」「どんな風が吹いていたのか？（中略）逃げたとき、誰のそばにいたのか？誰かと手をつないでいたのか？そんなことをすべて知ったとしても、千聖が戻ってくるわけではありません。でもそこで起きたすべてのこと、それがわたしの知りたいことなんです」と答えた（パリ－2018: 264-265）。

　もちろん、ここで追求される「すべて」は、「何でも」とは違う。そもそも、事実は無限にあり、われわれはすべての事実を知り得ない。事実はなんらかのプロットから選びとられ記述される。たとえば、後に組織された大川小学校事故検証委員会では、「大川小には、その日、ラジオが何台あったか」が「延々と議論」（佐藤和隆2017: 43）された。あるいは、「大川小にあったすべての時計が37分で止まっている」のに、検証委員会は「本当に学校のものかはわからない。もしかしたら地域から流れて壁にかかったかもしれない」（同前: 43）として、

[*11]　E先生とは、大川小で被災した教職員で唯一生き残った教諭。

事実を〈検証〉しようとする。津波来襲時刻を検証しようとする調査委員は「われわれは，すべてのことをゼロベースで検討することを依頼されているわけですから，何かを前提として検討することはありません。あらゆることを検討します。」[*12]として，発見された大川小の時計かどうかの検証の必要性を主張する。もとより，「あらゆる」事実をわれわれは扱うことも知ることもできず，当然一定の選択がなされる。他方，親たちにとっては，学校の時計であることはことさら検証する必要のない明白な事実であり，もはや優先度の高い事実ではない。

　結局，事実は徐々に暗黙の関心とプロットによって，重要な事実とそうでない事実とにふるい分けされていく。上記のラジオや時計に関わる事実への着目と記述も，何らかのプロット（たとえば，当日校庭にいた教員に可能だった行為範囲の確認ないし拡大縮小可能性といったような何らかのプロット[*13]）に関連していたと考えることができる。親たちが知ろうとしているのは，地震発生から亡くなるまでの間，子どもたちがどこにいて，何を見て，どう動き，何を思ったのか等々，徹底的に〈身体〉につなぎ止められた事実である。

　しかし，この事実がなかなか明らかにならない。親たちは懸命の独自調査や情報開示請求等によって事実を確かめていくが，それらは市教委の変転する説明によって何度も曖昧にされ，曲げられ，なかったことにもされている。その渦のなかで，「何が起こったのか」「どのようにして亡くなったのか」の問いは，「なぜ，学校管理下で51分の時間があったのに助からなかったのか」へと焦点化されていった。

[*12] 「第4回大川小学校事故検証委員会議事録」18頁。もちろん，真の意味で「あらゆることを検討」することは原理的に不可能である以上，この「あらゆること」は自覚的かどうかに関わらず，選択されたものであるとみなければならない。

[*13] たとえば，検証委員会による大川小への津波到達推定時刻が，「15時37分」から「15時30〜32分」にいったん変わった経緯についての委員会の説明に，なんらかの誘導を「推測したくなる」（池上・加藤2014: 112）と述べているのも，このプロットのことである。

3 ▶ 保護者説明会

3.1 ▶ 言い繕い，廃棄，逃げ腰

　なぜ子どもたちは亡くなったのか。津波来襲直前まで校庭に残っていた人のほとんどが犠牲になったこの事故で，教員1名と児童4名が奇跡的に助かっている（大川小学校事故検証委員会〔以下，大川小検証委と略記〕2014: 1)。当然，この唯一の生存教員E氏の話には誰もが注目した。

　事故から1ヶ月近く経って開かれた保護者説明会（第1回）で，E教諭は避難前の状況について，地震で木が倒れてきたので山には避難できなかったと説明した（小さな命の意味を考える会〔以下，小さな命と略記〕2017: 14)。校庭のすぐ南側には子どもたちがシイタケ栽培で登ったことのある裏山があり，そこに避難していれば助かったはずだと多くが考えていたことを受けての説明・釈明である。

　しかし，大川小の周囲の山には，地震による倒木は確認されていない（小さな命2017: 14)。通常，「地割れや土砂崩れ」がなければ，「地震の揺れで樹木が倒れることは考えにくい」（大川小検証委2014: 62)。この点に気づいたのか，後日この倒木は「あったように見えた」に訂正された（2011年6月4日開催の第2回保護者説明会)。E教諭はまた，自分も津波に飲まれたがなんとか山に登りその先の自動車整備工場に助けを求めたと保護者の前で説明した。しかし，工場経営者の妻はE教諭の衣服は濡れていなかったと証言している（パリー2018: 208)。その他にも，E教諭の証言には多くの矛盾が指摘されている（パリー2018: 107-120, 207-209; 池上・加藤2014等)。

　第1回説明会でのE教諭は「本当に，毎日，学校中庭で元気に遊んでいる子どもたちの夢とか，直前まで卒業式の用意をしていた先生たち，教頭先生はじめ，その夢を毎日見ます。本当にすみませんでした」と言って，机の上に突っ伏したような格好になり，説明会終了まで顔を伏せ泣き崩れたままだったという（佐藤和隆2017: 44; パリー2018: 115)。結局，貴重な生き残り証人であるE教諭が人前で話したのはこの日だけで，その後は体調不良となり公務災害で休職したまま人前には一切姿を見せていない。

　もちろん，事故当日の状況を証言できる生存者はE教諭だけではない。生存

児童らは，当日の様子を親たちに伝えている。たとえば，校庭で待機中に，6年生男子2名が「このままここにいたら危ないから，山さ逃げよう。」と涙を浮かべながら必死に教員に訴えていたことがわかっている[*14]。しかし，2人は教員から「勝手なことを言うな。黙ってそこにいなさい。」と厳しく諭され，列に戻った児童は，「体育座りをしてじっと歯を食いしばり涙を流していた」ことも生存児童の話からわかっている[*15]。

　目の前で津波に飲まれていくのを目撃し，親や姉妹も失うなど，壮絶な経験をした生存児童たちが，痛みのなかで懸命に語った事柄は親たちに共有され，事故の経緯を知る重要な手がかりになっていった。

　ところが，この子どもたちに対し，事前に親に知らせることなく，したがって親の同意・同席のない状態で市教委による聞き取り調査が行われた[*16]（パリー 2018: 205）。被災による打撃に加え，見知らぬ校舎で（大川小の子どもたちは別の小学校に間借りして学習していた），校長以外新しい先生たちという不安な環境に置かれた子どもたちの前に，いきなり知らない人たち（市教委の主事ら）がやってきていろいろ質問されたことになる。聞き取り後，複数の児童が体調を崩している（大川小検証委2014: 129）。

　問題はそれに留まらない。その聞き取り時に取ったとされるメモが「すべて廃棄」されていたことが明るみになった[*17]。さらに，聞き取り時に話したと子どもたちが親に伝えている重要証言について，市教委はそういう証言は「なかった」と，証言の存在自体まで否定するに至っている。

　生存児童の一人，当時5年生だった男子児童は，山への避難を訴えた児童がいたことを5月の聞き取り調査で証言している。市教委はこれら聞き取り調査

---

*14) 第3回大川小学校研究会（2018年9月29日）における，遺族（進言した2名の児童の母親，父親）の話から。
*15) 前注14)。
*16) 「大川小学校事故検証　事実情報に関するとりまとめ平成25年10月22日」では，「事前に保護者の同意を得ずに聞き取り調査が行われた例もあった。」（72頁）とのことである。同資料は，国立国会図書館デジタルコレクションでも公開されている。
　http://dl.ndl.go.jp/view/download/digidepo_8730544_pn_10-3.pdf?contentNo=1&alternativeNo=
*17) 河北新報2011.8.21付朝刊。

をもとに、第2回説明会で、「山へ逃げよう」と言う男の子がいたと説明した。ところが、児童の聞き取り調査をまとめた報告書には、山へ逃げようと進言した児童がいたことは記載されていない。その後も、山への避難を訴えた児童がいたことについて、「市教委としてはおさえていない」「訴えてはいたが、聞き取り調査ではそういう証言をした児童はいなかった」と、説明は苦しそうに変転する。ころころ変わる説明に対し、保護者は何度も確認を求めている。以下は、2012年8月26日に開かれた第6回保護者説明会でのやり取りの一部である。[*18]

> 保護者A「5月に子どもたちの聞き取り調査をしましたよね。子どもたちの聞き取り調査の証言の中には、友達が山に逃げようと言っていた子がいたという証言は一切なかったということでよろしいでしょうか。」
> K指導主事「なかったです」(極端に小さな声)
> 保護者A「私は子どもたちの話を聞くと、山へ逃げようと言った男の子たちがいたと、聞き取り調査のときに話したと言っていますが、それは子どもたちが嘘をついているということでよろしいでしょうか。」
> K指導主事「それは、私はそういうことは言えません。それは、子どもがそう言ってるんでしたらば、私はそれは嘘だとはもちろん言えません。私がまとめた報告書にはなかったです。」
> 保護者A「K先生も聞き取り調査をされていますよね。K先生が聞き取り調査をした子どもたちで、そういうことを話した子どもたちはいませんでしたか。」
> K指導主事「いなかったです。」
> (保護者席からか、えーっと訝る声が複数聞こえる)
> K指導主事「そのー、すいません。話しているお子さんって、ど、だ、誰っていうか……」
> 保護者B「うちの息子は最初に、六年生の男子児童の中で、山へ逃げようという男の子がいたらしいけど、どうなのって聞かれたって言ってますね。」
>
> ※ （ ）内は、西田による注釈

結局、市教委は、男子児童の証言を含めて、生存児童への聞き取り調査で山への避難を進言した児童がいたとの証言があったことはその後も認めていない。この児童証言の取り扱いにも象徴されるように、市教委による説明は裏づけや一貫性に乏しく、逃げ腰の対応に終始した。[*19]

---

*18) 大川小学校遺族との話合い（第6回保護者説明会）会議録による。このやり取りの一部は、動画サイトで公開されている。https://www.youtube.com/watch?v=yPLaH8nrAWg.

市教委は，2回までで説明会を終わらせようとしたが，遺族らの再三の要望で再開され，1年半の間に計10回行われた。しかし，納得いく説明を求める親たちの期待はそのつど打ち砕かれた[20]。

3.2 ▶ メモ廃棄の意味

この市教委による事後的対応のなかでとくに重大な問題だと思われるのは，E教諭や生存児童から聞き取った「メモの廃棄」である。

市教委は，生存教員E氏への聞き取りメモについて，「詳しい発言内容は記憶にないが，大切だと思った部分は報告書に反映させた。メモはたまるだけなので，保存する理由はない」（河北新報2011.8.21付朝刊）と説明した。メモの廃棄が，報告書との照合可能性を消したという点で問題があることはいうまでもない。この点は，検証委員会の報告書でも指摘されている（大川小検証委2014: 144）。

しかし，メモには裏づけデータ以上の意味がある。一つの想像として，仮にメモされたものが「すべて」報告書に反映されたとしても，それでもなおメモを残すことには固有の意味がある。

そもそも文字は，それを書いた者の体の動きの奇跡である。文字学研究者の白川静は，「文字は文字以前の原体験を，その形象のうちに集約したもの」と位置づけ，甲骨・金文の膨大な資料をすべてノートに写し，またトレースして，「手を通じて記憶を確かめ，自分の中でそれを再組織する」という研究方法を取った（白川静2011: 60）。実際に，甲骨文字にトレーシングペーパーを載せて，手で刻まれた文字を，目ではなく手でなぞることで意味を読み取るという研究スタイルを貫き通した。

この白川の研究方法は，なぞりによって書き手と同じ動きが読み手（なぞり手）の身体に起こることを想起させる。遠い昔の誰かがしたのと同じ手の動き。洞

---

[19] 第2回の保護者説明会は，質疑応答の途中で，時間だからと一方的に打ち切られ，「説明会はこれが最後」と伝えられる。会場出口での「参加者の方は納得されたのでしょうか」との記者からの質問に，Y元学校教育課長は指導主事らと顔を見合わせながら「そのあと，何もなかったですねえ。」と答えている。この第2回説明会は，その終わり方から，親たちのあいだで「スタコラサッサ事件」と呼ばれるようになった（池上・加藤2014: 38）。

[20] 親たちは，教育委員会との「話し合い」というチャネル自体は重要視しており，実際窓口交渉の芽もあったことについては，（佐藤敏郎2017）参照。

窟の壁や骨を押さえる反対側の手，踏ん張る足，息の止めや吐き出し等々。文字は，あるテンポとリズムで全身を動かすプログラムとなり，時や場所を隔てられた未知の者どうしにいわば"ダンス"をさせる。

　それが，子どもの話を聞き書きした手書きの文字群であれば，文字の揺れや変調は，何が話されたかだけでなくどのようにして話され聞かれたのかを示す重要な採譜となるだろう。走り書きは，急いで書き取ろうとした指導主事の動作だけでなく，再来する恐怖のなかひと思いに話した子どもたちの息づかいを示す重要な身体的手がかりともなる。メモの文字が途中で途切れている箇所で何があったのか。×印や消し線は子ども自身の言い直しによるのか，聞き手側の評価か何かのしるしなのか等々。池田小学校の麻希さんがもう一歩前に出ようと最後の力で床を引っかいてできた血の痕のように，メモにはその場の身体配置や交渉過程を知る手がかりが詰まっている。

　となると，メモの廃棄行為は，子どもたちの声と身体を消し去るという重大な問題を孕むことになる。"内容"として抽出・変換され尽くすことのないその場の聞き手と話し手の声や体の"しるし"。この身体的手がかりを，「紛失」ではなく，自覚的に「すべて捨てた」となれば，市教委は子どもたちのからだに，敬意はもちろんのこと，なんの関心も払っていなかったことになる。危険を直感し体を張って山への避難を提言した子どもたちの声[*21]。そして，その声を引き継ごうと聞き取り調査で証言した生存児童の声。いずれも，あの日の身構えを通して痛みのなかから絞り出された声である。映画『**SHOAH**ショア』の中で，ランズマンから，説明ではなく歌うことを求められたスレブニクの身構えが，ホロコーストの途方もなさを直接提示したのと同じように（ランズマン1995a,b[*22]），男児たちの声とそれを生かそうと引き継いだ声は，責任という負の椅子取りゲーム[*23]で校庭の大人たちの判断が遅れるなか，生き延び方を真剣に考

---

*21)「津波が来るから山さ逃げよう。震災当日，息子の大輔が校庭で先生に叫んでいた言葉です。息子は助かりたくて必死でした。」（今野ひとみ氏）。「息子の雄樹は，ここに居たら死ぬと担任に泣きながら必死に訴えていた」（佐藤和隆氏）。いずれも，河北新報2017.3.30付朝刊。

*22) 本書第6章参照。

*23) 子どもたちの証言などから，当日の校庭では「山に行って何かあったら責任が取れるのか」との発言（池上・加藤2014: 22），喧嘩のようなやりとり（バリー2018: 162）があ

えた子どもたちの身構えそのものを示している。

　しかしその声は，この子たちはいったいどこまで知っているのかのテストが済むと「たまるだけだから」とまるで搾りかすのように捨てられてしまう。子どもたちの身体を隠滅するメモ廃棄は，子どものからだをぞんざいに扱う組織の手つきを自ら暴露した。この身体的無感覚，さらにその先にある命への無関心こそ，あの日の校庭だけでなく，事故前の防災対策から事後対応までをずっと支配している闇ではないのか。

4 ▶ 検証委員会──物語の自己成就

4.1 ▶ 身体から離れた提言

　それでも，保護者説明会をちゃんとした話し合いの場にしようと親たちは辛抱強く努力を続けていたが，突如「第三者による検証」にかかる補正予算案が市議会に提出される。遺族には寝耳に水だったが，第三者委員会が組織されても遺族との話し合いを続ける等の付帯決議付きで，予算案は可決される。実際，検証委員会スタート後も説明会は開催されているが，その頻度は鈍り，真相究明の場の重心は説明会から検証委員会に否応なく移っていった。

　市教委による説明会がちゃんと機能しないことから，遺族の中には"第三者"による"検証"に期待する意見もあったが[*25]，結果的には多くの遺族に失望や怒りを与えることになった（佐藤和隆2017）。

　検証委員会については，設置の経緯／委員の人選／遺族の参加等の手続面から実体的結論である検証結果に至るまで，さまざまな問題点が指摘されている[*26]。その中でも，当検証の目的である事故原因の究明に関しては，「この事故

　……ったと報告されている。

*24）第4回（2012年3月18日開催）以降は，保護者「説明会」ではなく，遺族との「話し合い」と名称変更されている。ただし本稿では，全10回のやりとりの何回目かを明示する意味で，すべて「説明会」の呼称で統一表示している。

*25）たとえば，「市教委には検証を任せられない。市は第三者委員会の設置など，再調査を考えるべきだ」（河北新報 2011.8.21付朝刊）という遺族の声があった。（池上・加藤 2014: 45）も参照。

*26）検証委員会の問題点については，（池上・加藤2014）が詳細に報告・分析している。

の直接的な要因は，避難開始の意思決定が遅く，かつ避難先を河川堤防付近としたことにある」(大川小検証委2014: はじめに) としたまま，そこから先の分析までは踏み込んでいない。他方で，事故の背景要因として "学校現場の不十分さ" "広く社会全体として抱える要因" の2点をあげているが，「これら背後要因は，他の学校現場にも見受けられること」「日本全国に共通する防災上の課題」と自ら認めている通り，〈この〉大川小学校でこれだけの犠牲者を出したことの原因分析にはなっていない。なぜ決定が遅れたのか，誤ったルートを選んだのかについては，「意思決定に直接関わった教職員らの全員」あるいは「関係者のほとんどが死亡しているため，明らかにすることはできなかった」とも述べている (大川小検証委2014: v)。

　こうした事情だけが，事故原因の分析ができない理由なのだろうか。ここで注目しなければならないのは，この「原因究明」の中身よりもむしろ，これと「提言」との関係である。大川小学校事故検証報告書の冒頭「検証にあたっての基本的な考え方」の頁に，「本検証の目的は，『誰が悪かったのか』という事故の責任追及ではなく，『なぜ起きたのか』という原因究明と『今後どうしたらよいのか』という再発防止である。」と明記されている。また，同報告書の「はじめに」では，「そこ (大川小学校の事故) からの教訓を最大限に引き出して今後の防災対策につなげていくことが，失われた命に報いることとなるだろう。」とも書かれている。つまり，大川小の事故の原因究明作業「から」再発防止の提言を引き出すことが目指されている。

　しかしながら，実際に引き出された24項目に及ぶ提言を見てみると，事故原因分析から導かれたのかどうかわからないものがいくつも見られる。この点について，第9回委員会の意見交換の場で，遺族が鋭く指摘している。

　　ご遺族④「提言についてたくさん挙げていただきましたが，大川小学校の事故をもとにした提言なのかどうか。多くの提言はもう常識になっていたり，すでにそれは運用されているような一般的なものではないかと思います。」[*27]

⊠遺族からの批判として，(佐藤和隆2017) や「小さな命の意味を考える会」http://311chiisanainochi.orgでの批判と問題提起がある。
*27) 第9回大川小学校事故検証委員会議事録：29-30頁。
　http://www.city.ishinomaki.lg.jp/cont/20101800/0000/9-6.pdf

遺族が具体的な問題点として挙げているのは，たとえば以下の点である。[28]
・提言11の「監視カメラ・簡易地震計の設置」は，大川小の事故を教訓にしたものなのか。
・提言15では，「大川小学校は，大規模河川である北上川の沿川に立地されていて，大きな被災を受けた」として，学校設置者は「津波や風水害を意識した立地条件を考慮すること」を提言しているが，何十年も前から川のそばにあった大川小で今回避難ができなかった理由が立地条件であったと言ってよいのか。[29]
・訓練に関連する提言7では，「災害時に主体的に動くことのできる子供の育成」が説かれ，「訓練に際しても，単に指示に従うのではなく，自らの行動を自ら判断する訓練を行うことが必要である」と提案されているが，[30]学校管理下で起きた事故の提言として述べることなのか。「子供が逃げたがっていた」ことも考えれば，むしろ「大人の判断ミスにつながっていったこと」から教訓を引き出すべきではないか。

　提言11の「監視カメラ・簡易地震計」は，あったらよかったものの一つではあり得ても，大川小の事故から教訓を引き出すこの場所でこれを出すかとの違和感は当然である。提言15の立地条件になると，現実にそうでなかった大川小の事例を素通りしているだけでなく，現在同じような立地にある全国の学校の「今後の防災」，もっといえば今日現在の防災にとってどういう意味があるのかもわからなくなってくる。さらに，提言7で目標にしている「災害時に主体的に動くことのできる子供」とは，まさに山への避難を教員に提案した子どもたちのことである。その進言にもかかわらず，現場の大人が「自らの行動を自ら判断する」ことができなかったのはなぜなのか。さらに，現場の教職員が迷わず判断できるような事前準備（この大川小に"現場化"されたマニュアルの整備，訓練等）がなされず放置されていたのはなぜなのか。これらの解明こそ，委員

---

[28] 提言番号は，いずれも第9回委員会の意見交換時点での提言案の番号であり，最終版とは異なる。
[29] 大川小学校事故検証報告書〈第6章 提言〉（案）：12-13頁。
https://www.city.ishinomaki.lg.jp/cont/20101800/0000/9-5.pdf
[30] 前注29) 6-7頁。

第11章　身体的関わりと了解

会が取り組むべき課題であり,親たちが期待したものではなかったのだろうか。

「そこ(大川小の事故)からの教訓を最大限に引き出して」というが,実際には,大川小の事故がなぜ起こったのかの分析が不十分なままに,大川小の事故とのつながりが見えない提案が出て来る問題を,遺族はさらに追及する。[*31]

ご遺族④「私たちは,なぜ大川小学校だけ,なぜ私たちの子どもだけがこのようになってしまったのか,そういうふうなところを知りたい。」
「大川小だけがこうだったんです,大川小だけ特殊だったんですという点がないと,提言も教訓も得られないと思うのですが,いかがでしょうか。」

委員「1件の大きな事故ができたときにはそこにたくさんの背景要因があって,それと同じ背景要因をもっているところはほかにもたくさんある。だから,その背景要因を一つ一つ減らしていくことで,その背景要因を持っているほかの学校のリスクも減らすことができる。」
「今回,私たちは大川小学校の事故について調べたところ,たくさんの問題点があり,それらの問題点の多くはほかの日本の学校にも存在するリスクであるということがわかった。なので,広がる。○○さん(遺族④)はピンポイントでということなのですが,私たちは逆に一つの事例から広げて共通するリスク要因をなるべくたくさん拾い上げて,それに対する改善を提言していく,そういうスタイルでの事故調査・検証を行いました。」

結局,この報告書の最終ゴールとされる提言は,"やるべきこと,したら良いこと集"として産出される。個々の提案はそれぞれ意味があることなのだろう。しかし,その"やるべきこと"が「なされていない」地域や学校が現にある場合,その学校の子どもたちの命はどうやって守られるのか。大川小学校の事故は,まさに事前防災(計画・訓練等)を含めやるべきことがなされず,かつなされていないことのチェックもされず放置されて起こった事例である。この大川小の事故から学ぶべきことは,「やるべきこと」の提言以前に,やるべきことが「なされなかった理由・背景」の方であろう。この分析なしでは,事故の再発は防げないのではないか。

もっとも,検証委員会も,事前対策不備の背景要因について検討していないわけではない。たとえば,大川小学校の災害対応マニュアルが「必要な検討が進められないまま」になった背景要因について,「災害対応マニュアルに対す

---

*31) 第9回大川小学校事故検証委員会議事録: 30-31頁。

るチェックの仕組みが欠落していたこと」と「教職員に津波・防災や危機管理に関する基本的知識が十分でなかったこと」（大川小検証委2014: 150）を挙げている。その上で，「各校の学校評価における評価項目としての明確な位置づけ」「各校のPTA役員会に対する協議の義務づけ」「学校同士のピアレビューの仕組みの導入」といった仕組み構築の提言がされている。しかし，こうした仕組みを「持つ」ことと，実際それらを使って意味ある対策を「行う」ことの間にある隔たりまでは必ずしも十分に踏み込まれていないように思われる。

4.2 ▶ 背景を探らない背景

　なぜそこまで至ろうとしないのか。上に見た遺族④と委員とのやりとりは，個別事例と一般的提言のどちらを重視するかに関する議論のように見えるが，二者択一ないし優先順位の問題ではないように思われる。個別事例から一般化可能な提言を引き出す思考プロセス自体は間違っていないし，遺族らもそれを求めていたはずである。問題の一端は，事例に分け入るときの接近方法にあるように思われる。一つは，問題点を要因として掴まえる手つき。事故には「たくさんの背景要因」があり，「同じ背景要因をもっているところはたくさんある。だから，その背景要因を一つ一つ減らしていく」，「リスク要因をなるべくたくさん拾い上げて，それに対する改善を提言していく」と説明されるとき，「要因」間の連関構造やそれらの発動を左右する背後構造の考察よりも，できるところから一つでも減らすことが急がれているように見える。もう一つは，やったら良いこと探しから逆算されるやってないこと探しに目を奪われると，やってないことの理由や背景が見えにくくなる[*32]。それは，操作可能な要因つまりすぐに手が届きそうな水深を超えてしまうからかもしれない。

　こうした検証方法を導く元になっているのが，検証の基本方針，すなわち「『誰が悪かったのか』という事故の責任追及ではなく，『なぜ起きたのか』という原因究明と『今後どうしたらよいのか』という再発防止である。」という宣言

---

*32）報告書（大川小検証委2014）では，事故の"背景分析"のようなものは行われており，「必ずしも十分ではなかった」問題点が30ヶ所以上挙げられている。しかし，そうした不備や問題点がなぜ生まれたのかの背景分析や問題の構造解明についてはどこに書いてあるのかよくわからない。

である。責任追及が原因解明とオルタナティヴであるかのような構図に置かれているのはなぜなのか。「なぜ起きたのか」の理由を「なすべきことができなかった」という水準だけでなく，さらに踏み込んで「なぜ，なすべきことが行われなかったのか」まで究明しないのは，責任追及とぶつかるからなのか。もし，個人的な責任追及に及ぶことを避けたいとの趣旨であるなら，個人的責任はひとまずカッコに入れて組織や役割としての背景分析を行うことは可能である。やるべきことがなされない学校に通う子どもたちを救命することを超える事情が何なのかはよくわからない。

　遺族が検証委員会に期待したのは，徹底的に個別事例の本質部分まで降りて構造的背景を明らかにすること，そしてその水深で将来の命を救う提案であろう。結局，大川小だけ避難ができなかった背景にどんな問題があるかの解明作業は，遺族から何度も指摘や要望があったにもかかわらず，親たちの「なぜ」に答えるところまで行くことなく終了した。[*33] 山への避難を提案した児童がいたことを聞き取り調査で生存児童が証言したことについても，最終報告書は何も書いていない。むしろ，「事故後，亡くなった子どもの様子を複数の児童に尋ね，いずれの児童からも『亡くなった子が山への避難を強く教職員に訴えていた』と聞いた保護者もいる。」（大川小検証委2014: 82, 傍点西田）等と書くのみで，児童証言は市教委による聞き取り調査から切り離され抹消されている。こうして，子どもと親の身体は無視されたまま，予定された物語の成就と反身体の動きだけが共進行していったように見える。

5 ▶ 了解基盤としての身体的関わり

5.1 ▶ しぐさによる自己暴露——無様で雄弁なからだ

　じつは，こうした身体感覚の欠如と物語の自己成就はすでに保護者説明会で露呈していた。

[*33]「検証委員会は，事実の解明を放棄し，表面的な調査結果といくつかの形式的な提言を並べて終了した」（佐藤敏郎2017: 46）との遺族による評価は多くの親たちの意見を代表するものと思われる。

第3款で見た第4回保護者説明会のやりとりは，会話記録としての会議録上はK指導主事と保護者の対話場面のように見えるが，じつはもう一人，市教委のY学校教育課長が「身ぶり」で積極的に参加していた。以下の下線部分は，議事録には載らないいわば"ト書き部分"である。[34]

 保護者A「K先生も聞き取り調査をされていますよね。K先生が聞き取り調査をした
  子どもたちで，そういうことを話した子どもたちはいませんでしたか。」
 K主事「いなかったです。」
  （保護者席からか，えーっと訝る声が複数聞こえる）
 K主事「そのー，すいません。話しているお子さんって，ど，だ，誰っていうか……」
  (K主事：保護者席の誰かを見て二度うなずく。)
  (Y課長：右手人差し指を口に当ててシーの合図をする。)
  (K主事：課長に視線を向ける。)
  (Y課長：再度右手でシーの合図をする。)
  (K主事：この合図を見た後，うなずくことなく，保護者席に視線を戻す。)
         ※　（　）内は，西田による注釈

　このシーの合図を含む一連の動作の問題性は，[35]何かを隠そうとする身動きの不穏当さだけではない。課長は，親たちがいることは意識しており（合図の合間に一瞬だけ保護者席を見ている），見つからないよう最小限の動作で合図を出したはずだ。その意味で，課長には，見つからないようにするという水準での身体感覚はあった。
　しかし，自分の体が雄弁に語ってしまっていることには気づいていない，いや頓着していない。それは，後日このサイン動作について問われた際，「考え

---

*34) 動作部分は，動画サイト「大川小事故説明会『言うなよ』というサインを送る教育課長」，https://www.youtube.com/watch?v=yPLaH8nrAWg から抽出。
*35) 同様の身体連携は，別の組み合わせでも起こっている。第6回保護者説明会（2012年8月26日開催）で，K元校長が，過失を認めるかと遺族に追及されたとき，横にいたS副参事が「何かを指差すように机の上の書類に片手を置」き，「周囲にほとんど聞こえない小さな声で（中略）校長に何かささやいた。それから再びタオルで手と顔を擦り，首の後ろ側を拭き，右目を痒そうに擦った。」（パリー2018: 212）。さらにタオルで汗を拭くしぐさでのささやきが続き，会場から「（校長から）ちょっと離れて」の声がかかった（同前: 212）。
*36) 河北新報 2012.9.12付朝刊。

事をしているときの自分の癖ではないか。隠蔽の意図はない。」と課長自身が釈明していることからも明らかであろう。自分の動作が親たちの眼差しに晒され，一瞬で了解されてしまったとしも構いはしない。このとき，親たちのからだは完全に無視されている。その意味で，シーのしぐさは保護者に対する侮辱であり，さらには人の身体に対する侮蔑でもありうる。そして，それを支えているのが，不利なことを口にさえしなければ問題なしとする，コトバへの過剰信頼である。

　他方，サインを受けたK主事の方は，Y課長の指示とは逆に積極的に喋ろうとする。むしろ「ここはしゃべっても大丈夫ですよ，課長」とからだで言っているように見える。自信があったのかもしれない。誰に何を聞いたかを把握し，聞き取りメモの廃棄も確実に行なっている。課長のシー・サインにも，訝る親たちの声にも動じることなく，とにかく否定し続けてコトバのアジールに入れば，自分が聴取した生存児童の声の再生を聞くこともなくなる。

5.2▶「70の156です。」

　身体的手がかりを通して出来事を理解しようとする親たちとの関わりを避け，事故以降ずっと継続する反身体の運動はどうしたら止まるのか。物語のレールを暴走する列車を体で止めるような，衝撃力ある質問が法廷に飛び出した。

　控訴審の第7回口頭弁論期日（2016年4月8日）において，裏山に登ることが困難だったかどうかをめぐり，K元校長に以下のような趣旨の尋問が行われた。

> 原告代理人「あなたが歩いた場所というのは，児童も登れる場所であることはお認めになりますよね。」
> K元校長　「とても危ないかなとは思います。」
> 原告代理人「あなたの体重と身長をお聞かせください。」
> K元校長　「70の156です。」

[*37) その約1週間後の教育長の説明では，このシーの動作は「個人名を特定する職員の発言があり，言っては駄目だということだった」に変化している（河北新報2012.9.21付朝刊）。行為者本人が，「考え事をしているときの自分の癖」との「説明」が，第三者の全く別の説明で上書きされるとき，癖をもつY課長の身体（と癖だと語るY課長の声）もまた蔑ろにされている。]

リチャード・パリーは，この「70の156です」発言に続く場面を次のように描写する。「法廷の室内でいっときが過ぎ，この情報が，証言台に立つ背の低いずんぐりした体型の男性の視覚イメージと重なっていった。『あなたより』と弁護士は言った。『子供たちの方がずっと簡単に登ることができるのでは？』」（Parry 2017: 251＝パリー 2018: 204）。

　登りにくさには身長と体重以外の要素も関係するかもしれない。しかしここで重要なことは，登りにくさを検証する際，斜度といった土地の条件だけでなく，登る者の体つきも重ねて考えること，つまり具体的身体に着目することの要求である。さらに重要なことは，この度の事故を，防げなかった事故だと「物語的に解決」しようとする者に，出来事を「身体的」に確かめることを求めた点である。

　ここで学校・市教委側が依拠した物語は，もちろん法の物語形式に沿った形で行われる。すなわち，予見可能性（抽象的／具体的予見可能性）と結果回避可能性を主軸に，これらの判断に必要十分な事実を集め（これら以外の事実は除外し）て法的判断という物語を完成させていく。

　もちろん遺族側代理人もこの訴訟の話法に沿って争うが，吉岡弁護士はそれと同時に，法廷に「70の156」の肉体をドンと置くことで，慎重に登る体躯を次々と追い越し登っていく74人の子どもたちを廷内に現出させた。黒板を使って斜度や摩擦係数を代入し問題を解いている教室に，いきなり肉体を持ち込んで一発で答を出してみせるように，結果回避可能性のテストは，目にもの見える形で「身体的に解決」されたに違いない。

6 ▶ 訴訟——「誰でもない／体のない」化け物: NO-BODY

6.1 ▶ 黒い魔物

　この尋問一つにも，遺族らが自分たち自身で集めた写真や証言などさまざまな資料が活かされている。遺族らはこうした地道な努力を積み重ね，弁護士と一緒になって闘い勝訴に到達した[*38]。それでもなお果たせていない問題。それは，

[*38] たとえば，小さな命の意味を考える会主催「座談会」（2018年1月28日）後の個別質↗

第11章　身体的関わりと了解　｜　217

控訴審判決直後の記者会見で，一人の母親が語った次のことばに集約されている。[*39]

 これまで7年間。一進一退。前なのか後ろなのか，上なのか下なのか。わからないことが……。
 ただただ，娘の声に耳を傾けて，「お母さん，私は大丈夫。でもね，残った子どもたちは大変だよ。お母さん守ってね。」っていった。その声に導かれるようにして，今日この日を迎えられました。
 そして，この判決のおかげで，この，娘の願いが，少しでも，叶えられるべき判決文が下されたことに，とても……，すがすがしいとは言えませんけれども，子を思う願いが叶った日であると，記念すべき一日になると，私は思います。
 そして，未来を担う子どもたちを守るべき先生方に対して，この判決文が支えになり，そして，家族が守られるのであれば，私たちのこの7年間の苦しみは，決して無駄なものではなかったと，そう信じて疑いません。
 「やることはやった」「私の怠慢」[*40]……，その，そんなことじゃなく，生かすべきマニュアル，生きたマニュアルを是非つくっていただきたいと，心から願っています。
 事後対応に対しては，何一つ認められなかったのは，とても残念です。今日この日まで，私たちはこの事後対応に苦しめられ，眠れない毎日が続いていました。
 そして最後に，
 学校という組織の中に，黒い魔物は，いてはならん！
 以上です。

 誰か近くの人に語りかけるような音量とリズム。しかし，「そして最後に」のあと一拍あって，突然強い声で「学校という組織の中に，黒い魔物は，いてはならん！」の一言。
 「黒い魔物」。校長やE教諭，学校教育課長や指導主事といった具体的な人物で特定できない，得体の知れない何か。
 提出するよう言われたから出しただけの学校計画。そのマニュアルの避難先

 [✉]問の場で，遺族の一人は，強い信頼関係のもとで弁護士と一緒になって作業を進めてきたことを強調している。
*39) 前掲注7) 原告会見のライブ配信より。
*40) 第6回保護者説明会で，K元校長は「（一応）やっていたことはやっていた」が「隅々はしっかり見ていなかった」「私の怠慢」だったと遺族の前で述べている。これに対し親たちからの，それは過失があったということではないのかとの質問に，K元校長は意固地なまでに「過失」のコトバを口にしようとしなかった。

として記載されている「近隣の空き地・公園等」が大川小の場合どこになるのかは，身体的に確認されない。他方，市教委は提出してきたから受け取っただけ。中身は各学校で検討しているはずだと。結局，子どもたちの身体になんの効果も意味もない「近隣の空き地・公園等」と書かれた文書の上を津波が襲った。

当日の校庭で，E教諭は教頭らに山への避難を提案したが，「何かあったら責任取れるのか」と言われ，「強く言えなくなった」(池上2014: 22)。泣きながら「山さ逃げよう」と提案した子どもたちも一喝され列に戻される[*41]。現場の教員たちも，もちろん助けたかったはずだ。しかし，責任を取らされる恐怖にあらかじめ捕われた体は，防災無線・ラジオ・市の広報車の〈三度の声〉を聞いても津波の危険に怯えることができなかった。

誰かがものをいえば一気にそこに責任が集中する。だから誰も言い出さない。責任を負う恐怖や回避の後ろめたさは，「私は知らない」「書類は出した」「報告書にはなかった」と称え続ければ，〈誰でもない／体のない〉化け物NO-BODYに慰撫され感覚麻痺のうちに霧散する。

われわれの日常に潜み誘惑してくる魔物。その魔物との共依存という負の循環が事故の背景に「あった」だけでなく，このアディクションによる麻痺は事故後も「ずっと続いている」。二転三転する説明，証言記録の廃棄，シーのしぐさ等，大惨事を引き起こした問題の本質部分にある身体的無感覚はずっと保持されたままである。その意味で，事故はいまも潜在的に継続している。だからこそ，遺族は事故原因の究明と事後対応の両方を問題としてきたはずである。

6.2 ▶ 「現実」をカウントする法

弁護士らは遺族の意を十分に汲み，事後対応の問題をあえて「第1審原告らが抱く我が子を取り戻したいという気持ちを本来そのまま請求とすべきところ被災児童の死亡及び本件事後的違法行為によって被った苦痛の全体に対する制裁的要素を反映した満足感情の実現」として賠償を求めた。ここで問題とされ

[*41] 佐藤和隆氏「息子の雄樹は『ここに居たら死ぬ』と担任に泣きながら必死に訴えていた，と助かった同級生から聞きました。子供ですら津波を予見していました。」，金野ひとみ氏「『津波が来るから山さ逃げよう』。震災当日，息子の大輔が校庭で先生に叫んでいた言葉です。息子は助かりたくて必死でした。」(いずれも，河北新報2017.3.30付朝刊)。

ている事後対応とは，具体的には市教委として遺体捜索に協力しなかったこと，生存者の聞き取りメモの廃棄，事故後の虚偽の説明，説明会の開催時期の遅れ，開催回数の少なさ，不十分な説明と事実の隠蔽等である。

しかし裁判所は，これらの請求は理由がないものとしてすべて退ける。たとえば聞き取りメモの廃棄については，「調査結果を歪める目的であえて録音せず，書き取ったメモを廃棄した等の特段の事情」「を認めるに足りる証拠は見当たらない」とし，録音しなかったこと，聞き取りメモの廃棄が違法であるとの主張は採用できないと述べている。

結局，問題の根底にあるのは，事後的違法行為として提起された苦痛，正確にいえば現行制度のもとでは事後的違法行為として提起せざるを得ない苦痛を，裁判所が「知覚」しないという点である。

「苦痛の全体に対する制裁的要素を反映した満足感情の実現」としての損害賠償の求めに対し，裁判所は判例を引いて次のように述べる。「不法行為に基づく損害賠償制度は，被害者に生じた現実の損害を金銭的に評価し，加害者にこれを賠償させることにより，被害者が被った不利益を補てんして，不法行為がなかったときの状態に回復させることを目的とするものであり，加害者に対する制裁や，将来における同様の行為の抑止を目的とするものではなく，加害者に対して損害賠償義務を課することによって，結果的に加害者に対する制裁等の効果を生ずることがあるとしても，それは被害者が被った不利益を回復するために加害者に対し損害賠償義務を負わせたことの反射的，副次的な効果にすぎないと解するのが相当であって（最高裁昭和63年（オ）第1749号平成5年3月24日大法廷判決・民集47巻4号3039頁，最高裁平成5年（オ）第1762号同9年7月11日第二小法廷判決・民集51巻6号2573頁参照），このことは国賠法に基づく損害賠償請求においても同様と解すべきである。」

ここでは損害賠償制度の趣旨・目的論がこと改めて述べられているが，原告が求めているもう一つの重要な点，すなわち「苦痛の全体」については積極的に応答していない。遺族にとって，諸々の事後対応場面に現れた"問題"は，事故の当日，そして事前の防災対策の問題と相同の連続体であり，決して付加的なものではない。つまり，苦痛をもたらした死亡と事後的行為は一体のものであるのに，そのうち死亡は損害としてカウントされ，「事後的違法行為によ

り被った苦痛」は損害化されない。被害者にとって疑いなく心身に起こっている「現実の」痛みは，法的には「現実の損害」とは認識されない，あるいは金銭的に評価できるまでの現実性をもちえていないということであろうか。

　いずれにせよ，事後的違法行為としての請求とその否定は，人びとの経験を非身体的にカウントし，カウントできるものしか認識しないという法の知覚・動作様式を改めて明らかにすることになった。

　しかし，本訴訟で，当日だけでなく事前の組織的過失を認めさせたことは，出来事を時制や要素によって細分し計量器に盛る法の動作に対し，事前＝当日＝事後というひと続きの出来事として問題を掴む枠組を提示したという点でも大きな意義があったと考える。もちろん，身体的交渉と了解という本章の関心からも一定の成果があった。たとえば，以下は事後的違法行為に関連する尋問場面についてのある傍聴者の報告である。

　　いちばん印象に残ったのは，学校行政側の組織的過失を追及する今回の公判の流れを無視する形で原告側代理人が「原告の要望だから」とあえて尋ねた事後対応についての問答。震災直後1ヶ月も市教委として遺体捜索に協力しなかったのはなぜなのか，生存者の聞き取りメモの廃棄をなぜ承認したのか，上司として承認していないのなら廃棄は部下の勝手な判断なのかと畳みかけられて，Y氏（学校教育課長）は傍目にわかるほど狼狽していた。根は真面目で，嘘のつけない人なのだろう。「答えられない」とただ力なく繰り返すばかりだった。[*42]

　嘘のつけない人かどうかはわからないが，自分のからだが人にどう映っているかよりも身体から切れたコトバを頼みそこに退避し続けた身体にさえ狼狽が起きること，その限りで身体的関わりを通した了解の可能性の大きさが例証されているといえる。

　もちろん，問題はその関わりの形である。

---

*42）落穂日記（傍聴報告）。https://air.ap.teacup.com/lafcadio/1590.html

7 ▶ 求められる関わりの形

7.1 ▶ 身体的手がかりと了解——からだが生み出す了解の芽

　ここまで，事故以来ずっと親たちが問い続けていること，なぜ子どもたちが犠牲にならなければならなかったのかをめぐる親の了解過程が，どんな困難のもとで生成・展開してきたのかを見てきた。「保護者説明会」「事故検証委員会」では，真相究明に向かうよりもむしろ問題自体が脱身体化され別物に変形disguiseしていった。他方，訴訟では当日対応と事前対策における過失まで認められたが，同じ問題根幹のもう一つの発現局面である事後対応に関しては，現実の損害として勘定できない痛みは取り合わないという現在の賠償制度の限界を改めて露呈する結果となった。

　事後対応の問題は，大川小事故に限らず，いじめ，過労自殺をはじめほとんどすべての事故・紛争に付随するものであり，事後対応問題をどう扱うかは裾野の広い重要課題である。たとえば，「『調査義務・誠実対応義務』等の判例法理化ないし新たな立法的対応」(小佐井2017)といった具体的な制度化の検討は，一つの方向性であろう。

　と同時に，そうした制度化の基盤となる当事者間の相互作用過程のなかにある了解の機序解明も必要になろう。一見逆説的ではあるが，何度も遺族の心情を逆撫でし傷を与えた保護者説明会であったが，それでもそうした話し合いには身体的関わりを通じた了解が生まれる「芽」はあったといえる。「調査結果を歪める目的であえてメモを廃棄した」かどうか，あるいは課長は考え事をするとき人差し指を縦にする癖があったかどうかといったことを「証明」することは困難でも，それらの振舞いが何を意味するかはすぐに「了解」されていることはすでに見てきた通りである。

　もちろん，こうした了解だけですまないことは言うまでもないが，了解なしでは十分な問題解決に至らないことも事実であろう。保護者説明会で，漠然とした「怠慢」を認めることでそれ以上の追及を避けようとする元校長に対し，遺族は「怠慢」ではなく「過失」があったことを認めるよう迫った (パリー2018: 212)。

　当然ながら，法的な意味合いでの過失を認定するのは裁判所であり，じっさ

い本件では認定されたが，同じような水準で校長や市教委担当者らが自らことばで認めることはしていない。保護者説明会での追及過程で，校長は何度か認めそうにもなっていたが，そのつど市教委副参事がタオルで汗をふくしぐさの中で耳打ちをしそれを防いだ（パリー2018: 213）。コトバでは認めないものの，「カシツ」の3音が漏れるのをタオルで懸命に防ごうとする副参事と校長の身体は，ほとんど認めていたともいえる。

　それでは認めたことにならないという批判もあるだろう。認めることをコトバの次元だけで捉えればその通りだが，逆にコトバで認めればそれでよいかといえばそれもまた不十分であることは明らかである。なぜか高台から海岸方向へバスを走らせて園児たちが犠牲になった日和幼稚園事件は，一審で勝訴し控訴審で訴訟上の和解となった事案だが，そこで遺族を和解の決断に向かわせたものの一つは，被告幼稚園が原判決で認められた法的責任を認め，園児と家族に「心から謝罪する」という条項であった。ところが，幼稚園側が自ら認めた「心からの謝罪」は和解調書にコトバとして書かれただけで実際に和解後に身体的関わりとしての謝罪はされず，紙の上の出来事として自己完結し遺族を苦しめることになった。[*43]

　直接の謝罪がないことにつき，遺族の佐藤美香氏は「和解書に，園は心から謝罪するという項目が盛り込まれたはずですが，その後，連絡がありません」との手紙を日和幼稚園理事長宛に送ったが，「受取拒否」と書かれて突き返される。その1年半後，街で園理事長にばったり会ったとき，「謝罪する気はないのですか」と詰め寄ったが，「やるべきことはやっています」との返事。幼稚園からは，毎年命日と盆に花が届くが，手紙は添えられず，唯一の添付文書は花を宅配した花屋さんの「お届け票」とのことである。[*44] 佐藤氏は，「裁判を続けて判決をもらった方が良かったのでは」と後悔の念を募らせているという。[*45]

[*43) 和解に至る経緯等については，遺族本人による手記（佐藤美香2017）参照。原告代理人による遺族への〈説明〉の分析については，（小佐井2017）参照。
[*44) 産経新聞 2017.9.7全国版朝刊.
[*45) 読売新聞 2018.4.30東京版朝刊.

心からの謝罪が，文言としての謝罪，謝罪という文字列に転生する危険は常にある。もちろん，その背景に，法的責任を果たせばすべての責任を果たしたことになるという法的問題処理の特権化，あるいは「イデオロギーとしての法の自律性」(棚瀬2002: 150-155) と，それを背景とした関わり拒絶の合理化がある。

しかし，いやだからこそ，身体的関わりの必要性はさらに高まる。何よりも，了解には，法廷での事実や過失の認定を超えた身体的知覚の奥行きがある。たとえば，医療ミスで亡くなった息子の無念を晴らそうと，弁護士なしで自ら証人尋問するなど独学で本人訴訟を闘い勝訴にたどり着いた事例(本書第6章)で，母親は裁判を振り返って次のようなことを述べている。「尋問が終わったあと，4日間ぐらいすごく嫌悪感を感じました。私がこのように追及してほんとうによかったんだろうか。人間が人間に正面からぶつかっていく苦しさというのはすごくありました。だから，今はもう許せているんです。医者も苦しんだと思うんですよ。証人尋問に来られたときに，やせておられたのを見て，やっぱり悩んだんだなと思いました。」(佐々木・山崎・川嶋2002: 24)

尋問で医師たちと直接ぶつかったこと，法廷に現れた医師の痩せた身体を見た瞬間等，身体的関わり(視線，身体的変化)のたびに得られた了解が，判決による過失の認定だけでは得られない重要な解決土壌をつくっていったものと思われる。

7.2 ▶ 了解を生む身体配置──共同注意の構図

直接ぶつかり合うことで得られる身体的真実と，それらの積分として生成される了解。大川小学校の保護者説明会は，言い繕い，メモ廃棄，シー動作等さまざまな問題はあったが，それでも声やしぐさやまなざしといった身体的交流でしか確かめられないものもあり，それらを通じた"了解"形成の契機はあった。

実際，遺族の佐藤敏郎氏は，説明会をそういう場にするべく最初期から活動してきた一人である。「2012年3月，遺族対市教委でいつまでも対峙するのではなく，丸くなって話し合いましょうと呼びかけ」(佐藤敏郎2017: 45)，遺族と教育委員会からそれぞれ2名が窓口になり，4月から何度か話し合いも行われた。「今年はちゃんと耳を傾けてくれるかもしれない」と，窓口となった佐藤

氏らは期待したが，突如6月の市議会で，第三者による検証委員会の設置が提案される。結果的に，この間の話し合いは，検証委員会設置に向けた「打ち合わせにすり替えられ」，検証委員会設置の提案と予算を通す材料に利用されたという（同前: 45）。

　話し合いの芽は検証委員会設置で挫かれたが，話し合いは終わったわけではない。勝訴だけで終わらない話し合い。それは，「命を真ん中にした話をしたい」（同前: 44）[*46]として，早い時期から予見・構想され呼びかけられていたものであった。

　訴訟による真相究明では，加害者対被害者という二項対立の身体配置構図に置かれ，その形に沿った攻撃・防御が展開される。賠償の算定可能性から逆導出される損害の検討，その原因となる過失を特定するための要件事実，因果関係等の吟味，といった法的手続で明らかになるのは，「法的」真実である。

　佐藤敏郎氏の「丸くなって，こういう対面的な図式ではなくて真実を一緒に追求していきましょう」との語りかけは，訴訟の身体配置と法的問題構成の限界を予見したところから出ているはずである。他方，保護者説明会の配置も，壁を背にした教育委員会のメンバーは，身体配置という点でも最初から追い詰められる構図のなかにあり，皮肉にも逃れることがロール化されるという倒錯を生んだ面もあったように思われる。丸くなることの含意には，対決構図からくる逃げの自明化・合理化を避けることも当然含まれている。

　言語発達の研究者トマセロは，相手と同じ対象物に注意を向け合う行為「共同注意」（joint attention）が生後9ヶ月目から生まれることを実証的に明らかにしている（トマセロ2006: 80-92; トマセロ2013: 127-131）。「共同注意」の意義は，相手も同じ対象をみていることを認識することから調整やすり合わせが生まれる可能性にあり，それが言葉を話せるようになる前の準備段階から起こる。こうしたある種の原初的な身体性を取り戻すことが，現在のコミュニケーションに求められているようにも思う。「共同注意」型の話し合いは，了解を一方向性から双方向性へと高めるという点でも意義は大きい。[*47]

---

*46）2018年1月開催の「第11会語り部ガイド&座談会」での他の遺族の発言の中にもこのキーワードが聞かれた。

もちろん，重要なことは，身体配置それ自体ではく，攻撃・防御だけではない関わり方と，了解を生み出す仕組みの模索である。たとえば，福知山線脱線事故後の遺族とJR西日本との共同検証の作業は一つの例である。「課題検討会」から「安全フォローアップ会議」へとつながる一連の共同検証の作業は，「なぜこんな事故が」というただその一点をめぐって徹底的追究を続ける淺野弥三一氏や木下廣史氏ら遺族の手探りのなかでつくり出された〈方法〉であった。最初の「課題検討会」などでは，きれいごとでは済まない，怒号や椅子を蹴飛ばしての退室等もあったが，こうした身体的関わりを通して，「加害者と被害者の立場を越えて，なぜこの事故が起きたのかという一点で互いに意見を言い合い，考え抜く」ことで，共通認識も生まれたと淺野氏は語っている（松本2018: 290）。

　事故からちょうど9年目を迎えた日の会合のスピーチで，淺野氏は，事故の背景構造を解明しようと共同で取り組んできた活動について「これがモデルケースだとは思っておりません。一つのレアケースとして提示できればいい。」と語っている（同前: 291）が，「なぜ」を突き詰める共同作業が，身体的交渉と了解のなかで現実化する可能性を例証してくれていることは確かである。

8 ▶ おわりに──了解活動は終わらない

　問題を了解活動の次元で見ていくとき，交渉を当事者と相手方の関係だけで考えることは一面的である。**6.1▶**で紹介した母親の会見コメントの冒頭にもあるように，遺族は常に亡き人と対話し，亡き人と一緒に生きている。別の事件だが，19年前に事故で息子を失った母親が今でも思い出すことがあるかと尋ねられ，思い出さないと答えた後，「本当に思い出さないのですよ。ということはいつもいつも忘れていないから，思い出す必要がないのです。」（井上郁美2009a: 47）と語る。

---

*47) 前注46）の座談会は，ホワイトボードと付箋を使う等，参加者の共同注意を促す工夫がされていた。こうした身体配置と共同作業の場に教育委員会・学校関係者がいること，そして防災マニュアル等の徹底的な見直しや現場化の共同作業をする光景が遺族に予見されているように感じた。

遺族が当事者であるのは，真の当事者である亡き人とつねにつながっているからであり，それだけに，亡き者の手がかりとくに身体的手がかりが失われることの不安や苦痛は計り知れない。校庭のここにあった自転車小屋の脇から出て裏道の方に移動をしたこと，ほどなく現れた大きな黒い壁を見たときの子どもたちの声，教員らの圧倒的後悔の叫び等々。たんに教訓として残していくのではなく，それをどうやって身体的手がかりと「ともに」生かしていくかが重要な課題となる。

　大川小学校事故検証委員会報告書の最後「今後に向けて」には，「本報告書を一つの区切りとして，さらに様々な立場からこの事故の教訓を学び，それを活かしていく動きへとつながることを期待したい。本報告書が，そうした今後に向けての礎となれば幸いである。最後に，この事故で大切な家族を亡くされ，我々の検証結果がとりまとまることを心待ちにされていた方々に，心からのお見舞いとお悔みを申し上げる。」と記されている。

　教訓や提言という将来向きのベクトルを示した直後にポンと置かれるお見舞いとお悔みの言葉。もちろんその言葉自体には重要な意味があるが，「最後に」の語が前後をどうつなげているのかがよくわからない。事故から教訓に向けて描かれた〈前向きのベクトル〉図のなかで，いったい子どもたちはどこにいるのか。子どもたちは脱身体化＝情報化され，再発防止の資源となっているようにも見えるがそれで良いのか。そもそも，死は終わったことなのだろうか。

　先に触れた医療過誤事件の遺族佐々木孝子氏は，本人訴訟で勝訴判決にたどり着いた後，講演会で全国を回り救急医療の質向上活動の一環として自身の経験を語り再発防止を訴え続けている。裁判で病院側の過失を認めさせ，無念を晴らしたとしても，それだけで終わらない重要な作業を生涯続けている。死を無駄にしない，あるいは死を少しでも価値あるものに高めたいとの思いがベースにあることは間違いない。と同時に，そこからさらに進めて，亡くなった息子を「生かす」仕事をする。母親が講演会で再発防止を訴えかけるとき，息子は母親のからだと声を借りて現に多くの命を救っている。つまり，亡くなった息子は今も社会と接点をもち，救命活動をしながらずっと生き続ける。そう考えておられるのではないかと想像する。

　遺族にとって死と再発防止の関係ベクトルは，失われた尊い命が手段になっ

て再発防止という目的を達成して終わるような一方向で一回切りのものではなく，むしろ再発防止活動を通して子どもを「生かす」逆ベクトルとセットになって循環しているのではないだろうか。

　とすれば，本当の意味での教訓はそもそも文書化で終わるものではない。子どもの声を書き取ったメモなしで報告書にまとめることができないのと同じように，本当の教訓は，語る者と聴く者の身体的関わりを通してしか生まれない。大川小学校で，語り部活動だけでなく，座談会や勉強会が長く続けられている理由や意義もそこにあるだろう。

　以上，本章では，遺族や関係者の語り行為の身体的側面にも光を当てて，「身体的関わり」を通して「了解」を得ようとする活動の意義について検討してきた。そこには，和解か判決か，合意か強制力かといった従来の二分法を超えたところに「了解」という解決基礎があること，そしてそれは外部から提供することも提案することもできない，当事者どうしの声とからだのぶつかり合いという身体的関わりからしか得られないものであることを示してきた。他方で，身体と声をかき消そうとするさまざまな風圧の前に立ちはだかり，声を再演する了解のプロセスをどのように発動させるのかの重要課題については，前款7で予告編的に提示することしかできていない。今後引き続き考察していきたい。

あとがき

　そのときどきの関心で書いてきたものを一冊にまとめるにあたり，書名に声の一字を入れることに迷いはなかったが，『声の法社会学』の名に中身が見合っているかどうかはちょっとわからない。もっといえば，これが法社会学の一つとカウントしてもらえるかどうか。きっとそう，これもそう，たぶんそうと思いつつ，長く勘違いしてきたのかとも恐れる。

　不安のもとはいくらもある。たとえば，権力に対する感覚の鈍さ（脳天気），具体的提言まで届いていない（使えない），記述方法が社会科学のそれから逸脱している（場違い）等々の批判。

　それでも，当事者の語りの側から見ていこうとどこか開き直ってやってきた。もちろん，最初から目論見があったわけではなく，声の活動に引き寄せられ当事者を訪ね回るうち，なんとなく声を結び目にした法社会学研究をしている気になっていったというのが実際である。クレヨンをもった子どもが，殴り書きしてるうちに長い線の先に飛行機を見つけ，トントンと音や当たりを楽しんでるうちに雨になったといった具合に。

　こうした行きがかり的展開ではあるが，声を目印に法と人びとの関わりを記述するなかで見えてくるものもあった。たとえば，序章でみた声の働き。私が話すとき，その声は私のものだが，話す言葉や物語は私以前・私以外のところにあったもので私のものではない。〈私＝声〉が言葉や物語を使っているのではなく，言葉と物語が〈声＝私〉を使っていると知ったとき，言葉や物語のしもべとなったからだはむき出しの声となって暴れ出す。この瞬間やその前後左右に，法と人びとのせめぎ合いが最も強く現れ，「現実」や「経験」が生まれたり削られたりする。

　法，裁判，秩序，紛争，正義，合意，ADRといったしっかりした塁から出たときには遭遇しないこの瞬間。当事者のこだわりを，ノイズではなく，肉体から出る軋みとして聞こうとする身構え。怒り，悔しさ，無念と括るのではなく，震えのからだのそばに，ただ立つこと（鷲田清一のいう臨床の身体配置）。しかし，その声が場を得て聞かれ，からだが世界にしっかり位置取れるようにな

るために，いったい何が必要なのか，どこから始めたら良いのか．

　この難題に本書がどこまで迫れているかはわからないが，声が法と，からだが文化や制度と，接点爆発したり無視されたり曲げられたりするさまを多少でも提示できているなら私には十分である．そこを超えて，微分化された権力，提言ではないが転調やシンコペーション，手触りや気配をあえて好意的に汲み取っていただけるようなことがあるなら，望外の喜びである．

　ところで，このあとがきを書く段になって，エルフリーデ・イェリネクの戯曲集『光のない．』（林立騎訳，白水社2012）に接した．「光のない．」の登場人物に名はない（A，Bと表記）．というよりいったい何人いるのか，人間なのか，生きているのか，よくわからない．ト書きもほとんどなく，ストーリーもあるのかないのか．聞こえない，わからないといった声が次々重なり，息苦しく，めまいがし，体に悪い．それが企みの一つだとしても．

　言葉や物語のしがらみから逃れ出た声，この声だけは自分のものと信じ得ても，それをずっと手元に囲っておくわけにはいかない．AとBのはじめの〈わたし〉は，第一と第二原発．しかし，AとBにいろんなものが代入され，また知らぬ間に主語に〈わたしたち〉が混じり，重層しながら意味次元が転換していく．そのうち，善／悪，支配／服従，主体／客体，加害／被害という二項が互換的に動き始め，知覚混乱に陥る．

　あるいは，Aというのは太郎の屋根でBが次郎の屋根だとしたら，〈わたし〉の声は，無限級数のようにあなたの〈わたしの声〉として聞かれ，その連鎖位相の限りで〈われわれ〉の声に転生するというのだろうか．イェリネクが声だけで描く風景は，個別のからだに起きた痛みの声が，やがてそのからだから離れ別のからだに向かう，偶有的・互換的な声の運動のようにも見える．もちろん，ここでの〈われわれ〉の声は，一音に統べられた斉唱ではなく，個別のからだに起こる音の積分＝多音として現われる〈声のわれわれ〉ともいうべきものであろう．

　結局，誰かのからだに起きる「　」に入らない声が，誰かに聞かれ世界に定位するというのは，別のからだを震わせ〈声のわれわれ〉が生じることを意味するのだろう．第11章で考察した大川小学校事故が問いかけているものも，亡くなった子どもたち，亡くした親たちの声を，〈被害者〉の声のままで終わら

せないこと，であったはずだ。

　ところが，聞かれる場を求める声を迎え入れながら，カウント可能な被害とその救済という法の物語に経験を整序し，ただ救済を待つ被害者として役割固定する力。法と裁判が，原告／被告という2つの〈わたしの声〉に対抗配置し過失や責任の配分を決めても，からだに動きが起こらない限り〈声のわれわれ〉が生まれることはない。もとより法は，人のからだにほとんど関心を払わない。「わたしには，あなたの体の音が聞こえない」。

　求められているのは，傷ついた者が被害者の位置から一部抜け出し，損傷に関わる者も加害の位置から少し踏み出す動き。それは，理解というような澄ましたものではなく，revolve＝回転・循環（佐藤敏郎氏の言う「丸くなる」の含意），転倒をも含んだ相当に懸命の跳躍であり，声とからだのぶつかり合いにしか出現しないものであろう。だとして，それをどんな仕組みで始動・展開するのか。

　イェリネクの暗示を受けて再度この問題を本書で検討する時間はもうない。今後の課題とさせていただく。世界との身体的誤接続によって聴こえや平衡のあり難さを思い知った以上，声とからだの問題から離れることはできない。場所や方法を変えて関わってみたい。

　最後に，お世話になった方々への感謝を述べさせていただく。

　法社会学研究を仕事とし続けてこられたのは，学部・大学院以来ずっとご指導いただいている棚瀬孝雄先生のおかげである。先生が切り拓いた多くの研究・課題群の一つ，私の場合は法の言説分析のあたりに足を止め，打たれた標識や鎖を頼りに試行錯誤してきた。もとよりその成果は不十分なものであるが，本書を中間報告とし，これまでのご指導と励ましに感謝の意を表させていただく。

　棚瀬門下の和田仁孝早稲田大学教授にも，長く研究上の相談や交流をさせてもらっている。本書は，そのダイナミックな知と芸に謎をかけられた者の応答集ともいえる。氏が報告する研究会に誘われ同行させてもらった際，David Engel教授から不意に報告を勧められ，Michael McCannほか錚々たる顔ぶれの前での報告という僥倖（20分の記憶喪失）も得た。長きにわたる誘惑，引き合わせ，引っ張りに感謝申し上げる。

　法社会学からマーケティングの世界に手ぶらで飛び込んだ私に，調査の基礎

から提案づくりまで教えてくれたのは，あの『ふわとろ』の著者大橋正房氏である。その仕事はいつも，時代時代の身体感覚を〈数と言葉〉で浮かび上がらせる鮮やかな社会学実践である。それを法社会学で行おうとし果たせていないが，いつもそそのかしてもらっていることをありがたく思っている。

　一人ひとりお名前をあげていくことはできないが，知的刺激を与えてくれる研究者，実務家，甲南大学の同僚教職員，そして研究のためという怪しげな申し出に応じ胸の内を聞かせてくださった当事者・関係者の方々，お世話になった方々にお礼を申し上げる。

　出版の声かけをしてくださった秋山泰氏には，完成までずっと助言と励ましをいただいた。加えて，氏の句集『流星に刺青』のなかの冬菫の一句は，真夜中の研究室に何度も現れ，戦慄と安らぎをもたらしてくれた。秋山氏から上瀬奈緒子氏の装丁，森久子氏の装画へと向かう直観連鎖によって，声の不思議と力を写し出す本にしていただいた。三人に感謝申し上げる。

　行く先々ですごい先生に出会えた幸運を思いつつ，不安のなかただ見守ってくれた四人の親，全面協力してくれた家族への感謝もここに記させていただく。

2019年1月

西田英一

　　【付記】　本書出版にあたり，甲南学園の伊藤忠兵衛基金より2018年度の出版助成を受けた。記して，感謝申し上げる。

文献一覧

Albrecht, Karl (1988) At America's Service, Dow Jones-Irwin. カール・アルブレヒト（1990）『逆さまのピラミッド』（西田英一・和田正春訳）日本能率協会.
Anderson, Harlene & Harold Goolishian (1992) "The Client is the Expert: A not-knowing approach to therapy" in McNamee, Sheila. & Kenneth J. Gergen, eds., *Therapy as Social construction*, Sage Publication, 25-39.
安藤泰至（2012）「死の中の生，生の中の死」談95号59-82頁.
淡路剛久（2013）「福島原発事故の損害賠償の法理をどう考えるか」環境と公害43巻2号2-8頁
淡路剛久・吉村良一・除本理史編（2015）『福島原発事故賠償の研究』日本評論社.
バフチン，ミハイル（1989）『マルクス主義と言語哲学（改訳版）』（桑野隆訳）未来社.
バフチン，ミハイル（1995）『ドストエフスキーの詩学』（望月哲男・鈴木淳一訳）筑摩書房.
バフチン，ミハイル（1996）『小説の言葉』（伊東一郎訳）平凡社.
Bateson, Gregory (1972) *Steps to an Ecology of Mind*, Harper & Row. ベイトソン，グレゴリー（1987）『精神の生態学』（佐伯泰樹ほか訳）思索社.
Bateson, Gregory (1979) Mind and Nature: A Necessary Unity, John Brockman Associates. ベイトソン，グレゴリー（1982）『精神と自然』（佐藤良明訳）思索社.
Beach, King D. (1986) "The Role of External Mnemonic Symbols in Acquiring an Occupation," in M.M. Gruneberg, et al. eds., *Practical Aspects of Memory: Current Research and Issues, Vol. 1: Memory of Everyday Life*, Wiley, 342-346.
Benhabib, Seyla (1987) "The Generalized and the Concrete Other: The Kohlberg-Gilligan Controversy and Moral Theory," in Benhabib, Seyla & Drucilla Cornell, eds., *Feminism as Critique*, University of Minnesota Press, 77-95.
別役実（2002）『舞台を遊ぶ』白水社.
Bingham, Geoffrey P., et al. (1989) "Hefting for a Maximum Distance Throw: A Smart Perceptual Mechanism," 15-3 *Journal of Experimental Psychology: Human Perception and Performance* 507-528.
Boyd, Dwight R. (1980) "The Rawls Connection," in Munsey, Brenda, ed., *Moral Development, Moral Education, and Kohlberg*, Religious Education Press, 185-213.
ブーバー，マルティン（1979）『我と汝・対話』（植田重雄訳）岩波書店.
カールソン，ヤン（1990）『真実の瞬間――SAS(スカンジナビア航空)のサービス戦略はなぜ成功したか』（堤猶二訳）ダイヤモンド社.
Calvino, Italo (1988) *Under the Jaguar Sun* (William Weaver trans.), Harcourt Brace Jovanovich.
Caruth, Cathy (1996) *Unclaimed experience: trauma, narrative, and history*, Johns Hopkins University Press. カルース，キャシー（2005）『トラウマ・歴史・物語』（下河辺美知子訳）みすず書房.
小さな命の意味を考える会（2017）『小さな命の意味を考える（第3版)』小さな命の意味を考える会.
Colby, Ann, Laurence Kohlberg, and collaborators (1987) *The Measurement of Moral Judgement: Vol. 2*, Cambridge University Press.
Cole, Michael (1989) "Cultural Psychology: A Once and Future Discipline?," in Berman, John J.

(ed.) *Nebraska Symposium on Motivation 1989: Cross-cultural Perspectives*, University of Nebraska Press, 279-335.

Cole, Michael (1996) *Cultural Psychology: A Once and Future Discipline*, Harvard University Press. コール,マイケル(2002)『文化心理学――発達・認知・活動への文化―歴史的アプローチ』(天野清訳)

Condon, William S. (1976) "An Analysis of Behavioral Organization," 13 *Sign Language Studies* 285-318.

Connolly, Marie & Louise Harms (2012) *Social Work: From Theory to Practice*, Cambridge University Press.

土井隆義(2001)「ある『暴力事件』をめぐる記述のミクロポリティクス」中河伸俊ほか編『社会構築主義のスペクトラム――パースペクティブの現在と可能性』ナカニシヤ出版, 133-155頁.

Engel, David M. (1993) "Law in the Domain of Everyday Life: The Construction of Community and Difference," in Austin Sarat and Thomas R. Kearns, eds., *Law in Everyday Life*, University of Michigan Press, 123-170.

Engel, David M. & Frank W. Munger (1996) "Rights, Remembrance, and the Reconciliation of Difference," 30-1 *Law & Society Review* 7-54.

Engel, David M. (2012) "Perception and Decision at the Threshold of Tort Law: Explaining the Infrequency of Claims," 62 *Depaul Law Review* 293-334.

Engel, David M. (2016) The Myth of the Litigious Society, The University of Chicago Press.

Felstiner, William L. F., et al. (1981), "The Emergence and Transformation of Disputes: Naming, Blaming, Claiming…," 15 *Law and Society Review* 631.

Flanagan, Owen & Kathryn Jackson (1987) "Justice, Care, and Gender: The Kohlberg-Gilligan Debate Revisited," 97-3 *Ethics* 622-637.

フーコー, ミシェル(1977)『監獄の誕生――監視と処罰』(田村俶訳)新潮社.

Frank, Arthur W. (1997) *The Wounded Storyteller: Body, Illness, and Ethics*, University of Chicago Press. アーサー・フランク(2002)『傷ついた物語の語り手―身体・病い・倫理』(鈴木智之訳) ゆみる出版.

ガーフィンケル,ハロルドほか(1987)『エスノメソドロジー』(山田富秋ほか編訳)せりか書房.

ギアーツ,クリフォード(1987)『文化の解釈学』(吉田禎吾他訳)岩波書店.

Gergen, Kenneth J. (1999) *An invitation to social construction*, Sage. ガーゲン, ケネス・J.(2004)『あなたへの社会構成主義』(東村知子訳)ナカニシヤ出版.

Gibson, Eleanor J. & Arlene S. Walker (1984) "Development of Knowledge of Visual-tactual Affordance of Substance," 55-2 *Child Development* 453-460.

Gibson, James J. (1979) *The Ecological Approach to Visual Perception*, Houghton Mifflin. J. J. ギブソン(1985)『生態学的視覚論 ヒトの知覚世界を探る』(古崎敬ほか訳)サイエンス社.

Gilligan, Carol (1982) *In a Different Voice: Psychological Theory and Women's Development*, Harvard University Press. ギリガン,キャロル(1986)『もう一つの声』(岩男寿美子監訳)川島書店.

Gilligan, Carol & Jane Attanucci (1988) "Two Moral Orientations," in Gilligan, Carol, et al., eds., *Mapping the Moral Domain: : A Contribution of Women's Thinking to Psychological Theory and Education*, Harvard University Press, 73-86.

ゴッフマン,アーヴィング(1980)『集まりの構造』(丸木恵祐・本名信行訳)誠信書房.

Goodwin, Charles (2000) "Action and Embodiment within Situated Human Interaction," 32-10

Journal of Pragmatics 1489-1522.
ハーバマス, ユルゲン (1991)『道徳意識とコミュニケーション行為』(三島憲一ほか訳) 岩波書店.
浜村彰 (1993) 「労働契約と紛争処理制度」日本労働法学会誌82号131-160頁.
原田正治 (2004)『弟を殺した彼と、僕。』ポプラ社.
Harrington, Christine B. & Barbara Yngvesson (1990) "Interpretive Sociolegal Research," 15-1 *Law and Social Inquiry* 135-148.
Hirschman, Elizabeth C. (1983) "Aesthetics, Ideologies and the Limits of the Marketing Concept," 47-3 *Journal of Marketing* 45-55.
外須美夫 (2013)「痛みの向こうへ、人を動かす痛み」」談96号37-57頁.
星野英一編 (1984)『隣人訴訟と法の役割』有斐閣.
IASP Subcommittee on Taxonomy (1979) Pain terms: A List with Definitions and Notes on Usage, 6 *Pain* 247-252.
池上正樹・加藤順子 (2014)『石巻市立大川小学校「事故検証委員会」を検証する』ポプラ社.
市村高志 (2013)「私たちに何があったのか」現代思想41巻3号 168-185頁.
井口時男 (1987)『物語論／破局論』論創社.
井上郁美 (2009a)『永遠のメモリー (新装版)』河出書房新社.
井上郁美 (2009b)『東名事故から10年目の訴え』河出書房新社.
井上治典 (1993)『民事手続論』有斐閣.
井上治典・高橋宏志編 (1993) エキサイティング民事訴訟法』有斐閣.
井上達夫 (1986)『共生の作法』創文社.
井上達夫 (1994)「共同体と責任」棚瀬孝雄編『現代の不法行為法—法の理念と生活世界』有斐閣, 269-288頁.
石黒広昭 (2001)「アーティファクトと活動システム」茂呂雄二編『実践のエスノグラフィ』金子書房, 59-95頁.
石川良子 (2003)「当事者の『声』を聞くということ——Aさんの"ひきこもり始め"をめぐる語りから」年報社会学論集16号200-211頁.
石川良子 (2014)「『わからないことがわかる』ということ」斎藤清二・山田富秋・本山方子編『インタビューという実践』新曜社, 41-62頁.
石山勝巳 (1994)『対話による家庭紛争の克服—家裁でのケースワーク実践』近代文芸社.
岩川大祐 (2011)「『痛み』の認識論の方へ」現代思想39巻11号96-107頁.
Jopling, David (1993) "Cognitive Science, Other Minds, and the Philosophy of Dialog," in Neisser, Ulric G., ed., *The Perceived Self: Ecological and Interpersonal Sources of Self-Knowledge*, Cambridge University Press, 290-309.
Kanjirathinkal Mathew J. (1990) *A Sociological Critique of Theories of Cognitive Development: the Limitations of Piaget and Kohlberg*, Edwin Mellen Press.
管理職ユニオン・関西 (1999)『リストラがあなたを襲う』エピック.
管理職ユニオン・関西 (2000)「ガイドブック　脱会社人間」
樫村志郎 (1997)「視線と法廷」山崎敬・西阪仰編『語る身体・見る身体』ハーベスト社, 186-213頁.
樫村志郎 (1999)「合意の観察可能性」井上治典・佐藤彰一編『現代調停の技法』判例タイムズ社, 294-307頁.
樫村志郎 (2004)「法現象の分析」山崎敬一編『実践エスノメソドロジー入門』有斐閣, 143-157頁.
桂木隆夫 (1994)「見知らぬ他者との合意」合意形成研究会『カオスの時代の合意学』創文社, 107-120頁.
河合隼雄 (1970)『カウンセリングの実際問題』誠信書房.

河合幹雄（1991）「交通事故被害者損害賠償の法理と道徳」ジュリスト987号92-97頁。
川嶋四郎（2004）「現代社会における弁護士の役割・素描」和田仁孝・佐藤彰一編『弁護士活動を問い直す』商事法務、19-33頁。
川島武宜（1967）『日本人の法意識』岩波書店。
毛塚勝利（1995）「労働紛争処理法──個別労働紛争処理システムの現状と課題」ジュリスト1066号210-217頁。
毛塚勝利ほか（1995）『個別紛争処理システム現状と課題』日本労働研究機構。
北村隆憲（2018）「エスノメソドロジーと会話分析による法社会学研究の世界」東海法学55号228-173頁。
小林秀之（1984）「『手続保障の第三の波』説への一疑問」判例タイムズ524号17〜34頁。
小林司編（1993）『カウンセリング事典』新曜社。
Kohlberg, Laurence (1981) *Essays in Moral Development Vol. 1: The Philosophy of Moral Development*, Harper & Row.
Kohlberg, Laurence (1984) *Essays in Moral Development Vol. 2: The Psychology of Moral Development*, Harper & Row.
Kohlberg, Laurence, Dwight R. Boyd, and Charles Levine (1990) "The Return of Stage 6: Its Principle and Moral Point of View," in Wren, Thomas E. ed., *The Moral Domain*, The MIT Press, 151-181.
小島武司ほか（1989）『隣人訴訟の研究──論議の整理と理論化の試み』日本評論社。
厚生労働省・都道府県労働局・公共職業安定所（2001）「特定受給資格者の判断基準」
小佐井良太（2017）「津波被災訴訟事件と紛争解決のあり方──日和幼稚園事件を中心に」日本法社会学会2017年度学術大会報告レジュメ。
熊谷晋一郎・大澤真幸（2011）「痛みの記憶／記憶の痛み」現代思想39巻11号38-55頁。
熊谷晋一郎（2013）「痛みから始める当事者研究」石原孝二編『当事者研究の研究』医学書院、217-270頁。
熊野純彦（2003）『差異と隔たり──他なるものへの倫理』岩波書店。
ランズマン、クロード（1995a）『SHOAH』（高橋武智訳）作品社。
ランズマン、クロード（1995b）「ホロコースト、不可能な表象」（高橋哲哉訳）鵜飼哲・高橋哲哉編『「ショアー」の衝撃』未来社、120-125頁。
Larkin, Jill H. (1989) "Display-Based Problem Solving," in Klah, David. & Kenneth Kotovski, eds., *Complex Information Processing*, Lawrence Erlbaum Associates, 319-341.
Lave, Jean (1988) *Cognition in Practice*, Cambridge University Press. レイヴ、J.（1995）『日常生活の認知行動』（無藤隆ほか訳）新曜社。
レビット、セオドア (1971)『マーケティング発想法』（土岐坤訳）ダイヤモンド社。
レビット、セオドア（1984）『マーケティング・イマジネーション』（土岐坤訳）ダイヤモンド社。
Lombardo, Thomas. J.（1987）The *Reciprocity of Perceiver and Environment: Evolution of Gibson's Ecological Psychology*, Lawrence Erlbaum Associates.
Madigan, Stephen (2010) *Narrative Therapy*, American Psychological Association.
毎日放送（1997）「映像'90 本人訴訟」
Malinen, Tapio, et al. (2011) *Masters of Narrative and Collaborative Therapies: The Voices of Andersen, Anderson, and White*, Routledge.
松本創（2018）『軌道──福知山線脱線事故 JR西日本を変えた闘い』東洋経済新報社。
McCracken, Grant (1989) "Who is the Celebrity Endorse? Cultural Foundations of the Endorsement Process," 16-3 *Journal of Consumer Research* 310-321.

McNamee, Sheila. & Kenneth J. Gergen, eds., (1992) Therapy as Social Reconstruction, Sage Publication.
McNeill, David (1987) Psycholinguistics: A New Approach, Harper & Row.
McNeill, David (1992) Hand and Mind: What Gestures Reveal about Thought, University of Chicago Press.
ミード, G. H.（1973）『精神・自我・社会』（稲葉三千男ほか訳）青木書店．
Menkel-Meadow, Carry (1984) "Toward Another View of Legal Negotiation: The Structure of Problem Solving," 31 U.C.L.A. Law Review 754-842.
美馬達哉（2011）「もし私が痛みを感じているのならば，私はとにかく何かを感じているのだ」現代思想39巻11号181-191頁．
Mink, Louis (1978) "Narrative Form as a Cognitive Instrument," in Canary, Robert H. & Henry Kozicki, eds., The Writing of History: Literary Form and Historical Understanding, University of Wisconsin Press, 129-149.
Minow, Martha (1990) Making ALL the Difference: Inclusion, Exclusion, and American Law, Cornell University Press.
宮坂道夫（2005）『医療倫理学の方法——原則・手順・ナラティヴ』医学書院．
望月清世（2001：234）「ライトトークの語れなさ——法の言説分析と『語られないこと』の位置」棚瀬孝雄編『法の言説分析』ミネルヴァ書房，232-269頁．
Modgil, Sohan & Celia Modgil (1986) eds., Lawrence Kohlberg：Consensus and Controversy, Falmer Press.
Monk, Gerald, et al. eds. (1996) Narrative Therapy in Practice: The Archaeology of Hope, Jossey-Bass. モンク, ジェラルドほか編（2008）『ナラティヴ・アプローチの理論から実践まで』（国重浩一・バーナード紫訳）北大路書房．
森岡正芳（2005）『うつし　臨床の詩学』みすず書房．
森戸英幸（2000）「辞職と合意解約：いわゆる『見なし解雇』に関する考察とともに」日本労働法学会『講座21世紀の労働法第4巻　労働契約』有斐閣，213-229頁．
村田孝次（1992）『発達心理学史』培風館．
Murphy, J, M, and Carol Gilligan (1980) "Moral Development in Late Adolescence and Adulthood ——A Critique and Reconstruction of Kohlberg's Theory, 23 Human Development, 77-104.
Mussen, Paul H., et al.（1974）Child Development and Personality (4th edition), Harper & Row. ポール・マッセンほか（1984）『発達心理学概論Ⅰ．Ⅱ』（三宅和夫・若井邦夫監訳）誠信書房．
中原尚一（1994）「あるカウンセリングケース」石山勝巳『対話による家庭紛争の克服——家裁でのケースワーク実践』近代文芸社，241-251頁．
中村美佐・岡部美香・加藤匡宏（2004）「多発性硬化症に罹患したA氏の病い体験のかたり」臨床教育人間学会『臨床教育人間学1　他者に臨む知』世織書房，144-169頁．
中村芳彦（1999）「声を聴く法専門家」井上治典・佐藤彰一編『現代調停の技法』判例タイムズ社，461-468頁．
中村芳彦（2004）「ADR法立法論議と自律的紛争処理志向」早川吉尚ほか編『ADRの基本的視座』不磨書房，233-279頁．
中村芳彦（2007）「弁護士とADR」仲裁とADR2号26-43頁．
中村芳彦（2009）「ADRプラクティス論」棚瀬孝雄・豊田博昭・山城崇夫・大澤恒夫編『権利実効化のための法政策と司法改革』商事法務，567-609頁．
中野晋・湯浅成昭・粕淵義郎（2012）「教育機関の被災と防災管理のあり方」土木学会論文集F6（安全問題）68巻2号, 1_118-123．

直井春夫・成川美恵子（1994a）「個別的労使紛争と労委制度」『季刊労働法』172号163-166頁．
直井春夫・成川美恵子（1994b）「紛争解決システムとしての労働委員会」『中央労働時報』868号30-35頁．
直井春夫（1996）「個別紛争型不当労働行為事件」『季刊労働法』179号167-172頁．
ニーマイヤー，ロバート・A 編（2007）『喪失と悲嘆の心理療法』（富田拓郎・菊池安希子監訳）金剛出版．
ニーメヤー，ロバート・A（2006）『〈大切なもの〉を失ったあなたに』（鈴木剛子訳）春秋社．
Neisser, Ulric G. (1988) "Five Kinds of Self-Knowledge," 1-1 Philosophical Psychology 35-59.
Neisser, Ulric G. (1993) "The Self Perceived," in Neisser, Ulric G., ed., *The Perceived Self: Ecological and Interpersonal Sources of Self-Knowledge*, Cambridge University Press, 3-21.
NHK（2011）『ハイビジョン特集　死刑 ～被害者遺族・葛藤の日々～』2011年5月14日放送．
日本司法支援センター（2014）『東日本大震災の被災者等への法的支援に関するニーズ調査最終報告書』日本司法支援センター．
西田英一（1995, 96）「新たな法主体の可能性（一）（二・完）」法学論叢137巻1号74-98頁，139巻1号65-88頁．
西田英一（2003）「日常的交渉場面に現れる法」法社会学58号45-55頁．
西田英一（2004）「身構えとしての声」和田仁孝・樫村志郎・阿部昌樹編『法社会学の可能性』法律文化社，197-211頁．
西田英一（2006）「日常的実践としての紛争・処理」和田仁孝編『法社会学』法律文化社，105-122頁．
西田英一（2013）「ナラティヴとメディエーション——反物語の声」仲裁とADR8号18-25頁．
西村ユミ（2007）『交流する身体——〈ケア〉を問い直す』日本放送出版協会．
西阪仰（2008）『分散する身体——エスノメソドロジー的相互行為分析の展開』勁草書房．
野口裕二（2002）『物語としてのケア』医学書院．
Nunner-Winkler, Gertrude. (1984) "Two Moralities ？：A Critical Discussion of an Ethic of Care and Responsibility versus an Ethic of Rights and Justice," in Kurtines, William M. & Jacob L. Gewirtz, eds., *Morality, Moral Behavior and Moral Development*, Wiley.
岡真理（2000）『彼女の「正しい」名前とは何か——第三世界フェミニズムの思想』青土社．
大橋正房ほか（2010）『「おいしい」感覚と言葉 食感の世代 sizzleword』BMFT出版部．
大橋正房ほか（2016）『ふわとろ SIZZLE WORD「おいしい」言葉の使い方』BMFT出版部．
大川小学校事故検証委員会（2014）「大川小学校事故検証報告書」http://dl.ndl.go.jp/info:ndljp/pid/8730532?tocOpened=1
奥山淳一（1994）「ものぐさ調整考」石山勝巳『対話による家庭紛争の克服——家裁でのケースワーク実践』近代文芸社，263-271頁．
Parry, Richard L. (2017) *Ghosts of the Tsunami*, Jonathan Cape. パリー，リチャード L.（2018）『津波の霊たち——3・11 死と生の物語』（濱野大道訳）早川書房．
Perry, William G. (1968) *Forms of Intellectual and Ethical Development in the College Years*, Holt Rinehart & Winston.
ピアジェ，ジャン（1957）（『児童道徳判断の発達』（大伴茂訳）同文書院．
ピアジェ，ジャン（1968）『思考の心理学』（滝沢武久訳）みすず書房．
ピアジェ，ジャン（1989）『知能の心理学（改訂版）』（波多野完治・滝沢武久訳）みすず書房．
プリンス，ジェラルド（1997）『物語論辞典（増補版）』（遠藤健一訳）松柏社．
Puka, Bill, (1991) "Interpretive Experiments: Probing the Care-Justice Debate in Moral Development," 34 *Human Development*, 61-80.
Reed, Edward S. (1988) *James. J. Gibson and the Psychology of Perception*, Yale University Press.

リクール, ポール（2004）『時間と物語Ⅰ（新装版）』（久米博訳）新曜社.
リースマン, デイヴィッド（1964）『孤独な群衆』（加藤秀俊訳）みすず書房.
Rogoff, Barbara. & Jean Lave (1984) *Everyday Cognition: Its Development in Social Context*, Harvard University Press.
斉藤耕二・菊地章夫編（1990）『社会化の心理学／ハンドブック』川島書店.
酒井肇・酒井智惠・池埜聡・倉石哲也（2004）『犯罪被害者支援とは何か』ミネルヴァ書房.
佐伯胖・佐々木正人編（1990）『アクティブ・マインド――人間は動きの中で考える』東京大学出版会.
佐伯胖（1986）『認知科学の方法』東京大学出版会.
桜井厚（2001）『インタビューの社会学――ライフヒストリーの聞き方』せりか書房.
桜井厚・石川良子編（2015）『ライフストーリー研究に何ができるか』新曜社.
佐々木正人（1993）「認知科学の新しい動向――エコロジカル・アプローチへの招待⑦複数のプラン」言語22巻7号100-105頁.
佐々木正人（1994）『アフォーダンス――新しい認知の理論』岩波書店.
佐々木正人（2000）『知覚は終わらない　アフォーダンスへの招待』青土社.
佐々木孝子（2000）『悲しき勝訴』医療過誤を考える会
佐々木孝子・山崎浩一・川嶋四郎（2002）「特集座談会　なぜ息子は死ななければならなかったのか－本人訴訟で医療過誤訴訟を戦って」Causa 2号18-29頁.
佐藤岩夫（2014）「東日本大震災被災者への法的支援の現状と課題――法テラス被災者法的ニーズ調査の結果から」総合法律支援叢書5号74-100頁.
佐藤和隆（2017）「裏切りの文部官僚・前川喜平」WiLL 2017年10月号38-47頁.
佐藤幸治（1983）「法における新しい人間像――憲法学の領域からの管見」『岩波講座基本法学1』岩波書店, 281-321頁.
佐藤美香（2017）『ふたりのせかいりょこう』祥伝社.
佐藤敏郎（2017）「大川小学校事故, 今までとこれから」中央評論298号40-50頁.
Scarry, Elaine (1985) *The Body in Pain: The Making and Unmaking of the World [New Edition]*, Oxford University Press.
Schweder, Rick (1982) "Review of Lawrence Kohlberg's Essays on Moral Development," 27-6 *Contemporary Psychology* 421-424.
Sennett, Richard (1974) The Fall of Public Man, Cambridge University Press. リチャード・セネット（1991）『公共性の喪失』（北山克彦・高階悟訳）晶文社.
澁谷智子（2005）「声の規範―『ろうの声』に対する聴者の反応から」社会学評論56巻2号435-451頁.
下河辺美知子（2000）『歴史とトラウマ』作品社.
塩坂佳子（2018）「東日本大震災でわが子を亡くして。大川小学校の遺族は, いま」婦人公論103巻5号140-143頁.
白川静（1970）『漢字　生い立ちとその背景』岩波新書.
白川静（2011）『回思九十年』平凡社.
Siegal, Michael (1991) *Knowing Children: Experiments in Conversation and Cognition*, Lawrence Erlbaum Associates. マイケル・シーガル（1993）『子どもは誤解されている』（鈴木敦子ほか訳）新曜社.
Suchman, Lucy A. (1987) *Plans and Situated Actions: The Problem of Human and Machine Communication*, Cambridge University Press. サッチマン, ルーシー A. (1999)『プランと状況的行為―人間・機械コミュニケーションの可能性』（佐伯胖監訳）産業図書.

菅原和孝（2002）「身体化された思考——グイ・ブッシュマンにおける出来事の説明と理解」田辺繁治・松田素二編『日常的実践のエスノグラフィ』世界思想社, 61-86頁.
Sullivan, Edmund V. (1977) "A Study of Kohlberg's Structural Theory of Moral Development：A Critique of Liberal Social Science Ideology," 20 *Human Development* 352-376.
鈴木智之（2002）「訳者あとがき」アーサー・フランク『傷ついた物語の語り手——身体・病い・倫理』（鈴木智之訳）ゆみる出版, 265-287頁.
鈴木智之（2008）「他者の語り——構築と応答のあいだで」三田社会学13号3〜16頁.
Swain, Phillip & Simon Rice, eds., (2009) *In the Shadow of the Law*, Federation Press.
田垣正晋（2003）「身体障害者の障害の意味に関するライフストーリー研究の現状と今後の方向性」人間性心理学研究21巻2号198-208頁.
髙木光太郎（1996a）「身構えの回復」佐々木正人編『想起のフィールド——現在のなかの過去』新曜社, 219-240頁.
髙木光太郎（1996b）「実践の認知的所産」波多野誼余夫編『認知心理学5　学習と発達』東京大学出版会, 37-58頁.
髙木光太郎（2007）「証言の『聖域』と最近接発達領域——知的障害者に対する反対尋問をめぐって」現代思想35巻6号86-95頁.
高橋規子・小森康永（2012）『終末期と言葉』金剛出版.
高井裕之（1990）「憲法における人間像の予備的一考察1〜4」産大法学23巻4号1頁, 24巻3・4号43頁（1991）, 25巻3・4号161頁（1992）, 26巻3・4号41頁（1993）.
武満徹（2000）『武満徹著作集1』新潮社.
竹内敏晴（1975）『ことばが劈かれるとき』思想の科学社.
竹内敏晴（2001）『思想する「からだ」』晶文社.
竹内敏晴（2010）『レッスンする人』藤原書店.
瀧川裕英（2003）『責任の意味と制度——負担から応答へ』勁草書房.
田辺繁治（2002）「日常的実践のエスノグラフィ」田辺繁治・松田素二編『日常的実践のエスノグラフィ』世界思想社, 1-38頁.
田中成明（1993）『法的空間——強制と合意の狭間で』東大出版会.
田中康裕（2014）「福二の三度の喪失」河合俊雄・赤坂憲雄編『遠野物語　遭遇と鎮魂』岩波書店, 227-238頁.
棚瀬孝雄（1990）『本人訴訟の審理構造』弘文堂.
棚瀬孝雄（1991a）「不法行為責任の道徳的基礎」ジュリスト987号68-74頁.＝棚瀬孝雄（1994b）「不法行為責任の道徳的基礎」棚瀬孝雄編『現代の不法行為法——法の理念と生活世界』有斐閣, 3-20頁.
棚瀬孝雄（1991b）「順法精神と権利意識」木下富雄・棚瀬孝雄編『法の行動科学』福村出版, 130-153頁.
棚瀬孝雄（1994a）「関係形成型調停のモデル」『法学論叢』134巻3.4号55-96頁.
棚瀬孝雄（1995）「語りとしての法援用」民商法雑誌111巻4・5号677-706頁, 6号865-903頁.＝棚瀬孝雄（2002）『権利の言説　共同体に生きる自由の法』勁草書房, 127-193.
棚瀬孝雄（1996）「合意と不合意の間」棚瀬孝雄編『紛争処理と合意』ミネルヴァ書房, 125-139頁.
棚瀬孝雄（2001）「法の解釈と法言説」棚瀬孝雄編『法の言説分析』ミネルヴァ書房, 1-40頁.
立川健二（1991）『誘惑論』新曜社.
土屋由美（2004）「対話的関係の交渉と歴史としての『声』」石黒広昭編『社会文化的アプローチの実際』北大路書房, 129-152頁.
土屋由美（2007）『生によりそう「対話」』新曜社.

土屋明広（2018）「津波被災訴訟における『真実解明』のゆくえ」法社会学84号241-268頁.
Thomson, Irene T. (1985) "From Other-Direction to the Me Decade, 55-3 *Sociological Inquiry* 274-290.
トマセロ, マイケル（2006）『心とことばの起源を探る』（大堀壽夫・中澤恒子・西村義樹・本多啓訳）勁草書房.
トマセロ, マイケル（2013）『コミュニケーションの起源を探る』（松井智子・岩田彩志訳）勁草書房.
Trevarthen, Colwyn (1979) "Communication and Cooperation in Early Infancy: A Description of Primary Intersubjectivity," in Bullowa, Margaret ed., *Before Speech*, Cambridge University Press.
Trevarthen, Colwyn (1993) "The Self Born in Intersubjectivity: The Psychology of an Infant Communicating," in Neisser, Ulric G., ed., *The Perceived Self: Ecological and Interpersonal Sources of Self-Knowledge*, Cambridge University Press, 121-173.
上野千鶴子＋メディアの中の性差別を考える会（1996）『きっと変えられる性差別語――私たちのガイドライン』三省堂.
上野直樹（1991）「状況的認知」児童心理学の進歩30号283-315頁.
漆畑睦瑋（2001）「これだけは気をつけたい『離職理由の判定』とは？」スタッフアドバイザー2001年6月号53-67頁.
和田忠彦（2004）『声, 意味ではなく――わたしの翻訳論』平凡社.
和田安弘（2012）『紛争と共感のリアリティ――「リアリティの共有」に関する法社会学的考察』大阪公立大学共同出版会.
和田仁孝（1989）「裁判の社会的機能と現代的意義」黒木三郎編『現代法社会学』青林書院, 473-488頁.
和田仁孝（1991）『民事紛争交渉過程論』信山社.
和田仁孝（1994a）「交渉の秩序と不法行為訴訟」棚瀬孝雄編『現代の不法行為法――法の理念と生活世界』有斐閣, 97-115頁.
和田仁孝（1994b）『民事紛争処理論』信山社.
和田仁孝（1995）「紛争研究パラダイムの再構成へ向けて」法政研究61巻3-4号1095-1123頁.
和田仁孝（1996a）「改正理念と訴訟プラクティスの変容方向」法律時報68巻11号22-26頁.
和田仁孝（1996b）「法人類学の変容と『合意』批判」棚瀬孝雄編『紛争処理と合意』ミネルヴァ書房, 175-194頁.
和田仁孝（1996c）『法社会学の解体と再生――ポストモダンを超えて』弘文堂.
和田仁孝（1999）「モダン法思考の限界と法の再文脈化」井上達夫ほか編『法の臨界Ⅰ　法的思考の再定位』東大出版会, 27-52頁.
和田仁孝（2001）「法廷における法言説と日常的言説の交錯」棚瀬孝雄編『法の言説分析』ミネルヴァ書房, 43-72頁.
和田仁孝（2002）「交渉と合意」和田仁孝ほか編『交渉と紛争処理』日本評論社, 10-26頁.
和田仁孝（2004）「現代における紛争処理ニーズの特質とADRの機能理念」早川吉尚ほか編『ADRの基本的視座』不磨書房, 157-199頁.
和田仁孝（2005）「自律型ＡＤＲモデルの新たな展開」小島武司編『ADRの実際と理論Ⅱ』中央大学出版部, 24-39頁.
和田仁孝・西田英一・中西淑美（2013）「浪江町被害実態報告書――質問紙調査の結果から」https://www.town.namie.fukushima.jp/uploaded/attachment/2040.pdf.
和田仁孝（2016）「臨床知としての法社会学――解釈法社会学と実践」法と社会研究　第2号

3-24頁.
和田仁孝（2017）「交通事故紛争処理実践の多元的意味構成：認知された共同体と紛争の意味」上石圭一・大塚浩・武蔵勝宏・平山真理編『現代日本の法過程（下巻）』信山社, 5-26頁.
Wertsch, James V. (1987) "Modes of Discourse in the Nuclear Arms Debate," 10(2-3) *Current Research on Peace and Violence* 102-112.
Wertsch, James V. (1990) "The Voice of Rationality in a Sociocultural Approach to Mind," in Luis C. Moll (ed.), *Vygotsky and Education: Instructional Implications and Applications of Sociohistorical Psychology*, Cambridge University Press, 116-126.
Wertsch, James V. (1991) *Voices of the Mind*, Harvard University Press.
ワーチ, J. V.（2002）『行為としての心』（佐藤公治ほか訳）北大路書房.
White, Michael (2007) *Maps of Narrative Practice*, Norton. ホワイト, マイケル（2009）『ナラティヴ実践地図』（小森康永・奥野光訳）金剛出版.
White, Michael (2011) *Narrative Practice: Continuing the Conversations*, W. W. Norton & Company.
White, Michael & David Epston (1990) *Narrative Means to Therapeutic Ends*, W. W. Norton & Company. マイケル・ホワイト／デビッド・エプストン（1992）『物語としての家族』（小森康永訳）金剛出版.
White, Michael & David Epston (1992) *Experience Contradiction, Narrative & Imagination*, Dulwich Center Publications.
Winslade, John & Gerald Monk (2000) *Narrative Mediation: A New approach to Conflict Resolution*, Jossey-Bass. ウィンズレイド, ジョン／ジェラルド・モンク（2010）『ナラティヴ・メディエーション』（国重浩一・バーナード紫訳）北大路書房.
Winslade, John & Gerald Monk (2008) *Practicing Narrative Mediation: Loosening the Grip of Conflict*, Jossey-Bass.
山口美和（2004）「〈他者〉の「語り」を聴くということ――臨床における「危険な関係」をめぐって」臨床教育人間学会編『臨床教育人間学1　他者に臨む知』世織書房, 169-175頁.
山本顯治（2004）「非援助の支援と民事法学」和田仁孝ほか編『法社会学の可能性』法律文化社, 165-196頁.
山本顯治（2006）「法主体のゆくえ」法社会学64号1-11頁.
山中佐代子（1995）「南海放送の差別撤廃運動の中で」あごら209号16-24頁.
山下祐介・市村高志・佐藤彰彦（2013）『人間なき復興』明石書店.
安枝英訷（1995）「労使関係法の課題――柔軟な交渉システムの構築に向けて」ジュリスト1066号181-186頁.
除本理史（2013）『原発賠償を問う』岩波書店.
除本理史（2015）「避難者の『ふるさとの喪失』は償われているか」淡路剛久・吉村良一・除本理史編『福島原発事故賠償の研究』日本評論社, 189-209頁.
吉田敦彦（2003）「沈黙が語る言葉――出会いと対話と物語」矢野智司・鳶野克己編『物語の臨界――「物語ること」の教育学』世織書房, 213-247頁.
吉村良一（2014）「福島第一原発事故被害の完全賠償に向けて」環境と公害44巻1号28-34頁.
吉野正三郎（1990）『民事訴訟における裁判官の役割』成文堂.
吉岡和弘（2017）「大川小学校児童津波被災国家賠償事件判決」消費者法ニュース110号122-124頁.
Yngvesson, Barbara (1990) "Contextualizing the Court: Comments on the Cultural Study of Litigation" 24-2 *Law and Society Review* 467-476.

初出一覧

序章　声に現れる法、法からはみ出る声　　書き下ろし

第Ⅰ部　交通する主体

第1章　「新たな法主体の可能性――コールバーグ／ギリガン論争を出発点に」法学論叢137巻1号, 139巻1号(1995, 1996)

第2章　「日常的実践としての紛争・処理」和田仁孝編『NJ叢書 法社会学』法律文化社（2006）

第3章　「日常的交渉場面に現れる法」法社会学58号（2003）

第4章　「理由をめぐる生活実践と法」法社会学57号（2002）

第5章　「葛藤乗り越え過程における"人びとのやり方"」甲南法学38巻1・2合併号（1997）

第Ⅱ部　領有からはみ出す声とからだ

第6章　「身構えとしての声――交渉秩序の反照的生成」和田仁孝ほか編『法社会学の可能性』法律文化社（2004）

第7章　「紛争過程における当事者の声――自主的解決支援の罠と可能性」山本顯治編『紛争と対話』法律文化社（2007）

第8章　「ナラティヴとメディエーション――反物語の声」仲裁とADR Vol. 8（2013）

第9章　「痛みと償い――震えの声の前で」西田英一・山本顯治編『振舞いとしての法』法律文化社（2016）

第10章　「痛みと紛争解決――たどり着けなさを声で知る」和田仁孝ほか編『法の観察』法律文化社（2014）

第11章　身体的関わりと了解　　書き下ろし

◆著者紹介

西田 英一（にしだ・ひでかず）

略歴
1958年　福井県に生まれる
1982年　京都大学法学部卒業
1985年　京都大学大学院法学研究科博士課程中途退学
現　在　甲南大学法学部教授

　　　主要業績は初出一覧を参照

声の法社会学
Ethnography of Vocal/Physical Resistance to Law as Story

2019年3月10日　初版第1刷印刷	定価はカバーに表示
2019年3月20日　初版第1刷発行	してあります。

著　者　西田　英一
発行所　㈱北大路書房
　　　　〒603-8303　京都市北区紫野十二坊町12-8
　　　　電　話　(075)431-0361(代)
　　　　ＦＡＸ　(075)431-9393
　　　　振　替　01050-4-2083

企画・編集制作　秋山　泰（出版工房ひうち：燧）
装　丁　　　　　上瀬奈緒子（綴水社）
印刷・製本　　　シナノ書籍印刷（株）

ISBN 978-4-7628-3054-9　C3032　Printed in Japan ©2019
検印省略　落丁・乱丁本はお取替えいたします。

・ JCOPY 〈㈳出版者著作権管理機構 委託出版物〉
本書の無断複写は著作権法上での例外を除き禁じられています。
複写される場合は，そのつど事前に，㈳出版者著作権管理機構
（電話 03-5244-5088, FAX 03-5244-5089, e-mail: info@jcopy.or.jp）
の許諾を得てください。